高等职业院校职业素质教育改革创新教材

高职学生
职业素养

GAOZHI XUESHENG ZHIYE SUYANG

主　编　王　敏　邬　佳
副主编　赵瑞晔　徐　丹　姜　蕾　张　丹
　　　　高嘉佳　李巧巧　王亦飞　孙　钦
　　　　王　姣　韩　萍　周　舟

中国教育出版传媒集团
高等教育出版社·北京

内容提要

本书是高等职业院校职业素质教育改革创新教材。

本书由共性素养、核心素养、发展素养三大模块构建而成,包括红色信念、文明修身、责任意识、劳动实践、沟通表达、创新能力、合作能力、职业礼仪、技能特长、身心健康、学习能力、领导能力十二项课程任务。本书紧密围绕高等职业院校人才培养目标选择教学内容,融入课程思政元素,设计学习情境,旨在提升学生的职业素养。为了利教便学,部分学习资源以二维码形式提供在相关内容旁,可扫描获取。此外,本书另配有教学课件等教学资源,供教师教学使用。

本书适合作为高等职业院校职业素养公共基础课程教材,也可作为社会人士的辅导用书。

图书在版编目(CIP)数据

高职学生职业素养 / 王敏,邬佳主编. -- 北京 : 高等教育出版社, 2025. 7. -- ISBN 978-7-04-064737-2

Ⅰ. B822.9

中国国家版本馆 CIP 数据核字第 2025G3E585 号

| 策划编辑 | 雷 芳 赵力杰 | 责任编辑 | 赵力杰 | 封面设计 | 张文豪 | 责任印制 | 高忠富 |

出版发行	高等教育出版社
社　　址	北京市西城区德外大街 4 号
邮政编码	100120
印　　刷	上海叶大印务发展有限公司
开　　本	787 mm×1092 mm　1/16
印　　张	16.5
字　　数	317 千字
购书热线	010 - 58581118
咨询电话	400 - 810 - 0598
网　　址	http://www.hep.edu.cn
	http://www.hep.com.cn
网上订购	http://www.hepmall.com.cn
	http://www.hepmall.com
	http://www.hepmall.cn
版　　次	2025 年 7 月第 1 版
印　　次	2025 年 7 月第 1 次印刷
定　　价	43.00 元

本书如有缺页、倒页、脱页等质量问题,请到所购图书销售部门联系调换
版权所有　侵权必究
物 料 号　64737-00

序

真正的教育，应当如春风化雨，既能浸润心灵，又能锻造筋骨。这本由浙江育英职业技术学院王敏教授、邬佳副教授主编的《高职学生职业素养》教材，是我们践行《关于深化现代职业教育体系建设改革的意见》要求的生动实践，亦是浙江育英职业技术学院学生工作二十多年探索的凝练与升华。提笔为序，既感怀于教育者之初心，亦寄望于后来者之深耕。

教育部等九部委印发的《职业教育提质培优行动计划（2020—2023年）》明确提出："把职业道德、职业素养、技术技能水平、就业质量和创业能力作为衡量人才培养质量的重要内容。"作为职业教育工作者，我们深知职业素养的重要性。二十多年来，浙江育英职业技术学院一直秉持"教育是一种高尚的服务"的办学理念，践行"学院为教师服务，教师为学生服务，学生成才为祖国服务"的服务理念，大力探索创新大学生职业素养培育的路径，形成了具有育英特色的职业素养教育模式。

将红色信念融入课程、将责任意识融入实践，是育英职业素养教育之魂。从"红色文化节"的薪火相传，到"劳动实践月"的躬身力行，学生们在"红色文化"浸润中培育爱党爱国情怀，在志愿服务中培养无私奉献精神，在技能竞赛中淬炼匠心品质，揭示了职业素养教育"知行相济"的真谛。曾有企业反馈，育英学子在顶岗实习中主动优化工作流程、在突发状况下坚守职业操守，这些细微处的闪光，正是职业素养教育润物无声的成果。

立足产教良性互动，依托产教深度融合是育英职业素养教育拓展边界、深厚扎根于现实的土壤。我们笃信：课堂的边界不应止于教室，而应延伸至公司、田间、社区等。《考工记》言："知者创物，巧者述之。"让学生真正成为"知"与"巧"兼备的匠才，应是职业教育的价值所在。为此，浙江育英职业技术学院构建了"校—企—地"三维联动的育人生态：与联想集团共建"来酷"班，与洲际酒店共建"洲际英才"产业学院，同海尔集团共建"育英—海尔"产业学院，让学生在实践中领悟"毫厘千钧"的精度追求；我们还携手地方政府开展"新农人培育计划"，引导学子用电商技能助农兴村。这种深度融合的实践成效显著。例如，一位大数据专业学生，通过积极参与各类实践项目，并主动加入沟通与表达类社团强化自身能力，最终成为全国职业院校技能大赛一等奖获得者。这让我们更加坚信：唯有将产业脉搏融入教育肌理，职业素养培养方能真正"落地生根"。

文化传承与时代创新的交融，是育英职业素养教育的时代特色。《中华人民共和国职业教育法（2022修订）》提到，职业教育应当弘扬工匠精神，传承技术技能，促进就业创业。范仲淹"先忧后乐"的担当、鲁班"精益求精"的匠心，这些流淌在民族血脉中的精神，始终是职业教育的底色。本书巧妙地将中华优秀传统文化精髓转化为可践行的素养模块：从"职业礼仪"课程中融入《周礼》的揖让之道，到"创新能力"培养中嫁接《天工开物》的创造智慧，中华优秀传统文化不再是故纸堆中的符号，而成为鲜活的育人资源。面对人工智能的浪潮，我们亦未止步于传统，而是与企业合作开发"AI技能提升工作坊"，引导学生思考技术向善。这种"守正出新"的探索，让育英学子既能手握"金刚钻"，更能心怀"明德志"。

教材的价值，在于为万千学子点亮职业航程的灯塔。翻阅此书，可见育英教育工作者的良苦用心：十二项课程任务如北斗七星，为不同禀赋的学生指引方向；"五维一体"评价体系似精密罗盘，让成长轨迹清晰可循。更令人欣慰的是，书中案例皆源自真实育人场景——那个在"文明修身"模块中被扣分后奋发成为优秀学生干部的女孩，那群通过"创新创业"课程孵化出智能设备的男孩，他们的故事印证着：职业素养教育不是空洞的口号，而是改变人生的力量。

《中国教育现代化2035》提出"推动职业教育与产业发展有机衔接、深度融合"的目标，我们以"厚德载物、自强不息"的校训回应时代召唤。我们愿以这本教材为媒，与更多同行共筑"技能型社会"的基石；更期待每一位翻开此书的学子，在"人人皆可成才、人人尽展其才"的职业教育春天里，以素养为翼，飞向属于自己的星辰大海。

是为序。

浙江育英职业技术学院董事长

黄纪云

2025 年 3 月

前　言

"高职学生职业素养"是由浙江育英职业技术学院与校企合作企业共同设计开发的，基于学生未来职场工作岗位职业素养需求的一门必修活动课程。众所周知，高职学生职业素养培养要充分借助第一课堂、第二课堂、第三课堂的教学育人机制和工作体系，以人才培养方案为依据，整体设计高职学生职业素养培育内容、项目供给、评价体系和运行模式，提升高职学生职业素养培育活动的科学系统化、课程模块化、制度规范化水平，推进高职学生职业素养培养全链可记录、可评价、可呈现，形成特色鲜明、"全员、全程、全方位"培养高职学生职业素养的体系。

在总结高职学生职业素养教学实践经验的基础上，结合新时代国家精品课程能力本位改革的需要，我们编写了这本《高职学生职业素养》教材。本书紧紧围绕高职院校的人才培养目标，专业群、岗位群的需要和学生的特点，选择教学内容、融入课程思政元素、设计教学情境，力求在真实的学习情境中，提升学生职业素养，为培养高品德、高素质复合型技术技能人才打下坚实的基础。

本书具有以下特色。

1. 将课程思政融入职业素养教学体系。本书将习近平新时代中国特色社会主义思想和社会主义核心价值观有机融入教材。根据教育部《高等学校课程思政建设指导纲要》要求，将课程思政融入本课程的教学体系，力求将知识目标、能力目标、素养目标有机融合，并在教材中进行系统展示与分析。

2. 全面融入成果导向教育理念（OBE），对新形势下职业素养教学内容的评价、教学方法的实施、教学目标的重构进行了完善。该理念强调教师在组织职业素养课程前要首先明确什么是学生学习的要点，学生要掌握的学习内容具有什么重要意义，在此前提下以学生的学习成果为出发点来设计教学内容、组织教学实践、完成教学评估。本书秉持成果导向教育理念，以培养国家、社会、行业、企业需要的高品德、高素质复合型技术技能人才为目标导向，全面构建学生职业素养培育体系。

3. 以职业素养培育情境为单元模块。本书编写团队推陈出新，以职场职业素养培育为主线，以"课程核心、模块培养、三线并进、激活转化"为抓手，按照培养内容与性质，将本书分为共性素养、核心素养、发展素养三大育人体系，十二个课程任务，每个任务对应若干具体课程，统筹第一、二、三课堂多方平台资源，以课程实施达成具体的素养培育目标，从而形成"体系—任务—课程"三层职业素养培育体系，以独特的视角和思路全面提升学生的职业素养。

4. 以职业素养培育需求为重点。本书以高等职业教育培养高品德、高素质复合型技术技能人才的目标和规格为重点，按照突出应用性、实践性、有效性的原则，结合优秀教学团队长期的教学基本经验，以培养学生职业素养为出发点，结合真实职场的工作任务，根据职业岗位知识、能力、素质的特点，以及合作企业的经典案例和实践活动项目，完善理实一体的教学项目安排，以解决职业素养在职场具体应用情境中的具体问题，形成符合融媒体时代需求的活页式教材。

5. 运用"教学做"一体化的理念。本书根据学生职业生涯发展规划需要，以职业素养培育的典型情境为模块设计载体，践行"边学边做、边做边学"的教育理念。教学各模块包括以下组成部分：（1）核心概念。介绍与模块主题相关的核心概念及要求。（2）学习目标。围绕各任务主题，描述任务主要知识目标、能力目标和素质目标。（3）基本知识与技能。介绍与任务主题相关的基本知识和基本技能，并围绕任务主题充分挖掘思政元素，开展案例教学。（4）实践设计。结合任务主题，借助基于职场职业素养培育的实践活动，培养学生解决实际问题的能力。（5）思考与练习。围绕任务主要基础知识和技能内容，设计课后练习，以检验学生对基础知识和技能的掌握情况。

6. 突破传统教材的结构体系。一是，选题新颖，视角独特。本书编写团队推陈出新，以独特的视角和思路培育与提升高职学生职业素养，将"课程核心、模块培养、三线并进"三合为一。二是，内容实用，功能完善。本书内容均选自具体职场情景，体例设计充分考虑教学实施的实用性，结合合作企业工作场景，结合学生职业素养培育的重点案例，并有机融入课程思政内容，既有对基础知识和技能的教学，又有对实践教学活动实施过程的设计和评价标准，且采用活页式教材形式，能满足职业教育教学和自主学习的要求。

本书主要适用对象为高职院校学生，以及初入职场有学习需求的社会人员。高职学生职业素养培育各模块采用积分制进行过程记录，可换算为学生职业素养学分。积分的过程记录和数据管理可依托网络管理系统实施。通过线上线下结合，集学生信息、选课信息、成绩信息和证书信息于一体，实现学生参与职业素养培育全过程信息化管理。教学中应注意发挥学生的学习主动性，引导学生通过小组分工、任务驱动完成学习任务。

本书具体编写分工如下：王敏负责编写绪论与模块一的活动性课程任务二；邬佳负责编写模块一的活动性课程任务一；韩萍负责编写模块一的活动性课程任务三；姜蕾负责编写模块一的活动性课程任务四；王亦飞负责编写模块二的活动性课程任务一；高嘉佳负责编写模块二的活动性课程任务二；李巧巧负责编写模块二的活动性课程任务三；赵瑞晔负责编写模块二的活动性课程任务四；徐丹负责编写模块三的活动性课程任务一；王姣负责编写模块三的活动性课程任务二；张丹负责编写模块三的活动性课程任务三；孙钦负责编写模块三的活动性课程任务四；周舟收集和整理部分资料文献。全书由王敏提出编写思路，设计编写体例，王敏、邬佳统筹修改与定稿。此外，对张冰宵做出的工作表示感谢。联想（北京）有限公司、中国移动通信集团有限公司浙江分公司、北京奇虎科技有限公司、杭州肯德基有限公司等企业的专家共同参与教材开发，进一步在课程及教材建设上深化校企合作。

本书在编写过程中参考了许多文献资料，编者对这些文献资料的作者致以崇高的敬意与衷心的感谢。

由于作者水平和时间有限，书中难免存在不足，欢迎广大师生提出意见和建议，以使本书日臻完善。

编　者

目 录

绪 论 / 1

模块一

高职学生职业素养之共性素养

活动性课程任务一：红色信念 / 17

活动性课程任务二：文明修身 / 34

活动性课程任务三：责任意识 / 45

活动性课程任务四：劳动实践 / 60

模块二

高职学生职业素养之核心素养

活动性课程任务一：沟通表达 / 73

活动性课程任务二：创新能力 / 84

活动性课程任务三：合作能力 / 97

活动性课程任务四：职业礼仪 / 111

模块三

高职学生职业素养之发展素养

活动性课程任务一：技能特长 / **139**

活动性课程任务二：身心健康 / **153**

活动性课程任务三：学习能力 / **164**

活动性课程任务四：领导能力 / **176**

附 录

1. 竞赛活动课程标准 / **193**
2. 主题班会活动课程标准 / **225**

主要参考文献 / **249**

绪 论

近年来，高职院校纷纷探索构建高职学生职业素养培养的理论支撑体系。浙江育英职业技术学院以"体系—任务—课程"三层培养体系为核心，从教育主体、培养标准、评估方式、数据搜集途径、评价与激励方式等多维度入手，构建了高职学生职业素养培养的实践模型。在此基础上，探索高职学生职业素养培养的有效路径，实施多元主体协同育人的工作机制，分层搭建以人为本、精准靶向的课程体系，并完善以推动培养成果转化为新质生产力为导向的评价机制。

《关于深化现代职业教育体系建设改革的意见》指出："切实提高职业教育的质量、适应性和吸引力，培养更多高素质技术技能人才、能工巧匠、大国工匠。"从更明确的职业人才培养导向出发，高职学生职业素养培养要充分借助第一课堂、第二课堂、第三课堂的教学育人机制和教学体系，以人才培养方案为依据，整体设计高职学生职业素养培养内容、项目供给、评价体系和运行模式，提升高职学生职业素养培养活动的科学系统化、课程模块化、制度规范化水平，推进高职学生职业素养培养全链可记录、可评价、可呈现，形成特色鲜明、"全员、全程、全方位"培养高职学生职业素养的制度机制，为高职院校的人才培养与评估、学生素质评价，以及用人单位评聘教师提供依据。学校探讨如何构建高职教育职业素养培养的理论支撑体系和实践模型，推动高职学生职业素养培养的路径优化。

一、问题的提出

近年来，我国高职学生职业素养培养评价管理，逐步由高职院校内部评价转为社会需求外部评价，由自主推进转为就业条件倒逼精准化、靶向化，由封闭式的"自我评估"转为开放式多元主体的参与。从上述变化出发审视当前高职院校学生职业素养培养体系，可以发现其主要存在以下三个方面的问题。

（一）以学生为中心的职业素养培养协同育人机制不够健全

高职院校如因办学定位和办学目标不清，对学生职业素养的培养导向不明，则无法围绕学生发展需求整合多方资源形成健全的职业素养培育体系，这将导致学生职业素养教育成效甚微、后继乏力。其主要表现在三个方面。一是高职院校作为教育者，对培育学生职业素养的认知不全。高职院校的主要办学目标应当是培养高品德、高素质复合型技术技能人才，如果在人才培养过程中受传统培养模式、教育教学方式等的影响，存在重职业技能培养、轻职业素养培养的情况，则会使学生职业素养培养效果不理想，难以满足工作需求。二是作为受教育者，部分学生对职业素养提升主观投入度不足。受学校职业素养培养体系和个人认知影响，部分学生不重视职业素养培养，不配合培养方案落实，难以达到预期培养目标，具体表现为自我认知不清晰，职业目标不明确，职业生涯规划缺失；主动性不强，即使确定了职业目标，也是仅停留在口号和规划上，未付诸行动。三是未形成科学、系统的职业素养培养体系。高质量的职业素养培养是一项校企地等多方共同参与的教育过程，目前来看，多部门联动的职业素养培养管理机制、课程体系、目标内容和训练评价体系还不健全，制度机制的科学性、延展性不足。

（二）职业素养培养课程体系导向不够精准、与社会需求匹配度不高

高职院校对学生的职业素养培养还存在未有效对接产业需求的问题，造成了人才结构不够优化。主要原因在于：一是盲目设置专业，未认真考查行业、企业的长期需求，专业设置与企业生产脱节。二是在课程内容设定与人才培养模式制订上不能与时俱进，职业素养的培养片面倚重技能，学生职业素养培养标准与企业需求标准不匹配。三是人才培养课程未与区域经济发展相结合，在知识技能和专业素养上盲目对标，导致学生职业素养培养与当地经济发展需求产生错位。四是虽然开设了职业素养相关课程，但因重视不足、投入不够，培养效果不尽如人意。

（三）着眼于持续深化的职业素养培养评价转化体系不完善

现行高职学生职业素养培养评价体系主要存在两方面问题。一是重标准化培养、轻差异化培养。表现在人才培养观念层面错位于差异化设计层面，高职院校笼统化的人才培养目标与学生差异性的职业素养之间的矛盾，引起各项职业素养培养不均衡、评价不科学不全面。从根本上来讲，这是以学生为中心的教育理念没有全面落实导致的。二是重理论教学、轻实践应用。高职学生职业素养培养体系中缺少企业参与，其理论和实践教学脱离企业的生产实际，职业素养评价体系指标的靶向性较差，与社会需求差距较大，效果不明显。从根本上来讲，这是对学生在校内外持续发展的助力投入不足导致的。

二、高职学生职业素养培养的理论建构

（一）职业素养培养的内在逻辑

职业教育具有双重功能，一方面是职业包含着对自己谋生和对公众服务的作用；另一方面是职业教育适应了社会分工，满足了人的发展差异的需要。这在学术上也称成果导向教育或目标导向教育。该理念由以学习者为中心、成果导向、持续改进三个要素合成，采用逆向思维进行课程体系建设。成果导向教育理念对新形势下教学内容的评价、教学方法的实施、教学目标的重构进行了完善，是一种先进的教育理念。它强调教师在组织教学前首先要明确什么是学生学习的要点，学生要掌握的学习内容具有什么重要意义，在此前提下以学生的学习成果为出发点来设计教学内容、组织教学实践、完成教学评估。在教学过程中，教学大纲和教学安排都是辅助学生成功学习的工具，并非最终的教育目的。由此可见，该教育理念的关注焦点在于学生学习成果的产出，在于最终知识的掌握和能力的提升。

关于职业素养，心理学家麦克利兰提出了"素质冰山"理论，即将个体的职业素养分为"冰山以上部分"的显性素养与"冰山以下部分"的隐性素养。通常认为显性素养包括职业知识、职业技能、职业形象、创新创业等要素，隐性素养包括职业观念、职业道德、职业态度、职业责任和职业意识等要素。个体职业行为总和构成自身的职业素养。学者汪安（2022）指出，职业特质性学说把职业素养放到职业发展变化中理解，指个体工作后，适应社会发展和个人职业发展所需的知识、能力、情感、态度和价值观的集合。学者乔为（2017）通过比较职业能力与职业素养的差异，认为职业素养是个体在职业活动中体现的综合品质，表现为个体遵循职业的内在要求，在个体三观和具有专业知识技能等基础上表现出来的行为准则和习惯，涵盖职业道德、职

业形象、职业安全、职业能力、职业体能、职业审美等诸多方面的观念意识及相应的行为准则和习惯。随着科技进步与产业升级，产业价值链格局剧烈变化，社会对人才质量与规格提出了新要求。我们认为高职学生职业素养是指学生在接受高等职业教育过程中，所形成和发展起来的与职业相关的综合素质和能力，是个体遵循职业内在要求，在个体三观和具备的专业知识技能基础上所展现的行为准则和习惯，涵盖共性素养、核心素养和发展素养三个方面。

"培养什么人、怎样培养人、为谁培养人"是教育的根本问题，也是贯穿社会发展、学生发展（尤其是学生职业素养发展）的核心问题，教育对学生的培养方向、学生对社会的服务方向就是教育的成果导向。从服务社会、学生就业、创新发展的角度来讲，将成果导向教育理念与职业素养培养相结合，通过对学生学习成果的反向思考，重新定义职业素养培养结构及职业素养评价指标体系，将更大限度地发挥教育的成效价值。学生在校期间除了要获得更实在的能力发展，也要获得社会适应能力的提升，才有最终成为满足未来工作需要和社会发展的实用型人才的可能。因此，高等职业院校应在成果导向教育理念的指导下，重构并加强对学生职业素养的培养，为学生未来职业生涯成功提供重要保障。学校应依据高等职业院校人才培养目标和学生需求确定学生职业素养内涵，让每一个学生找到施展才华和成长历练的平台，德智体美劳全面发展。如图1所示。

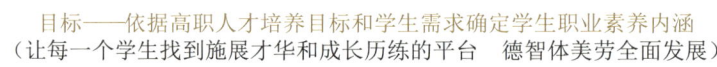

图1 高职院校学生职业素养育人模块构建系统图

（二）高职学生职业素养培养体系建构

高职院校现有的课程体系一般将重点放在专业知识技能培养上，但要关注的是，生产、技术与人的关系正随着信息社会发展被重新定义，学生的职业技能培养正逐渐向职业素养培养转变，职业技能课程体系也正向职业素养培养课程体系升级提升。学校以培养国家、社会、行业、企业需要的高品德、高素质复合型技术技能人才为目标导向，以"课程核心、模块培养、三线并进、激活转化"为抓手，全面构建学生职业素养培养体系。按照培养内容与性质，职业素养培养体系应分为共性素养、核心素养、发展素养三大育人体系，包括十二个课程任务，每个任务对应若干具体课程，统筹第一、二、三课堂多方平台资源，以课程实施达成具体的素养培养目标，从而形成"体系—任务—课程"三层职业素养培养体系。从实践成果来看，该体系成果导向明确且精准，人才培养质量较高。如图2所示。

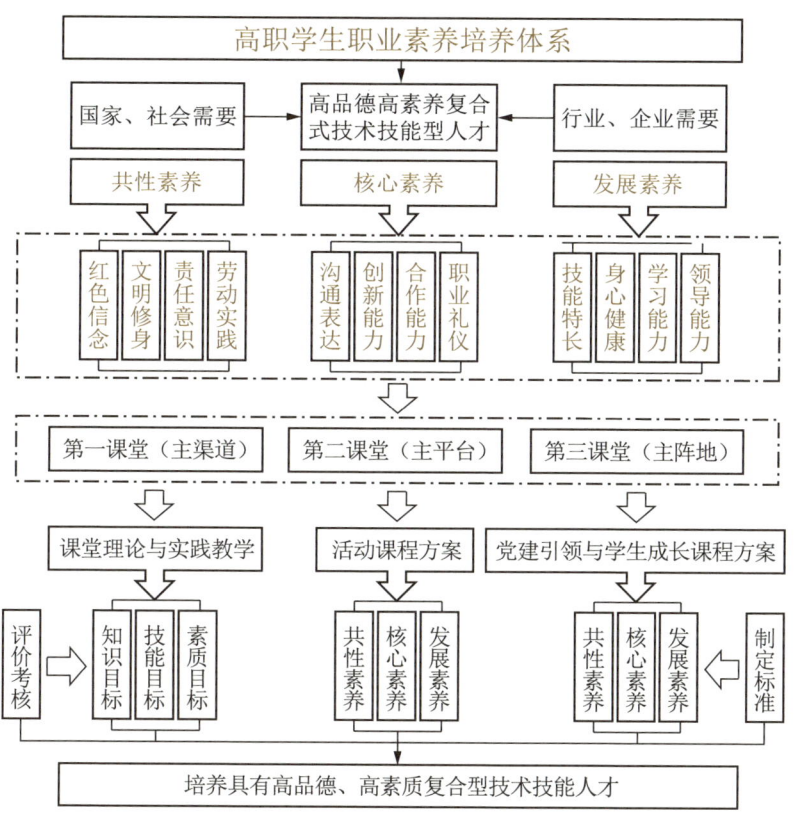

图2　高职学生职业素养培养的总体思路

1. 共性素养体系建构

任务一导向：红色信念。主要包括学生入党、入团情况；参加学校红色文化活动及思想成长类主题讲座、报告、比赛、团日活动、主题班会、参观等情况；参加各级党校、团校、青年马克思主义者培养工程等红色信念类专题培训情况及参加"青年大学习""浙里潮音"；借阅书籍并提交读书笔记情况；其他红色信念类项目的经历或相关成果。

任务二导向：文明修身。主要包括校内外各类嘉奖和违规违纪行为，以及开展相关主题的活动。各类嘉奖为感谢信、表扬信及见义勇为、助人为乐等行为获得表彰的情况；违规违纪行为包括旷课、不合格寝室、寝室违规使用禁控用电器、晚归不归等校内不文明行为；通报批评、警告、留校察看处分；其他文明修身类项目的经历或相关成果。

任务三导向：责任意识。主要包括学生参加学校志愿者文化节、绿色文化节等活动情况；参加支教助残、社区公益服务、赛会志愿服务、服务地方经济社会建设等各类志愿服务活动情况；参加献血、爱心捐赠等公益服务情况；参加志愿公益类主题讲座、报告、比赛、团日活动、主题班会、参访经历情况；学生入伍情况；其他志愿公益类项目的经历或相关成果。

任务四导向：劳动实践。主要包括学生参加学校劳动文化节等活动情况；参加假期社会实践与专业实践活动情况；参加校企合作实训项目情况；参加校园义务劳动情况；参与校内勤工助学情况；参加劳动实践类主题讲座、报告、比赛、团日活动、主题班会、实地参观情况；其他劳动实践类项目的经历或相关成果。

2．核心素养体系建构

任务五导向：沟通表达。主要包括学生参加学校口才文化节等活动情况；学生参加演讲及讲解类活动情况，如育英青年说、优秀学生事迹报告团、校史馆讲解等；参加辩论类活动情况，如校园辩论赛等；参加写作类活动情况，如征文大赛、读书笔记、读书报告、红色家书等；参加主辅式交流活动情况，如校园采访、各类座谈会和访谈活动等；其他沟通表达类项目的经历或相关成果。

任务六导向：合作能力。主要包括学生参加各类集体活动情况，如公寓文化活动、集体生日会、素质拓展、班级团建等，班级群众基础测评合格；与室友和睦相处，积极参与优良寝室、寝室美化大赛评选；参加团队项目，如校级运动会团体项目、团体类竞赛、社会实践团队等；参加学科工作室，如广告设计工作室、电商工作室、短视频工作室等；其他合作能力类项目的经历或相关成果。

任务七导向：创新能力。主要包括学生参加学校创新创业文化节等活动情况；参加各级"挑战杯""互联网+"、职业规划大赛、新苗计划等创新创业竞赛（项目）的经历或获奖情况；参与各级各类学术科技、创新创业学习实践的经历；学生独立发表的学术论文、实用新型、软件著作、发明专利等成果情况；学生自主创业的经历情况；学生的科技成果、论文获奖、研究报告、政策建议被学校及政府部门采纳或作为决策参考情况；参加学校组织的创新创业类主题讲座、报告、团日活动、主题班会、实地参访经历；其他创新创业类项目的经历或相关成果。

任务八导向：职业礼仪。主要包括学生参加学校礼仪文化节等活动情况；学生个人参加职场气质提升类活动,如读书活动、形象与礼仪大赛等;参加职场认知类活动,如专业认知实训、岗前见习、跟岗实习活动;参加求职礼仪类活动,如实习就业招聘会、校园"职来职往"活动等;其他职业礼仪类项目的经历或相关成果。

3. 发展素养体系建构

任务九导向:技能特长。主要包括学生参与学校技能文化节活动情况;参加校内外各类职业技能、专业技能竞赛情况;获得职业资格证书、"1+X"证书等情况;获得计算机、外语、普通话等级证书及其他技能证书情况;参加各类相关主题讲座、报告、团日活动、主题班会、实地参访情况;参加学校、学院各类工作坊、项目组或参与校企合作技术创新项目的经历;撰写的新闻稿件、文章被各级各类媒体录用情况;参加学校组织的拔尖职业人培养计划情况;其他技能特长类项目的经历或相关成果。

任务十导向:身心健康。主要包括学生参加学校社团文化节等活动情况;学生参与各级各类生命健康教育、文化、艺术、体育、心理等各类主题讲座、报告、团日活动、主题班会、演出、比赛、其他活动及获奖情况;参加大学生艺术团及体训队的经历情况;参加校运动会、体质健康测试、阳光晨跑情况;参加心理素养养成类活动,如心理健康沙龙、心理健康沙盘活动、心理健康讲座、心理健康知识竞赛等;其他文体健康类项目的经历或相关成果。

任务十一导向:学习能力。主要包括学生参与学校学风建设主题活动情况;学生参加学风主题讲座、报告、团日活动、主题班会、院长面对面等各类学风建设系列活动情况;依托学业帮扶小组实施朋辈辅导一帮一活动情况;学风特色班级、学风先进个人评选等荣誉情况;其他学习能力类项目的经历或相关成果。

任务十二导向:领导才能。主要包括学生在党、团、学组织及班级管理的工作履历;在校外的省市共青团、学联组织工作履历;非学生干部参与组织、策划、服务各类活动的经历;其他工作履历或相关成果。

上述十二个任务的职业素养培养导向明确,各模块间相互支持、高效协调。围绕各模块的产出导向需求,学校还应构建灵活开放的运行机制,整合师资力量、教学设施等资源,推动职业素养培养工作更有效、更科学、更精准。

三、高职学生职业素养培养的实践模型

高职学生职业素养培养体系的实践运行机制可以从教育主体、培养标准、评估方式、数据搜集途径,以及评价与激励方式等五个方面进行建构。如图3所示。

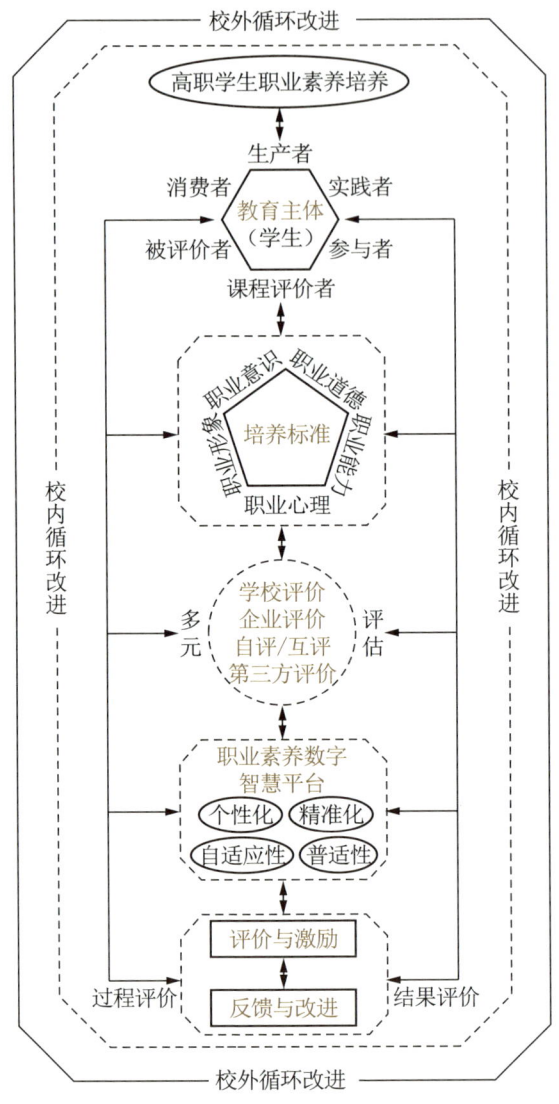

图3 高职学生职业素养培养体系示意图

（一）教育主体

《国家职业教育改革实施方案》提出：从2019年开始，在职业院校、应用型本科高校启动"学历证书+若干职业技能等级证书"制度试点工作。这将对学生职业素养的要求提升到了更加重要的高度。学生既是职业素养培养体系的教育主体，又是生产者、消费者；既是课程评价者，又是学习成果的被评价者；既是参与制订培养体系的参与者，又是体系运用的实践者。为调动教育主体参与职业素养培养的积极性，可建立学习积分认定规则，学生职业素养课程体系设定必修课程和选修课程，必修课程设置最低积分要求，选修课程由学生根据本身特质自行选修获得积分，从而培养有差异竞争力的多样性人才。

（二）培养标准

职业素养培养体系的培养目标是培养标准制订的重要依据。培养标准的制订需要综合考量地方政府、高职院校、企业或单位、教师、学生及家长多元主体的利益诉求。在共性素养、核心素养、发展素养的框架下，培养内容可概括为以下五个方面。一是职业意识。学生应具备职业意识和自我认知，了解自己的兴趣、优势和不足，明确职业发展方向，树立正确的职业价值观。二是职业道德。学生应具备基本的职业道德和职业操守，能够遵守法律规范和职业规范。三是职业能力。学生应具备从事职业所需的专业技能和通用能力，能够胜任职业岗位的要求。四是职业形象。学生应具备良好的职业形象和礼仪礼节，能够展现出专业、积极、向上的形象气质，展现良好的企业形象。五是职业心理。学生应具备健康的职业心理和情绪管理能力，能够应对工作压力和挑战，保持积极向上的心态。

（三）评估方式

高职学生职业素养培养体系的评估方式大体可以分为以下四种。一是学校评价。通过书面考试、实操考试、学生作品评价、课堂表现评价等形式进行。二是用人单位评价。通过企业实习、顶岗实习等方式，由企业指导教师对学生的职业素养进行评价。三是自我评价。学生依据实际情况自我评价，反映学生对自身职业素养的认识和自我提升的需求。四是第三方评价。通过第三方机构进行评价，由校外责任主体（校友、毕业生家长、用人单位、政府相关部门等）多视角、多节点、多阶段跟踪监督评估教学质量。

（四）数据收集途径

人工智能、大数据等新兴信息技术的兴起，为成果导向教育理念的实施提供了技术支撑，通过记录学生学习过程以实现培养数据收集，精准识别学生的学习模式与问题，促进职业素养培养的个性化、精准化、自适应性与普适性。高职院校应坚持"需求为先、应用为要"的原则，构建高职学生职业素养数字智慧平台。平台既可面向学生、辅导员、教师提供优质教育资源和信息，又可面向学校行政管理部门等提供学生职业素养的多维度数据挖掘和分析服务。数字智慧平台应满足"平台通、数据汇、资源全、决策智"的要求，覆盖"学校、学院、班级、寝室、学生"五方面，实现数据直连、信息直达，支撑职业素养教育管理精准化、决策科学化、服务便捷化，推动学生职业素养数字化水平整体跃升。

（五）评价与激励方式

职业素养评价方式实质是学生职业素养培养成果的评价与激励方式。评价应教师评价、同学互评、学生自评和企业评价等多种评价方式相结合，以全面客观地评估学生的职业素养水平；应过程评价和结果评价相结合，关注学生的成长和发展过程，给予学生及时的反馈和指导。评价结果通过证书、奖学金、荣誉称号等激励方式呈现，并及时反馈学生，提供针对性指导。根据评价结果及时调整和完善职业素养培养体系，强化人才培养与市场需求的匹配度。依据社会和行业的发展变化，评价与激励方式也应不断改进和提升。

四、高职学生职业素养课程体系建设

（一）课程体系的积分基本要求

1. 学生职业基本素养课程体系设必修课程和选修课程：必修课程包括红色信念、责任意识、文明修身，设置最低积分要求；选修课程包括劳动实践、技能特长、文体健康、沟通表达、职业礼仪、合作能力、学习能力、创新能力、领导才能。

2. 学生应结合自己的兴趣和特长，自主合理安排时间，积极参加各级各类课程，并取得相应积分。学校对学生所取得的积分按照学年进行考核。其中，三年制学生需修完100个积分，第一、二、三学年须分别修满至少45个积分、45个积分、10个积分，共计20学分；两年制学生需修完55个积分，第一、二学年须分别修满至少45个积分、10个积分，共计11学分。

3. 三年制和两年制学生第一学年学生的学年积分认定周期为9月1日至次年6月30日；三年制学生第二学年积分认定周期为7月1日至次年6月30日；三年制学生第三学年、两年制学生第二学年学生的学年积分认定周期为7月1日至次年3月31日。

（二）课程体系的积分使用规则

1. 学生职业基本素养培养成绩单涵盖学生在校期间的各项表现，利用管理平台（App）进行过程记录和积分，积分不设上限，全面展示学生参加学校学生职业素养培养计划的过程与成果。学生在校期间，若因学业成绩不合格等转入下一年级学习，须重修相应的积分。

2. 学生成长积分按学年分为优秀、良好、及格、不及格四个等次。

（1）三年制学生

① 第一、二学年等次：各等次标准为优秀（60积分及以上）、良好（50—59积分）、及格（45—49积分）、不及格（45积分以下）。

② 第三学年等次：各等次标准为优秀（15积分及以上）、良好（12—14积分）、及格（10—11积分）、不及格（10积分以下）。

（2）两年制学生

① 第一学年等次：各等次标准为优秀（60积分及以上）、良好（50—59积分）、及格（45—49积分）、不及格（45积分以下）。

② 第二学年等次：各等次标准为优秀（15积分及以上）、良好（12—14积分）、及格（10—11积分）、不及格（10积分以下）等四个等次。

等次达到合格及以上者可参与该学年各类评奖评优。其中评定综合奖学金时，积分按比例折算的结果作为评定的重要组成部分。

3. 每学年，学生成长积分超出优秀等次5积分及以上的部分可用于学校选修课程学分置换，每5个积分可置换1个学分。在校期间，每位学生置换学校选修课程原则上总数不超过1门。

（三）课程体系的项目定级标准

1. 国家级竞赛项目分为两类：一类，当年公布的《全国职业院校技能竞赛》项目、浙江省大学生科技竞赛委员会认定的国家级学科竞赛、由教育部、共青团中央主办的全国性赛事；二类，由国家其他部委主办的全国性赛事。

2. 省级竞赛项目分为两类：一类，当年公布的《浙江省高职院校职业技能大赛赛项》、《浙江省大学生科技竞赛赛项》、《〈全国普通高校大学生竞赛分析报告〉竞赛目录》、由浙江省教育厅、共青团浙江省委主办的全省性赛事；二类，由其他省级政府部门、国家一级学会、全国教指委主办的赛事。

3. 市级竞赛项目：地市级政府部门主办的赛事。

4. 校级竞赛项目：学校主办的全校性赛事、其他不属于国家级、省级、市级的校外竞赛项目。

5. 体育类竞赛项目：体育竞赛作为学校品牌项目，特殊认定。

五、高职学生职业素养培养的路径优化

（一）以学生为中心，搭建多元主体协同育人的工作机制

从将学生培养为高品德、高素质复合型技术技能人才的目标导向出发，构建政府、高职院校、企业和个人等多元主体共同参与的职业素养培养协同育人机制。

1. 政府是职业素养培养的重要指导者

一方面，政府指导高职院校按标准设计职业素养体制，完善顶层设计，推进职业素养教育改革；另一方面，政府设立职业素养培育的专项资金，积极倡导社会层面的扶助，为育人单位和用人单位之间的合作交流搭建平台，推动教育和社会经济发展密切联系，形成职业素养培养目标达成的有效合力。

2. 高职院校是职业素养培养的主要组织者

学校是职业素养课程设计、教学组织、实践活动等环节的组织实施者，应围绕学生职业素养培养目标，持续深化改革。一是要进一步增强教师关于学生职业素养培养的意识，建设一支专业扎实、创新能力强的教师团队，重点培养教练型及双师型的教师梯队。二是以职业素养培养目标为导向设置课程体系，确保各学科教学成果共同成就学生高水平职业素养。三是加强学风、教风、校风"三风"建设，营造校园学习氛围，增强学生自觉接受职业素养培养的积极性。

3. 企业是职业素养培养的重要参与者

学生职业素养培养的宏观导向是由立德树人的根本任务决定的，而其具体导向则在一定程度上是由社会和企业决定的。因此，从成果导向的教育理念出发，要进一步深化校企合作，丰富实习实践机会和就业机会，开设"订单班"，将企业所需的职业素养要求有效传递给学生、渗透进人才培养过程；要丰富合作内容，共建"大学生创业孵化基地"校内实训基地，共育"双师型"教师队伍，在硬件、软件等方面为职业素养培养目标达成提供坚实基础。

4. 学生是职业素养培养的主体和主导者

要坚持个人发展和社会需求指标双向并重，关注学生心理需求，培养人格健全、格局宏大、全面发展的人才。一方面，要引导学生正确认识职业素养在增强竞争优势中的重要意义，更主动、有针对性地设计个人职业素养提升规划并付诸实践；另一方面，要从个人未来发展的角度出发，既要实现职业发展需求，也要满足人生幸福感需求，不断激发内在向上的驱动力，实现学习和传授、成才和成人双向发力。

（二）突出教育目标或需求导向，分层搭建精准施教的职业素养培养课程体系

高职院校应以专业分类、岗位和社会发展需求为导向，确定"目标引领"的职业素养培养顶层设计，做好前置分析，分层搭建精准施教的职业素养培养课程体系。

1. 在顶层设计上注重职业需求的前置分析

职业素养培养的初级目标是达到学生就业岗位的职业要求，高级目标是实现个人职业与社会需求的长期发展。因此，在进行职业素养培养体系的顶层设计时，应以成果导向为原则，以战略眼光来谋划设计。目前，我国高职教育专业大类有19个，学校应根据专业分类确定学生未来从事的大类职业和行业，做好岗位和社会发展的前置分析，结合所需的职业素养进行培养课程体系设计。

2. 在课程体系建设上注重分层分类、精准培养

在教育目标或需求导向的前提下，对课程内容模块化分类，从需求出发反向搭建分层、精准的课程体系。一是根据就业大类进行分类。根据学生就业意向，结合行业特点，以现有课程为基础，重构理论课程内容，整合专业课程为专业模块，整合拓展课程及专业方向课程为拓展模块，整合校内外活动为课外模块，优化职业素养培养课程体系。二是建立关键指标精准分层课程体系。根据个人职业发展、岗位要求和社会需求的关键指标安排课程，即在个人职业发展指标上安排职业道德方向的内容，在岗位要求指标上安排职业技能方向的内容，在社会需求指标上安排职业理想方向的内容，导向更精准、更明确。具体可以围绕共性素养、核心素养、发展素养的培养体系设置12项模块化任务内容，对应提升12类职业素养。

（三）注重持续提升，以成果评价推动职业素养向实际生产力转化

学生职业素养培养成果转化为实际生产力的评价，是高职学生职业素养培养评价的核心，也是培养体系持续升级、培养成果持续深化的动力。一方面，要强化评价体系的科学性、全面性、持续性。综合运用考试评价、作品评价、课堂表现评价、企业评价、自我评价、第三方评价等多种评价方式，科学全面地评价学生的职业素养水平，查漏补缺，进行针对性指导。同时，评估结果也应向教育部门和学校反馈，进一步完善职业素养培养体系。另一方面，要强化评价体系的过程性、持续性和对转化率的考量。在评价前明确预期成果，激发学生个体主导性和主动性，处理好自我实现导向、成绩导向和就业导向间的关系，在职业岗位与资格标准分析、工作任务与职业素养分析、专业核心课程设置分析及职业素养考评分析中注重过程性评价，确保每一环节质量优秀，产生"整体大于部分之和"的效果，最大限度地推动学生职业素养培养成果向实际生产力转化。

综上所述，科学设计高职院校学生职业素养培养体系，是新时代高职教育的必然要求。要从社会发展、学生成长的长远考虑出发，努力构建"全员育人、全程育人、全方位育人"，靶向精准、模块完善的职业素养培养体系。突出成果导向，最大限度地推动职业素养培养成果转化为实际生产力，努力培养高品德、高素质复合型技术技能人才。

模块一　高职学生职业素养之共性素养

共性素养是高职学生职业素养的重要基础。共性素养的养成基于"课程引领、模块培养、三线并进、激活转化"的培养模式，重点围绕红色信念、文明修身、责任意识、劳动实践四项活动性课程任务展开。

活动性课程任务一 红色信念

GAOZHI XUESHENG
ZHIYE SUYANG

课程名称 红色信念系列活动

课程主题 传承红色基因，坚定红色信念

主办部门 学工部、各学院党总支

学习目标

● **知识目标**：了解中国共产党党史、新中国史、改革开放史、社会主义发展史；理解习近平新时代中国特色社会主义思想的核心要义、理论品格和实践要求；理解"两个结合"的深刻内涵；掌握红色信念的内涵及其在中国历史和文化中的地位和影响；掌握红色信念在现代社会中的践行路径和方法。

● **能力目标**：能够对红色信念进行深入分析和评价；学会有效宣传和宣讲红色信念；熟练运用相关知识明辨是非，自觉抵御不良思想的侵蚀。

● **素质目标**：激发并培养爱党爱国热情；培育良好的思想道德素质，增强新时代青年学子的社会责任感与使命感；提高爱国主义情感和集体主义精神，树立正确的世界观、人生观和价值观。

案例引入

案例一：

清澈的爱，只为中国——"00"后戍边战士陈祥榕

古有文天祥"人生自古谁无死，留取丹心照汗青"的爱国热忱，今有陈祥榕"清澈的爱，只为中国"的报国之志。

陈祥榕（2001—2020），男，汉族，福建省宁德市屏南县人，中国人民解放军某机步营战士，一等功臣。2020年6月在中国西部边陲喀喇昆仑山脉加勒万河谷边境冲突中，陈祥榕突入重围，营救战友，英勇战斗，奋力反击，毫不畏惧，直至壮烈牺牲。2021年，陈祥榕被中央军委追记一等功。2021年2月19日，媒体对其英雄事迹进行了公开报道。"清澈的爱，只为中国"，这是陈祥榕写下的话，在2020年的盛夏，他以生命践行了自己的誓言。

陈祥榕的故事不仅仅是一个英雄的故事，更是一个关于信念、责任和奉献的故事。他用自己的生命诠释了什么是真正的爱国主义和民族精神。他的故事激励着一代又一代的年轻人为了国家和人民的利益而努力奋斗。在这个充满变革和挑战的时代，我们需要更多的年轻人像陈祥榕一样勇于担当、甘于奉献，为国家和人民的未来贡献自己的力量。

案例二：

甘将热血沃中华——巾帼英雄赵一曼

曾经，有这样一群人，为实现中华民族伟大复兴的中国梦，奉献了整个青春乃至宝贵的生命。漫长而艰辛的复兴路上，洒满了先辈们的鲜血和汗水。1931年日军发动九一八事变，赵一曼被中国共产党派往东北地区领导革命斗争。1935年冬天，在一次与日伪军的战斗中，赵一曼同志为了掩护部队突围，身负重伤后不幸被捕。1936年8月2日，赵一曼被日军杀害，年仅31岁。她用自己年轻的生命践行了抗击日寇、保家卫国的铮铮誓言。在日本侵略者长时间的审讯和折磨下，赵一曼承受了常人难以想象的痛苦。面对严刑拷打和非人的折磨，赵一曼表现出无比的坚强与勇敢，始终没有向敌人透露任何有关抗日武装的情报和信息，直至最后壮烈牺牲。她的英雄事迹和民族气节成为中国人民抗日战争史上的光辉一页。历经岁月更迭、时代变迁，女英雄赵一曼仿佛从未离去，她的事迹至今仍被广为传颂，激励着后世子孙不忘历史，矢志爱国。英雄倒下了，但是英雄的精神永不会倒下，英雄的气节永不会消失！

案例三：

信仰的力量——"半截皮带"的故事

1936年7月，当时红四方面军战胜了张国焘的分裂主义和南下方针，与红二方面军会师后共同北上，再次通过茫茫草地。刚进入草地没多久，战士们就陷入了断粮的困境，只能靠吃牛皮腰带为生。年仅14岁的战士周广才把自己的皮带拿了出来，战友们都知道这是他在1934年战斗中缴获的第一件战利品。看着这条皮带被割掉一段，切成一根根皮带丝漂在稀溜溜的汤水里，周广才含着泪说："同志们，我们把剩下的半截留下作个纪念吧，带着它到陕北，去找党中央，去见毛主席！"就这样，他们怀着对革命胜利的憧憬，历尽艰难，将这剩下的半截皮带保留下来。在随后的长征途中，周广才的6位战友相继牺牲，只有他随红四方面军胜利到达了延安。为了缅怀牺牲的战友，他用铁筷子在皮带背面烙上了"长征记"3个字，并用红绸子包裹起来。1975年，周广才将这珍藏了几十年的半截皮带捐赠出来。"半截皮带"浓缩的，正是革命理想高于天的坚定信仰，是战胜强大敌人和艰难险阻的精神力量。

案例四：

大学生红色信念教育

某高校组织全校学生开展红色信念教育系列活动，带动广大青年学好党史这门必修课，坚定红色信念。举行青年红色主题宣讲会，鼓励同学们积极作为，为实现中华民族伟大复兴的中国梦贡献青春力量；开展"万人诵党史"接力诵读活动，各学院的接力诵读团队通过诵读红色家书和党的故事、革命故事、英雄故事等精彩片段，让大学生重温了党的百年历程，引导广大团员青年用满腔热情表达对党和国家的热爱；开展主题演讲活动，参赛选手围绕"守初心""正青春""担使命""共奋进"等主题展开了精彩演讲。开展系列红色教育活动，有助于同学们更加明晰人生方向，自觉地把个人的理想追求融入党和国家事业发展。红色信念教育是学生浸润红色文化、继承革命传统、升华爱国情怀、涵养责任担当的重要载体和生动教材，要让红色基因、革命薪火代代传承。

一、开展红色信念教育的意义

红色信念指的是对中国共产党领导的中国特色社会主义事业的信仰和追求，对中国共产党的理想和信念的坚持。红色信念的核心是对马克思主义的信仰，对社会主义和共产主义的信念，是共产党人的政治灵魂和精神支柱。红色信念激励中国人民为实现中国梦而努力奋斗，对于个人、国家和社会有着深刻的影响，是个人成长的动力、国家稳定的基石和社会进步的保障。

（一）坚定红色信念有助于增强国家的向心力和凝聚力

坚定红色信念，传承优秀的革命精神和价值观念，激发爱国热情和民族自豪感，有助于增强国家的向心力和凝聚力。首先，红色信念强调爱国主义和集体主义，倡导将个人命运与国家和民族的命运紧密相连，增强国家向心力。共同的理想信念推动形成强大的凝聚力，从而团结一致共同为国家的繁荣稳定而努力。其次，红色信念弘扬艰苦奋斗、无私奉献的精神，激励人们在困难面前不屈不挠、勇于担当，尤其在面临危机或挑战时，能够凝聚起人民的力量，共克时艰。最后，坚定红色信念还有助于培养让党放心、爱国奉献、担当民族复兴重任的时代新人，为国家和民族的长远发展提供人才支持。

（二）坚定红色信念有助于维护社会的稳定和发展

坚定红色信念，可以增强社会凝聚力，推进社会主义现代化建设的进程。例如：强调集体主义，有助于协调个人与社会的关系，消除社会矛盾，避免因个人利益冲突导致的社会动荡，维护社会和谐。强调社会公平和人民利益至上，有助于推动社会公正，缩小贫富差距，提高人民生活水平。公平正义是社会稳定的基石，只有保证人民的基本权益，才能实现社会的持续发展。强调爱党爱国情怀、全心全意为群众谋利益的政治立场、艰难奋战的奋斗精神、勇于担当实干兴邦的无畏精神，以及一切从实际出发的理论品格等都是推动社会进步、改善人民生活的重要动力。

（三）坚定红色信念有助于促进个人发展

对于个人来说，坚定红色信念有助于增强个人的理想信念和政治觉悟，激发爱国热情和历史责任感。通过明确自身的信仰和追求，增强对中国特色社会主义事业的信心和支持，从而在面对各种思潮和挑战时保持清醒的头脑，坚定不移地走正确的道路。通过学习和继承革命先辈的光荣传统和崇高精神，传播和实践社会主义核心价值观，从而树立正确的世界观、人生观和价值观，为个人成长和发展提供有力的精神支撑。红色信念作为一种精神动力，还激励人们在面对困难和挑战时不放弃，坚持到底。如，在创新创业的过程中，红色信念可以鼓励人们坚持自己的理想和目标，即使遇到挫折也能保持决心和勇气。

二、大学生坚定红色信念的重要性

红色信念对个人世界观、人生观和价值观的塑造具有重要意义，直接关系到个体未来的人生发展道路。随着经济全球化和文化多元化的发展进程，不断涌现的不良现象正侵蚀着当代大学生的健康成长。因此，通过红色教育强化大学生的红色信念，提升其综合素质，对培养德智体美劳全面发展的社会主义建设者和接班人具有重要的现实意义。

（一）有助于培养社会责任感和使命感

红色信念对于培养大学生的社会责任感和使命感至关重要。通过对红色信念的学习与实践，大学生能够清晰界定自身的社会责任与历史使命，并能在未来的职业生涯和社会活动中积极承担责任、践行使命，更好地为实现中华民族伟大复兴的中国梦贡献力量。新时代中国青年要勇做走在时代前列的奋进者、开拓者、奉献者，毫不畏惧地面对一切艰难险阻，在劈波斩浪中开拓前进，在披荆斩棘中开辟天地，在攻坚克难中创造业绩，用青春和汗水创造出让世界刮目相看的新奇迹。

（二）有助于塑造正确的价值观

红色信念教育在帮助大学生构建正确的世界观、人生观、价值观，以及职业观方面发挥着重要作用。在价值选择过程中，红色信念促使个体坚持正确的价值导向，保持积极向上的人生态度和高尚的道德情操。通过对红色信念的学习和内化，大学生能够更深入地理解并认同社会主义核心价值观，从而在生活和工作中做出正确的判断和决策。

（三）有助于激发创新精神和实践能力

红色信念激励大学生敢于探索、敢于创新、勇于实践。这种激励作用对于大学生在职业生涯中取得显著成就至关重要。通过实践，大学生可以不断磨炼和提升自身的创新与实践能力，为进一步推动社会发展和科技进步做出更大贡献。

（四）有助于传承和弘扬民族精神

红色信念承载了中华民族的历史记忆和精神风貌。红色信念常常与革命精神、爱国主义、集体主义等价值观相联系，是民族精神的重要组成部分。树立并弘扬红色信念，有助于我们继承和发扬这些宝贵的民族精神，增强民族自豪感和团结力，为国家的持续发展和民族的伟大复兴贡献力量。

三、大学生红色信念教育的具体内容

大学生红色信念教育包含多个方面的内容，旨在培养堪当民族复兴大任的时代新人，它不仅是社会主义核心价值观的体现，也是新时代大学生所应具备的品质和精神风貌的反映。

（一）爱国主义教育

爱国主义是核心，强调对祖国的热爱和对国家利益的坚定维护。大学生应该积极参与到祖国的建设中，为实现中华民族伟大复兴的中国梦贡献自己的力量；积极学习国家的历史、文化、政策和法规，了解国家的发展历程和现状，从而深刻理解爱国的含义和价值；将爱国精神贯穿到日常生活和学习中，可以利用假期或课余时间参与各种社会实践活动，如支教、志愿服务、社区服务等，将爱国精神外化于行，为社会做出贡献；积极传播正能量，弘扬社会主义核心价值观，反对消极、颓废、低俗的言论和行为，用自己的行动影响他人；勤奋学习、刻苦钻研，充分发挥自身的优势，如专业知识、技能等，为国家和社会的发展做出贡献；关注国家大事，了解国家的政策动向，积极为国家的发展建言献策；严格遵守国家的法律法规，不做违法乱纪的事情，以自己的实际行动维护国家的安定和秩序。

（二）集体主义教育

集体主义强调个人利益服从集体利益，倡导团队精神和互助合作。大学生应该培养集体荣誉感，学会在集体中发挥自己的作用；服从集体利益，在个人利益与集体利益产生冲突时，应优先考虑集体利益，个人行动和言论应始终以集体为重；维护集体和谐，在集体中，应积极维护良好的人际关系，尊重他人，乐于助人，努力创建和谐友爱的环境；积极参与集体活动，无论是学校组织的大型活动还是班级的日常事务，都应该积极参与，注重对集体的关心和支持；发扬团结协作的精神，认真履行自己的职责，勇于承担责任，遇到困难时能够互相帮助、共同克服；遵守相关规定和纪律，不做违反集体利益的事情，维护集体的正常秩序；追求集体和个人的共同发展，使个人利益与集体利益实现有机统一。

（三）社会主义核心价值观教育

大学生应当以社会主义核心价值观为行为指南，包括国家层面的富强、民主、文明、和谐，社会层面的自由、平等、公正、法治，以及个人层面的爱国、敬业、诚信、友善。例如：在学习上，勤奋努力，追求卓越；在人际关系上，诚实守信，友善待人；对祖国，怀有深厚的热爱之情，并积极参与各种公益活动，将社会主义核心价值观融入日常生活和社会实践，为社会做出贡献；在校园内，通过组织或参与文化活动、学术讨论、主题演讲等活动，弘扬社会主义核心价值观，营造良好的校园文化氛围。同时，还要加强自我教育和自我管理，时常检视自身的行为是否符合社会主义核心价值观的要求，不断提升个人道德素养。青年一代是国家的未来和希望，肩负着重任，应以社会主义核心价值观为指导，不断提升自身的综合素质，不断深化对社会主义核心价值观的理解和认同，为实现中华民族伟大复兴的中国梦贡献力量。

（四）革命精神教育

大学生应致力于学习和传承革命先驱的奋斗精神，勇于面对困难，敢于挑战自我，始终保持积极向上的精神状态。大学生要通过课堂学习、阅读相关书籍和资料深入理解中国革命的历史和革命精神的内涵，了解革命先驱的英勇事迹，强化信仰之力，知道红色政权来之不易，新中国来之不易，中国特色社会主义来之不易；坚持将革命精神融入日常生活，比如参与志愿服务、社区建设、环境保护等公益活动，通过实际行动践行革命精神；注重提升自己的思想道德素质，不断增强爱党爱国的政治认同和觉悟，积极参与党团组织的学习和实践，坚定正确的政治立场，不断提升政治觉悟。大学生要通过参加红色之旅，参观革命纪念地，重温革命历程，将红色精神内化为自己的价值追求。总之，大学生在学习革命精神时，不仅要从理论层面进行深入研究，更要通过实践活动亲身体会革命精神的真实含义，从而将革命精神切实融入个人的思想和行为，使其成为指导个人成长和发展的行动指南。

（五）奉献精神教育

培养大学生的奉献精神，使其乐于为社会和人民贡献自己的力量，是构建其社会责任感的重要环节。大学生要通过阅读相关书籍、观看历史纪录片等方式，深入了解中国革命和建设的历史，特别是那些为国家和人民做出巨大贡献和牺牲的革命先辈的事迹；尊重先辈们的努力和贡献，将红色精神内化为自己的价值观，激励自己在日常生活和学习中强化奉献精神；积极参与社会实践，通过参与志愿者活动、社区服务、扶贫帮困等实践活动，践行奉献精神，为社会发展做出自己的贡献；弘扬正能量，在日常生活中，保持积极的心态和行为，以乐观、勇敢、奋发向前的精神面貌面对挑战和困难，倡导正直、公正、诚信和友善的价值观。

（六）创新精神教育

大学生应当秉承创新驱动发展的理念，继承红色传统，激发创新活力。大学生要充分利用宝贵的学习时间，在学好专业知识的基础上，积极拓展知识领域，关注前沿科技和社会动态，激发自己的创新灵感和潜力；敢于质疑传统观念，勇于提出新观点和新想法，通过参加创新竞赛、创业实践等活动，培养自己的创新思维和实践能力，为社会进步贡献力量；敢于尝试新事物、新思维，勇于面对失败和挫折，从失败中总结经验，不断完善自己的创新思维；积极加强交流合作，通过组队参加比赛、参与社团活动等方式，培养自己的团队意识和协作能力。大学生应该树立远大目标，明确自己的人生追求，勇于探索未知领域，为社会的创新发展注入新的活力。

四、大学生践行红色信念的路径

大学生践行红色信念的路径多种多样，既可以是理论学习，也可以是实践活动，关键在于将红色精神内化于心、外化于行。

（一）学习红色历史，强化信仰之力

历史的记忆是民族精神传承的重要载体，红色基因的传递对于保持民族精神的连续性和活力性至关重要。大学生作为社会的新生力量，承担着继承和发扬红色传统的重任。系统学习中国共产党党史、新中国史、改革开放史和社会主义发展史，通过了解革命先烈的英勇事迹，增强对红色政权、新中国，以及中国特色社会主义来之不易的认识和珍惜。在全球化背景下，大学生应该拓展国际视野，弘扬红色文化，展示中国精神，不断提升国家软实力。尽管时代在变迁，但爱国之心、红色基因，以及奋斗精神是恒久不变的。大学生应传承红色文化，努力成为有为的时代青年，不辜负青春时光。

（二）发挥红色优势，开展社会实践

大学生在传承和弘扬红色精神的过程中，应充分利用红色资源优势，将其内化为个人的价值观，并通过社会实践来深化对红色精神的理解和实践。大学生应多参加红色之旅，参观革命纪念地，重温革命历程，通过实地考察和亲身体验，深入了解革命历史，感悟革命先烈的崇高精神；开展红色志愿服务活动，如为社区提供文化辅导、参与红色文化宣传等，通过实际行动践行红色精神；结合专业特长和市场需求，参与或发起与红色文化相关的创新创业项目，如红色文创产品开发、红色旅游策划等，将红色精神与时代发展相结合。

（三）强化红色教育，培养担当精神

担当精神是在面对困难和挑战时，愿意承担责任并付诸行动的一种品质。大学生是担当时代重任的社会主义建设者和接班人，承担着民族复兴的历史使命，应该主动参与学校组织的红色教育活动，如主题班会、党课培训等，将红色教育中所学到的担当精神转化为实际行动，提升个人的责任感和使命感，为推动社会的进步和发展做出积极贡献。

（四）学习创新理论，争做时代新人

大学生作为社会主义事业的建设者和接班人，必须传承红色基因，通过深入学习党的创新理论，增强"四个意识"、坚定"四个自信"、做到"两个维护"。大学生要积极参加党组织的各项活动，加深对党的认识和理解，提高自身的政治觉悟和思想素质；在学习和工作中，以高标准要求自己，争做优秀党员、优秀学生；面对挑战和困难，保持乐观、勇敢、奋发向前的精神面貌，以积极的心态和行动解决问题。

知识积累

红色精神——中国共产党人的精神谱系

1. 建党精神

坚持真理、坚守理想，践行初心、担当使命，不怕牺牲、英勇斗争，对党忠诚、不负人民。

2. 井冈山精神

坚定执着追理想、实事求是闯新路、艰苦奋斗攻难关、依靠群众求胜利。

3. 苏区精神

坚定信念、求真务实、一心为民、清正廉洁、艰苦奋斗、争创一流、无私奉献。

4. 长征精神

把全国人民和中华民族的根本利益看得高于一切，坚定革命的理想和信念，坚信正义事业必然胜利的精神；为了救国救民，不怕任何艰难险阻，不惜付出一切牺牲的精神；坚持独立自主、实事求是，一切从实际出发的精神；顾全大局、严守纪律、紧密团结的精神；紧紧依靠人民群众，同人民群众生死相依、患难与共、艰苦奋斗的精神。

5. 遵义会议精神

坚定信念、坚持真理、独立自主、团结统一。

6. 延安精神

坚定正确的政治方向、解放思想实事求是的思想路线、全心全意为人民服务的根本宗旨、自力更生艰苦奋斗的创业精神。

7. 抗战精神

天下兴亡、匹夫有责的爱国情怀，视死如归、宁死不屈的民族气节，不畏强暴、血战到底的英雄气概，百折不挠、坚忍不拔的必胜信念。

8. 红岩精神

坚如磐石的理想信念、和衷共济的爱国情怀、不折不挠的凛然斗志、坚贞不屈的浩然正气。

9. 西柏坡精神

谦虚谨慎、艰苦奋斗、实事求是、一心为民。

10. 照金精神

忠诚于党的坚定信念、顽强斗争的英雄气概、扎根群众的工作作风。

11. 东北抗联精神

坚定的信仰信念、高尚的爱国情操、伟大的牺牲精神。

12. 南泥湾精神

自力更生、艰苦奋斗。

13. 太行精神（吕梁精神）

不怕牺牲、不畏艰险；百折不挠、艰苦奋斗；万众一心、敢于胜利；英勇奋斗、无私奉献。

14. 大别山精神

坚守信念、胸怀全局、团结奋进、勇当先锋。

15. 沂蒙精神

党群同心、军民情深，水乳交融、生死与共。

16. 老区精神

爱党信党、坚定不移的理想信念；舍生忘死、无私奉献的博大胸怀；不屈不挠、敢于胜利的英雄气概；自强不息、艰苦奋斗的顽强斗志；求真务实、开拓创新的科学态度；鱼水情深、生死相依的光荣传统。

17. 张思德精神

全心全意为人民服务。

18. 抗美援朝精神

祖国和人民利益高于一切、为了祖国和民族的尊严而奋不顾身的爱国主义精神，英勇顽强、舍生忘死的革命英雄主义精神，不畏艰难困苦、始终保持高昂士气的革命乐观主义精神，为完成祖国和人民赋予的使命、慷慨奉献自己一切的革命忠诚精神，为了人类和平与正义事业而奋斗的国际主义精神。

19. "两弹一星"精神

热爱祖国、无私奉献，自力更生、艰苦奋斗，大力协同、勇于登攀。

20. 雷锋精神

热爱党、热爱祖国、热爱社会主义的崇高理想和坚定信念；服务人民、助人为乐的奉献精神；干一行爱一行、专一行精一行的敬业精神；锐意进取、自强不息的创新精神；艰苦奋斗、勤俭节约的创业精神。

21. 焦裕禄精神

亲民爱民、艰苦奋斗、科学求实、迎难而上、无私奉献。

22. 大庆精神（铁人精神）

爱国、创业、求实、奉献。

23. 红旗渠精神

自力更生、艰苦创业、团结协作、无私奉献。

24. 北大荒精神

自力更生、艰苦创业、勇于开拓、甘于奉献。

25. 塞罕坝精神

牢记使命、艰苦创业、绿色发展。

26. "两路"精神

一不怕苦、二不怕死，顽强拼搏、甘当路石，军民一家、民族团结。

27. 老西藏精神（孔繁森精神）

特别能吃苦、特别能战斗、特别能忍耐、特别能团结、特别能奉献。

28. 西迁精神

胸怀大局、无私奉献、弘扬传统、艰苦创业。

29. 王杰精神

一不怕苦、二不怕死。

30. 改革开放精神

解放思想、实事求是，敢闯敢试、勇于创新，互利合作、命运与共。

31. 特区精神

敢闯敢试、敢为人先、埋头苦干。

32. 抗洪精神

万众一心、众志成城，不怕困难、顽强拼搏，坚韧不拔、敢于胜利。

33. 抗击非典精神

万众一心、众志成城、团结互助、和衷共济、迎难而上、敢于胜利。

34. 抗震救灾精神

万众一心、众志成城、不畏艰险、百折不挠、以人为本、尊重科学。

35. 载人航天精神

特别能吃苦、特别能战斗、特别能攻关、特别能奉献。

36. 劳模精神

爱岗敬业、争创一流、艰苦奋斗、勇于创新、淡泊名利、甘于奉献。

37. 青藏铁路精神

挑战极限，勇创一流。

38. 女排精神

祖国至上、团结协作、顽强拼搏、永不言败。

39. 脱贫攻坚精神

上下同心、尽锐出战、精准务实、开拓创新、攻坚克难、不负人民。

40. 抗疫精神

生命至上、举国同心、舍生忘死、尊重科学、命运与共。

41. "三牛"精神

为民服务孺子牛、创新发展拓荒牛、艰苦奋斗老黄牛。

42. 科学家精神

胸怀祖国、服务人民的爱国精神，勇攀高峰、敢为人先的创新精神，追求真理、严谨治学的求实精神，淡泊名利、潜心研究的奉献精神，集智攻关、团结协作的协同精神，甘为人梯、奖掖后学的育人精神。

43. 企业家精神

增强爱国情怀、勇于创新、诚信守法、承担社会责任、拓展国际视野。

44. 探月精神

追逐梦想、勇于探索、协同攻坚、合作共赢。

45. 新时代北斗精神

自主创新、开放融合、万众一心、追求卓越。

46. 丝路精神

和平合作、开放包容、互学互鉴、互利共赢。

课堂讨论

如今，仍然有像先辈们一样的人，在守护着中国，守护着人民。

"清澈的爱，只为中国"，这是陈祥榕战士在18岁入伍时写下的战斗口号，也是他一生的真实写照。他面对敌人时毫不畏惧，英勇战斗。在最后，他的生命永远定格在群山耸立的加勒万河谷。"百色的大山，你是最美的朝霞，脱贫的战场，你是醒目的黄花"，这是《感动中国》节目组对黄文秀的评价。黄文秀放弃高薪工作，主动要求担任百坭村第一书记。她在职期间，103户贫困户成功脱贫了88户。最终，她却因为突发山洪不幸遇难，因公殉职。这难道不是如今的英雄？这难道不是我们应该学习的榜样吗？这就是无私奉献、为人民服务的共产党员！一代人有一代人的长征，一代人有一代人的担当。国家的前途，民族的命运，人民的幸福，是当代中国青年必须和必将承担的重任。身为青少年的我们更应该赓续红色血脉，让中华民族伟大复兴在奋斗中梦想成真！

列举你所知道的红色故事，并说说自己的感想。

课后练习

一、实践训练

（一）召开"红色信念"主题班会

1. 实践活动设计及要求

（1）班会主题：赓续红色血脉，共育时代新人

（2）班会背景与目标

习近平总书记指出："对为国牺牲、为民牺牲的英雄烈士，我们要永远怀念他们，给予他们极大的荣誉和敬仰。""党的历史是最生动、最有说服力的教科书。"在新时代背景下，我们应引领青年学生高举旗帜跟党走，将红色基因代代相传。

通过本次班会，回顾党的光辉历程，学习党史，感悟党恩，激发学生的爱党爱国热情；联系时代需求，学习革命精神，明确信仰，树立远大报国之志，引导学生在日常学习和生活中践行红色精神，培养担当民族复兴大任的时代新人。

（3）班会实施

① 开场仪式：奏唱国歌，全体起立，表达对祖国的热爱和对革命先烈的崇高敬意，营造庄重严肃的氛围，为班会奠定情感基调。

② 主题演讲：邀请校史专家或优秀党员代表，讲述红色历史和先进事迹。通过讲述革命先辈的英勇奋斗故事，让学生深刻感受红色精神的伟大与不朽，激发学生的学习热情和敬仰之情。

③ 观影学习：精心挑选红色教育短片，如反映革命历史、英雄事迹或当代楷模的视频。引导学生分享观后感，加深对红色精神内涵的理解。

④ 互动讨论：将学生分成若干小组，围绕"如何在新时代继承和发扬红色精神"展开深入讨论。

⑤ 宣誓承诺：全班同学集体宣誓，表达对红色信念的坚定信仰和传承红色精神的决心。

⑥ 班会总结：回顾班会的主要内容，围绕"预期目标是否达到""好的方面有哪些""不足之处在哪里"进行总结。

⑦ 拓展训练：组织学生参观当地的革命纪念馆、烈士陵园等红色教育基地，开展红色主题的实践活动，如红色文化调研、红色故事分享会等，进一步拓展学生的学习视野，加深对红色精神的理解和感悟。

（4）班会反思

2. 评价标准

项目	评价指标	评价内容
班会主题（10分）	班会题目	新颖、生动，体现班会理念与内容
	班会目的	主题鲜明，具有时代性、思想性、专业性，突出班集体建设
班会内容（20分）	班会素材	紧扣主题，丰富新颖，重点突出，针对性强。活动内容具体而不空洞，紧密联系学生实际，能用学生易于接受的事例说明问题，符合班集体建设的要求
班会形式（15分）	学生主体性	学生参与面广，能够自主参与、自主体验班会活动
	形式多样性	班会活动设计多样，有班级特色，能展示独特的班风、学风、班级文化风采
班会过程（30分）	班会环节	紧扣主题，衔接自然，实效性强
	班会整体结构	结构合理，设计合理，运作完整
	班会点评	教师客观评价，全面剖析，升华思想
班会效果（20分）	班会氛围	班会过程气氛和谐、适宜、张弛有度，能调动全体学生参与活动的积极性
	班会整体效果	班会目标圆满达成，对学生有启发和激励，富有教育意义
班会特色（5分）	亮点	从立意、出发点、形式、活动流程、内容和互动等方面进行创新，有亮点、有特色

（二）开展"传承红色基因，坚定信仰航向"主题演讲比赛

1. 实践活动设计及要求

（1）活动目的

通过演讲的形式，让参赛者深入理解红色信念的内涵和价值，激发学生的爱国热情和社会责任感，提升学生的语言表达能力和思辨能力。

（2）活动对象

全校学生。

（3）活动流程

① 报名阶段：参赛者提交个人信息及演讲主题。

② 初赛阶段：参赛者现场演讲，由评委打分，排名前20的选手进入复赛。

③ 复赛阶段：20名选手根据指定主题进行演讲，评选出前10名的选手进入决赛。

④ 决赛阶段：10名选手围绕红色信念主题，结合自身体验和理解进行演讲，最终评出一、二、三等奖及优秀奖。

2. 评价标准

评价内容	评价标准
内容（30分）	主题鲜明，观点正确，材料真实，结构严谨，内容充实具体
表达（30分）	吐字清晰，声音洪亮，语速恰当，表达流畅
	能脱稿展示，具有较强的感染力和吸引力
仪表形态（20分）	精神饱满，仪态大方，举止自然得体，展现积极向上的精神风貌
PPT制作（10分）	层次分明，重点突出，排版整洁美观，信息呈现逻辑流畅
时间把控（10分）	每人3分钟，不足或者超时酌情扣分

（三）开展"追忆红色历程，砥砺奋进新征程"红色信念征文活动

1. 实践活动设计及要求

（1）活动目的

通过文字的形式，引导学生回顾历史，思考现在，展望未来，进一步坚定红色信念，传承红色基因。

（2）活动对象

全校学生。

（3）活动流程

① 宣传启动：通过各种渠道广泛宣传征文活动，鼓励学生踊跃投稿。

② 征集阶段：参赛者提交作品，作品形式包括但不限于散文、诗歌、故事等。

③ 评审阶段：组织专业评委进行评审，评选出一、二、三等奖及优秀奖。

2. 评价标准

评价内容	评价标准
主题契合度（40分）	紧密围绕红色信念主题，观点正确，内容充实具体
体裁结构（30分）	标题扣题且新颖，文章层次分明，文体明确，章法结构具有独到之处
语言表达（30分）	文采洋溢，运用恰当的写作技巧，描写生动细致，无语病、错别字

（四）开展"追随红色足迹"红色研学活动

1. 实践活动设计及要求

（1）活动目的

以史为鉴，不忘来时路。探访浙江省革命烈士纪念馆、杭州青年运动史馆、中国共产党杭州历史馆、"五四宪法"历史资料陈列馆，探寻红色历史，传承红色基因，坚定红色信念。

（2）活动对象

全校学生。

（3）活动流程

① 参观浙江省革命烈士纪念馆：探寻革命烈士的斗争史迹。

② 参观杭州青年运动史馆：学习百年来杭州青年在中国共产党的带领下，在中国革命、中国建设和改革开放等多个历史时期不懈奋斗的辉煌历史。

③ 参观中国共产党杭州历史馆：了解以习近平同志为核心的党中央引领中国特色社会主义进入新时代以来杭州经济社会各项事业在发展中取得的辉煌成就和杭州作为"三地一窗口"省会城市的政治担当。

④ 参观"五四宪法"历史资料陈列馆：增强社会主义民主法治意识，推动学生尊法、学法、守法、用法。

2. 评价标准

评价内容	评价标准
学习态度与参与度（30分）	纪律遵守：听从指挥，遵守场馆规定，无脱队、喧哗等行为。 主动参与：积极提问，参与互动环节，认真记录学习内容。 团队协作：协助队友，分享学习资源，共同完成小组任务。

续 表

评价内容	评价标准
学习深度（40分）	革命精神理解：能简述革命烈士事迹，提炼艰苦奋斗、牺牲奉献的精神内核。 青年运动感悟：结合杭州青年运动史，分析青年在时代变革中的责任担当。 发展成就认知：列举1—2项杭州在新时代的突破性成就（如数字化改革、共同富裕实践），说明"三地一窗口"含义。 法治意识提升：阐述"五四宪法"的意义，联系实际说明如何践行尊法学法守法用法。
实践成果（30分）	撰写总结报告，内容详实，结合自身感悟与历史联系，逻辑清晰。

二、知识训练

（一）在新时代如何讲好党的故事，传承红色基因？

（二）讲好红色故事对培养时代新人的重要价值是什么？

活动性课程任务二 文明修身

GAOZHI XUESHENG ZHIYE SUYANG

课程名称　文明修身系列活动

课程主题　培养文明行为，坚守道德底线

主办部门　学工部、各学院党总支

学习目标

● **知识目标**：了解并理解《普通高等学校学生管理规定》及相关法律法规的内容；掌握大学生文明修身的相关具体内容。

● **能力目标**：学会撰写校园文明倡议书等文稿；熟练掌握并自觉践行和倡导文明修身的具体内容；能运用相关法律法规、规章制度规范个人行为和制止他人校园违纪行为。

● **素质目标**：养成良好的文明行为习惯；培育并提高自身良好的文明素养。

案例引入

案例一：

许衡不食梨

许衡是中国13世纪杰出的思想家、教育家和天文历法学家。《元史·许衡传》记载了这样一则故事。许衡曾经在盛夏时经过河阳（今河南省孟州市），由于行走路途遥远，天气又热，十分口渴。路旁有一棵梨树，众人都争先恐后地去摘梨来吃，许衡独自端正地坐在树下，安然如常。有人问他为什么不吃，许衡说："不是自己拥有的却摘取它，不可以。"那人说："现在时局混乱，这棵梨树没有主人了，何必介意。"许衡说："梨树没有主人，我的心难道也没有主人吗？别人丢失的东西，即使有一丝一毫不合乎道义，我也不能接受。有教养的人家里庭院有果树，当果子成熟掉落在地上时，有教养的小孩经过它，都不斜眼看就离去了。那是他家人的教化之功。"元世祖想要任用许衡为宰相，但是许衡以自己有病为由辞谢了。许衡去世后，四方有学之士都来痛哭，也有远从数千里外赶来痛哭在墓下的人。皇上特赐谥号为"文正"。许衡不吃无主梨告诉我们，虽然梨可以无主，但是我们的心是不可以无主的。做人要有自己的原则，要慎独。为人处世，有自己的道德标准。

案例二：

文天祥的浩然正气

文天祥不但有大学问，同样有着"修身、齐家、治国、平天下"的远大理想抱负。1278年，他兵败五坡岭，被元军俘虏后面对威逼利诱毫不动摇。元朝请出当时已经降元的南宋大臣出面劝降，结果遭到文天祥的痛骂；元朝又派出已经被俘的宋恭帝劝降，文天祥置之不理。后被押赴刑场时，文天祥向南方跪拜，从容就义，时年47岁。文天祥的妻子欧阳氏收尸时，在其衣带中发现绝笔自赞："孔曰成仁，孟曰取义；惟其义尽，所以仁至。读圣贤书，所学何事？而今而后，庶几无愧！"

案例三：

宰相肚里能撑船

在三国时期的蜀国，诸葛亮去世后蒋琬主持朝政。他有个叫杨戏的属下，此人性格孤僻，讷于言语。蒋琬与他说话，他也是只应不答。有人看不惯，在蒋琬面前嘀咕说："杨戏这人对您如此怠慢，太不像话了！"蒋琬坦然一笑，说："人嘛，都有各自的脾气秉性。让杨戏当面说赞扬我的话，那可不是他的本性；让他当着众人的面说我的不是，他会觉得我下不来台。所以，他只好不作声了。其实，这正是他为人的可贵之处。"后来，有人赞蒋琬"宰相肚里能撑船"。

案例四：

大学生文明行为的养成

某高职院校开展学生文明行为养成系列活动，出台《关于进一步加强学风建设与学生行为规范的通知》，组成检查小组，对课堂教学进行常规检查；组成门岗检查小组，对学生行为规范进行日常检查；组成文明纠查组、校园学风巡查队，对教学区带早餐、穿拖鞋、抽烟、染夸张头发等不文明行为进行日常检查，并公布检查结果；在教学区楼道、广场、电梯口等各个地方设置文明标识，进行标识教育；开展形式多样的主题班会、期中学工检查、短视频大赛、表彰先进等，以活动促学风、育学风，提升学生职业综合素养。通过以上举措，学校学院齐抓共管，学校学风建设成效显著，全校课堂到课率和晚自习到课率显著提升，学生文明习惯养成初见成效，养成率达99%。学生对学风建设和文明习惯养成教育表示广泛接受并认可，为将来走出学校更好融入社会打下了基础。

一、文明修身的意义

在中国传统哲学中，修身被视为个人发展与社会责任的起点。古人云"修身、齐家、治国、平天下"。在这一由个人到国家、天下的递进层级中，修身是起点。何谓"修身"？《中庸》引用孔子的话直截了当地讲述："好学近乎知，力行近乎仁，知耻近乎勇，知斯三者，则知所以修身。"翻译成白话文，就是"修身"包括三个方面的内涵。一要学习，储备知识。二要实践，身体力行。三要知羞耻，有荣辱观念。对于学习，古人讲"格物致知"，忌讳"知"而不行，强调"力行"；对于"知耻"，中国历代思想家、教育家都把其置于人格修养的重要位置，孔子的名言"行己有耻"，见诸日常，孟子把"羞耻之心"视为人之为人的"四端"之一，不知羞耻，则"非人"。

在中国人的观念中，文明修身一直占据着重要的地位。进入现代社会，文明修身不仅是个人品德的体现，更是社会和谐与进步的基石。大学是一个人世界观、人生观、价值观形成的关键时期，也是良好道德品质、行为习惯和健全人格形成的重要阶段。21世纪对人才的全面素质提出了良好的行为习惯、健康的心理、健全的人格等新要求。加强和改进大学生思想政治教育的主要任务之一就是以基本道德规范为基础，深入进行公民道德教育。在大学生中开展文明修身教育，可以推动学生在知行合一的过程中形成良好的道德品质和文明行为，引导大学生正确认识"做什么人"和"怎样做人"。教育家叶圣陶说："教育是什么？往简单方面说，只需一句话，就是要养成良好的习惯。"在竞争更加激烈、文化更加多元、机遇挑战并存的社会环境下，养成良好的文明习惯和行为规范，是青年大学生成才的基础。因此，大学生不仅需要掌握扎实的专业知识和技能，还需要注重提升自身的文明素养。文明修身不仅是一种履行社会责任的道德规范，更是一种追求内在提升的必备素质，是新时代人才培养的必然要求。

（一）文明修身有助于维持身心健康

文明修身始于自我认知和自我管理，关注个体的思想、情感、行为及身体等各个领域的互动影响和协调。文明修身本质上是一个综合认知和管理自我的过程，对身心健康有着至关重要的作用。

1. 文明修身有助于消除负面情绪

不健康的生活习惯，如不良饮食、过度工作、缺乏运动等，往往会直接影响身心状态，诱发负面情绪。而好的修身习惯，如良好的饮食习惯、合理的工作时间和方式、科学的锻炼方式等，能有效消除负面情绪。

2. 文明修身有助于降低身体患病的风险

身体健康与心理调节、生活习惯之间有着紧密的联系。修身的过程不仅包括科学的运动锻炼和合理饮食，也包括调整不健康的心理和行为习惯，如戒烟戒酒、改善亲友关系、保持适当运动等，这些习惯的调整与养成对身体健康有着明显的积极影响。

（二）文明修身有助于促进个人发展

文明修身对个人成长和发展、事业、家庭生活、人际关系等多方面有很大的影响。

1. 文明修身对事业发展的影响

文明修身实质上是一种自我调适和自我管理的过程，涉及情感、心态、性格等多个方面的调整，这些调整的结果将直接影响个体的认知、反应、决策和思维等，从而使个体更好地适应社会环境和工作需求。因此，文明修身有助于培养冷静、沉稳、深思熟虑的思考方式，有助于在职场中获得更好的发展。

2. 文明修身对家庭生活的影响

文明修身不仅能提升自我修养，也能帮助个体更好地理解亲友关系、调节家庭生活等，从而建立和谐的家庭环境，增强亲情，减少家庭纷争，有助于个人幸福感的获得和家庭的稳定发展。

3. 文明修身对人际关系的影响

人际沟通在个体发展的各个阶段发挥着极其重要的作用。文明修身有助于培养成熟、自信、意志坚定的人格，帮助个体更加准确地表达自己的想法和情感、更好地交流和理解他人的见解和情感，从而建立稳固的人际关系，在人际交往中更加得心应手。

（三）文明修身有助于建设和谐社会

文明修身与社会和谐密不可分。文明修身有助于社会和谐稳定。

1. 文明修身有助于稳定社会秩序

文明修身注重的是修养和品德，强调在关注自身修养的同时，要自觉践行社会主义核心价值观，并将其内化为自身的道德观和行为规范，从而形成良好的行为示范，传递正能量，维护社会秩序的稳定。

2. 文明修身有助于社会的可持续发展

个体层面的修身只有提升到一定程度，才能够融入整个社会体系。大学生应通过培养积极的社交能力，推动建立有效的社交关系，形成切实的即时交流和顺畅的互动帮助，从而推动社会稳定和可持续的发展。

二、大学生文明修身的重要性

在当下复杂多变的社会环境下，文明修身已经成为一个备受关注的话题。文明修身不仅有助于维护身心健康、提升个人素质，还能助力个人在各领域取得成功，并对社会的和谐稳定产生积极影响。对正处于成长阶段的大学生来讲，文明修身的重要性不言而喻。

（一）提升个人素质

文明修身是提高大学生综合素质的重要途径。通过培养文明礼貌、尊重他人、关注公共秩序和公共道德规范的意识和行为习惯，大学生能够更好地适应社会生活，从而增强其社会竞争力。这一过程不仅涉及个人品德的培养，也包括对社会责任和公民意识的深化理解。

（二）促进校园和谐

文明修身是构建和谐校园环境的基础。通过倡导文明行为、推广道德规范、营造文明环境等，促进校园内人际关系的和谐，提升校园的整体文明程度。和谐的校园氛围有助于形成积极的学习环境，为学生提供健康成长的土壤。

（三）推动社会进步

大学生作为社会的未来栋梁，其行为举止对社会发展有着重要的影响。通过文明修身，大学生能够树立正确的价值观和行为榜样，传递正能量，从而推动社会的进步和发展。

三、大学生文明修身的具体内容

大学生文明修身的学习内容贯穿个人成长的全过程、各方面，就学校教育阶段来讲，主要包括三个方面。

（一）基本文明修养教育

大学生应养成文明的言行方式，塑造良好的外在形象，提高遵纪守法意识，建立和谐的人际关系。如文明礼貌，做到语言文明、行为得体、态度友善，与他人交往时使用礼貌用语，避免粗俗的语言或手势。在与他人发生矛盾时，要采取冷静、宽容的态度，不要轻易发脾气或动手打人。尊重他人，应尊重他人的权利、尊严和感受，不侵犯他人的隐私和利益。在与他人合作时，要学会倾听他人的意见和建议，尊重他人的想法和决定。在学校遵守日常行为规范，树立文明意识，自觉养成文明习惯和行为，积极参与学校的"文明寝室""学风建设""绿色校园"等活动。

（二）思想道德修养教育

树立正确的世界观、人生观、价值观及爱国主义、集体主义精神，提高道德水平，养成爱国守法、明礼诚信、敬业奉献、团结协作、谦虚求实、勤俭自强的道德品质。遵守法律法规，维护公共秩序和公共道德规范，在公共场所维护环境整洁，不乱扔垃圾或破坏公共设施，遵守交通规则、不闯红灯、不乱穿马路等。树立诚信文明，大学生应该树立正确的道德观念，推崇诚信文明，在人际交往中真诚待人、守信用、讲信誉，不欺骗他人或拖欠债务。积极参与公益活动，大学生应关注社会公益事业，通过积极参与志愿服务、捐款捐物等公益活动，关注弱势群体和社会公益事业。

（三）修身自省修养教育

传承中华民族优秀传统美德，加强对中华优秀传统文化的学习，培育民族精神，倡导修身自省。树立良好的时间观念，准时守时是基本礼仪，也是对他人尊重的体现，更是大学生应具备的基本素质。要增强时间观念和计划观念，今日事今日毕，做事不拖沓。有意识地培养良好的作息习惯，彰显个人品质教养，展现集体风貌。要养成高雅的生活情趣，这是思想品质高尚的表现，反映了个人坚定的理想信念，对工作、学习、生活的积极态度和高度的责任感。培养高雅的生活情趣，有助于大学生保持良好的精神状态，形成良好的心理素质、高尚的道德情操和较高的审美水平，推动形成健康向上的校园风气。

四、大学生文明修身的实践方法

"纸上得来终觉浅，绝知此事要躬行"。文明修身最终要落脚到实践养成上。

（一）遵守校规校纪，养成良好的生活习惯

《普通高等学校学生管理规定》

没有规矩，不成方圆。大学生应遵守学校的规章制度，这既是维护校园秩序的需要，也是培养自身良好品德和行为习惯的重要途径。不迟到早退、不旷课逃学；在课堂上认真听讲，不睡觉、不玩手机；考试时不作弊，不抄袭他人的答案。大学生应该养成良好的生活习惯，按时作息，早睡早起，坚持参加锻炼，保持宿舍卫生整洁，不乱扔垃圾、不乱堆杂物；不吸烟、不喝酒、不暴饮暴食等。

（二）诚信友善

中华民族历来把诚信作为一种美德、一种理念、一种修养来追求。诚信是一种高尚的品格，自律、承诺、正直、勇敢、守时都是诚信的重要内容。大学生要保持一颗诚信之心、树立诚信意识、打造诚信口碑，坚定不移地坚守诚信行为。友善是社会主义核心价值观的重要内容，是一种高尚的道德情操，它不仅是个体的为人之道，也是基于中华民族的生存环境与伦理环境形成的道德规范，是中华优秀传统文化的重要范畴。友善包含善待他人、社会、自然等，维护家庭关系和谐、人际关系和谐、生态关系和谐。以友善的态度为人处世，不但体现了一个人的道德水平，也体现了一个民族的素质水平。大学生应该友善待人，尊敬师长、关爱同学，在与他人交往时，面带微笑、语言亲切、态度友善。与同学建立良好的人际关系，不孤立自己也不排挤他人。

（三）勤俭节约

艰苦奋斗、勤俭节约是中华民族的传统美德，二者紧密相连。今天强调勤俭节约，更多的是倡导一种精神，即始终保持昂扬向上、奋发进取的精神状态，做好吃苦准备。铺张浪费不仅会导致经济上的入不敷出，还会使意志消沉、进取心懈怠。大学生现在拥有的一切，基本都来自父母。然而，一个精神上独立的人，怎能成为"思想的寄生虫"？一个人的消费观与人生观、价值观紧密相连。当一个人盲目追求超出自身能力范围的东西时，容易导致人生观和价值观的偏移。一段时间以来，大学校园里频发的"套路贷"事件，已经让一些大学生付出了惨痛代价。因此，要热爱生活，勤俭节约，避免奢侈浪费、盲目攀比和追求奢华名牌。弘扬勤俭节约精神，不是背离时

代，而是顺应时代发展的需要。

（四）自律慎独

自律给我们自由，自律让我们成为更好的人。大学生处于相对自由的学习、生活环境中，学会自律慎独尤为重要。大学生的自律主要表现在两个方面。一是学习方面，大学的教学模式与中学完全不同，需要大学生自主地提前预习、课后巩固，拓展学习其他延伸的知识，深入钻研理论，积极主动实践，变被动式、填鸭式的学习为主动型、求索型的学习，从而取得理想的成绩。二是生活方面，大学生离开了父母和家庭，小到个人卫生，大到处理人际关系，大多数事情都需要独立处理。要坚持独立自主，舍弃不必要的社交，远离消极的朋友，拒绝攀比，拒绝内耗，围绕目标制订计划，踏实行动。行驶在海面上的船离不开指引方向的航标，以自律和克制为指引，人生的船只才能乘风破浪。

（五）倡导健康的生活方式

大学生应该倡导健康的生活方式，注重锻炼身体，保持积极向上的心态，注重心理健康和精神健康，培养良好的生活习惯和高尚的道德品质，推动形成健康向上的校园风气，促进校园和谐和社会进步。

（六）加强正面学习和自我教育

自觉学习贯彻《新时代公民道德建设实施纲要》《关于进一步加强和改进大学生思想政治教育的意见》等文件精神，掌握文明修身的目的任务、内容途径等。组织参加主题班会、辩论赛、演讲赛等主题活动，广泛参与讨论；参加校园"文明督察队""学风建设纠察队"等活动，加强自我教育，发挥主观能动性，真正从思想层面认识文明修身的重要性，在行动层面增强文明修身的自觉性、自律性。

> **知识积累**

1. 言行文明

（1）懂礼貌，知礼仪，重礼节，讲文明，举手投足得体大方，谈吐文雅礼貌，避免不文明的语言和行为。

（2）多用"请""谢谢""打扰了""对不起""请原谅"等文明用语。

（3）不随地吐痰、乱扔废弃物、随地大小便，不在公共场合抠鼻、剔牙、咳嗽、打喷嚏等。

（4）不吸烟，不违反禁拍、禁攀、禁入、禁踩等规定。

（5）在公共场所守秩序，不拥挤抢先，不喧哗吵闹，排队遵守秩序，不在公共座椅上躺卧。

（6）不强行与人合影，不长时间占用公共设施，尊重服务人员的劳动，尊重各民族宗教习俗。

（7）服装服饰整洁美观，不敞胸露怀，不蓬头垢面，不在公共场所脱鞋。根据场合选择合适的着装，如在博物馆、教堂、艺术殿堂、寺庙等场所，应着装得体；在商务洽谈、宴会等正式场合，尽量着正装或职业装。

（8）要展示文明素养，尊重当地宗教信仰和风俗禁忌，避免因无知而冒犯他人，引发不必要的冲突。

2. 食宿文明

（1）在入住酒店时注意秩序，不争抢，不大声喧哗，不在禁烟大堂吸烟。

（2）尊重服务员，服务员问好时友善回应，不损坏客房和公用空间的设施、设备，保持公用空间整洁卫生。

（3）就餐时注意文明礼貌，谦让老人、长者、残疾人和妇女，照顾儿童。

（4）吃自助餐时按需取食，避免浪费。

3. 交通文明

（1）乘坐飞机、轮船、火车等交通工具时，按要求提前抵达办理相关手续，积极配合安全检查，不携带禁带物品；遵守秩序，不抢先，不插队，文明礼让，不大声喧哗，注意维护环境。

（2）乘坐交通工具时，礼让、照顾老、弱、病、残、幼、孕妇和抱小孩者，主动让座和请他人让座。

（3）遵守交通规则，不横穿马路，不在马路上停留或交谈。

（4）乘游轮时，不要将杂物丢出船外，避免在船舷和甲板上随意舞动衣物；夜间不要用手电筒向外晃照，以免引起其他过往船只的误会。

（5）乘观光游览车时不迟到，以免耽误他人行程计划，年轻游客尽量坐到车厢后面，把前面的座位让给老人和妇女儿童。

4. 观光文明

（1）注意保护生态环境，不随意踩踏绿地、攀折花木和果实，不追捉、投打和乱喂动物。

（2）保护文物古迹，不随意涂刻、攀爬、触摸文物，拍照摄像遵守规定。

（3）将果皮纸屑、杂物等废弃物丢进垃圾桶，不弃置在地上或抛入水池，并注意垃圾分类投放。

（4）在景区拍照时，要主动谦让，不要争抢，也不要妨碍他人拍照，请他人帮助拍照要道谢。

（5）多为他人提供方便，如行经曲径小路或小桥山洞时，要主动为老弱妇孺让道，不争先抢行。

（6）参观博物馆、教堂、艺术殿堂、寺庙时，要遵守禁烟、禁食、禁饮、禁用闪光灯拍照等规定，不随意触摸展品、文物和其他器物。

5. 娱乐文明

（1）提倡健康娱乐，抵制封建迷信活动，拒绝黄、赌、毒。

（2）观看电影或演出，提前进场，因故迟到，可请导座员协助就座，注意保持安静。

（3）不乱发议论，尊重演员，节目结束后应鼓掌致谢，演职员谢幕时要起立鼓掌。若演员出现失误，应给予谅解，避免起哄、吹口哨或喝倒彩。

（4）观看体育比赛时，尊重比赛双方运动员和裁判，遵守赛场规定和秩序，不失态失控狂呼乱叫，不辱骂裁判和运动员，不往比赛场地投掷杂物，禁止闯入比赛场地。

（5）食物及饮料包装等废弃物品自行带离比赛场馆并投入垃圾箱。

课堂讨论

库索在《纵身入山海》中写道："知道了自律和克制的好，是最终能够让内心归于从容的唯一航标。"我们往往只看到成功者的从容不迫，忽略他们长久以来的自律与克制。口渴之时，面对路旁梨子的诱惑，许衡坚持"梨虽无主，我心有主"，始终以修身正己作为自己的人生准则，被后世誉为"元朝第一人"；声名鹊起后，白玉霜依旧坚守"戏无止境"的原则，无论三伏酷暑还是三九寒冬，始终勤练不辍，成为有口皆碑的"评剧皇后"；打破了世界纪录的短道速滑运动员武大靖在奥运赛场上驰骋冰面的轻松自如，得益于他多年起早贪黑的严苛练习。

列举你所知道的关于自律的名人案例，并说说对自己的影响。

课后练习

一、实践训练

（一）拟写校园文明倡议书

1. 实践活动设计及要求

（1）以5～6人为一个小组，就校园文明的内容和意义，以及《学生手册》中与文明相关内容进行深入学习和讨论。

（2）以小组为单位学习倡议书的写作要求。倡议书的写作格式一般由标题、称呼、正文、结尾、落款五个部分构成。

（3）每位同学分别选取举止文明、教室文明、宿舍文明、就餐文明、网络文明和交友文明中的一种类型，拟写并设计一份校园文明倡议书。各小组组员间选取的类型不得重复。

2. 评价标准

评价内容	评价标准	完成情况				
		很好	较好	一般	较差	很差
标题	文种清晰，简明扼要					
	位于倡议书首行，居中排布					
称呼	对倡议对象的称呼恰当且得体					
正文	倡议背景和目的明确，令人信服					
	倡议内容和要求清晰明确					
	倡议内容和要求具体，且以条列式呈现					
结尾	表明倡议者的刘翠翠和希望或是建议					
	结尾以"此致敬礼"结尾					
落款	写明倡议者单位或个人姓名					
	表明发倡议的日期					

（二）《学生手册》学习与考试

1. 实践活动设计及要求

（1）以班级为单位，深入学习《学生手册》。

（2）以班级为单位，统一时间参加《学生手册》考试。

2. 评价标准

（1）考试合格者，积10分。

（2）考试不合格者，予以重修重考。

（3）考试违纪、作弊者，按《学生手册》予以相关纪律处分。

二、知识训练

（一）请列举出学生的权利与义务。

（二）学生宿舍容易发生火灾的因素有哪些？说说如何正确预防。

活动性课程任务三 责任意识

GAOZHI XUESHENG
ZHIYE SUYANG

课程名称	责任意识系列活动
课程主题	强化责任意识，践行青年担当
主办部门	学工部、各学院党总支

学习目标

● **知识目标**：了解责任担当的层次和范围；理解新时代青年学子责任担当的基本概念；掌握责任担当的法律依据和时代要求。

● **能力目标**：学会对自己的行为和表现负责；通过参与志愿服务、社会实践和公益活动，学会如何承担责任和开展团队合作；熟练运用责任担当的相关知识，向社会传递正能量。

● **素质目标**：树立正确的价值观；增强社会责任感和使命感；提升综合素质。

案例引入

案例一：

范仲淹之"先天下之忧而忧"

范仲淹幼年生活艰难,父亲早逝,母亲改嫁,他深知贫穷、无依无靠的滋味。在少年求学时,他生活得非常艰苦,为了节省,他先让粥冷却,然后划成若干块,把咸菜切成碎末,当作一天的饭食。这便是典故"划粥割齑"的来历,也是范仲淹艰苦生活的深刻写照。

范仲淹在"未贵显"之时,见族人贫富有差,贫者生活困苦,便有志设立一个组织以赈济贫困族人,只是身无多余之财。晚年,范仲淹在其原籍苏州购买田地1 000多亩,建立了"范氏义庄"。他给义庄订立章程,规范族人生活。范氏义庄除救济范氏族人外,外乡的亲戚若确有急需,也酌量予以济助。

针对范仲淹把财产捐出来设立范氏义庄的行为,曾有人规劝他:不如到洛阳修建园林,作为养老享福之所。对此,范仲淹淡然回答:"人苟有道义之乐,形骸可外,况居室乎?"范仲淹去世后,他的儿子续增条款,范氏子孙不断捐赠田地,范氏义庄继续维持。

范氏义庄是我国史料记载的第一个非宗教性的民间慈善组织。虽然朝代更迭,历经战乱,但一直到清末的宣统年间,范氏义庄依然有田5 300余亩,而且运作良好。这个持续了800多年的范氏义庄,堪称我国慈善史上的典范。

案例二：

大山的女儿黄文秀

"一个人要活得有意义,生存得有价值,就不能光为自己而活,要用自己的力量为国家、为民族、为社会做出贡献。"这是黄文秀在她的入党申请书中所写的一句话。她在北京师范大学硕士毕业之后,本可以留在大城市工作、定居,但是她选择回到家乡广西百色工作。2018年,她积极响应组织号召,主动申请到条件艰苦的乐业县新化镇百坭村担任驻村第一书记,致力于脱贫攻坚工作。面对困难和挑战她毫不退缩,遍访全村贫困户,用实际行动了解民情、体察民意。她致力于带领村民发展砂糖橘、八角、杉木等种植产业,开拓电商销售渠道,为乡村经济发展注入新活力。2019年,黄文秀在探望病重手术不久的父亲后,因心系驻村群众安全,冒雨连夜开车返岗工作,遭遇山洪暴发不幸遇难,年仅30岁,将青春和生命献给了脱贫攻坚事业。黄文秀用实际行动诠释了新时代共产党人的职责和使命,展现了青年一代的责任与担当,激励着更多人为实现中华民族伟大复兴的中国梦而努力奋斗。黄文秀的事迹感动了无数人,习近平总书记对黄文秀同志先进事迹作出重要指示，强调广大党员干部和青年同志要以黄文秀同志为榜样，不忘初心、牢记使命，勇于担当、甘于奉献，在新时代的长征路上做出新的更大贡献。

案例三：

有担当的张京

2021年3月，中美两国展开高层战略对话。中国翻译员张京出色的业务能力在会上展露无遗。当时，面对美方超时且无理的指责发言，中央外事工作委员会办公室主任杨洁篪即兴发表了长达16分钟的发言，严正地回应了中方的态度和立场。面对如此高难度、高强度的突发情况，张京从容不迫，速记、速翻，一气呵成，顺利完成了口译任务。

青年翻译员张京临危不乱，沉着冷静，精准地传达了中国的观点与态度。张京出色的业务能力彰显新时代我国外交人员的风采，也诠释了新时代中国青年与世界对话的责任担当。"桐花万里丹山路，雏凤清于老凤声"。在全球化的洪流之中，愈来愈多的青年接过代表国家走向世界的重任，他们意气风发的姿态，便是国家富有生机的模样。

案例四：

我在窗口写青春

杭州某高职院校在第19届杭州亚运会期间，学校近300余名学生、11位教师参与亚（残）运会服务。亚运会上，93名颁奖礼仪服务16个竞赛场馆21项竞赛大项，"高标准"、"零失误"完成107场颁奖仪式，颁出976枚奖牌。亚残运会上，67名颁奖礼仪服务9个场馆10项竞赛项目，共计完成90场颁奖仪式，颁出524枚奖牌。7名礼仪志愿者圆满完成亚残运会44个代表团17场欢迎仪式。98名亚残运会志愿者服务临平体育中心坐式排球项目累计5 390余小时。29名医疗服务志愿者在开闭幕式、钱塘、淳安等11个场馆11项赛事累计服务5 605小时。1名在校生和2名校友入选亚运会火炬手，2名在校生入选亚残运会火炬手。师生收到40余封感谢信，先后被中央电视台新闻联播、央视新闻、学习强国、浙江卫视、潮新闻、杭州电视台等媒体和平台报道。师生在亚（残）运会上的优异表现，向世界展示微笑，让世界见证属于中国的荣光，进一步发扬"奉献、友爱、互助、进步"的志愿精神的践行，用实际行动展现"有理想、有本领、有担当"的新一代青年风采。

一、责任意识的意义

中华民族拥有着五千年的文明史，在历史的长河中既有过繁华盛世，也有过萧条景象。但是无论处于什么境况，中华民族都凭借顽强的精神，创造出了让世界惊叹的璀璨文明。我们在为中华文明感到骄傲和自豪的同时，更对其背后体现的文化思想、道德理念产生了深深的敬仰。今天，我们开创了中国特色社会主义新时代，作为新时代的中国青年，有责任、有义务秉承文化基因，传承民族精神，团结奋进，开创未来。

"历史车轮滚滚向前，时代潮流浩浩荡荡"。世界之变、时代之变、历史之变前所未有，世界百年未有之大变局加速演进。青年一代有理想、有本领、有担当，国家就有前途，民族就有希望。培育青年人的担当意识，有利于夯实中华民族伟大复兴中国梦实现的根基。而大学生作为未来社会的中坚力量，其价值取向与行为选择直接影响社会的进步与发展。在中华民族伟大复兴征程上，大学生理应成为担当民族复兴大任的时代新人，以明确的人生目标实现个人价值，助力国家持续繁荣进步。"察势者智，驭势者赢"。对高校青年学生而言，百年未有之大变局既是时代发展机遇，也是个人成才际遇。青年学生应学会审时度势，系统认知和把握时代发展环境，明确自身使命担当，坚定理想信念。事不避难、义不逃责，将个人价值目标与时代奋进目标相结合，积极投身于社会主义现代化强国建设。

（一）责任意识对个人的意义

1. 责任意识可以塑造自律品质

责任意识是个人品格中的关键要素，它促使个体自觉遵守各项规范，从而形成良好的行为习惯。具备责任意识的人，能更好地掌控自己的情绪与行为，避免无谓的情绪波动和冲动决策，这种自律能力对于个人成长至关重要。培养责任意识，有助于个体高效管理时间与精力，提升工作与生活品质。

2. 责任意识可以增强自信指数

承担责任的过程中，个人不可避免地会面对各种挑战和难点，面对这些挑战，个体会不断地挖掘和发挥自身的潜力与能力，从而更有效地应对各种挑战，这一过程有助于提升个体的自信心。这种自信心对于个人的职业发展和社会交往具有重要意义，每一次成功的经历都是对自我能力的一种肯定，它能够激发个体的内在潜能，增强自我效能感，使得个体在面对未来的困难和挑战时，能够更加从容不迫、自信满满。

3. 责任意识能够培养团队精神

责任意识在团队合作中扮演着极其重要的角色。当每个人都明确自己在团队中的角色和责任时，他们会更加倾向于与其他人合作，共同努力实现团队目标。在团队中，每个人都有自己的独特价值。通过承担责任，团队成员能够发现自己的潜力，进而提升整个团队的绩效和竞争力。责任意识可以培养团队精神，可以促进合作、增强凝聚力、提高效率、发挥个人优势，使团队成员共同应对挑战，为团队的成功提供坚实的基础。

（二）责任意识对组织的意义

1. 强化组织凝聚力

责任意识对强化组织凝聚力至关重要。它影响成员对组织目标、任务和价值观的认同，形成统一的语言、行动准则和价值取向。成员认识到自身关键作用并积极担责时，更愿分享知识、经验，为组织发展贡献力量。基于责任感的团队向心力强，能激发集体智慧和创新，推动组织发展。

2. 提升工作效率

责任意识是提升工作效率的关键。它促使成员保持高度责任心和使命感，严谨细致、高效准确地执行工作。承担责任使成员更精准把握组织需求，预见并解决问题，提高整体效率和绩效。责任意识还激发成员的积极性和主动性，促使他们勇于担当，优化工作流程，实现组织目标最大化。

3. 塑造良好的形象

责任意识对塑造组织形象至关重要。例如，对于企业来讲，责任意识会积极引导成员坚守职业道德和社会责任，尊重消费者，关注环保，参与公益，承担一定的社会责任，树立良好形象，增强品牌认同感和公信力。成员专业、负责的态度成为品牌形象重要组成部分，可提升组织声誉和品牌价值，赢得消费者信赖。

（三）责任意识对社会的意义

1. 能够有效维护社会秩序

责任意识对维护社会秩序具有重要意义。它将公民和社会组织紧密联结，共守规章制度和法律法规。个体受驱动会自觉约束行为，为社会公正公平贡献力量。组织层面，责任意识促使社会组织依法合规运行，共筑和谐稳定社会环境。

2. 能够不断推动社会进步

责任意识是维护社会安定的基石，更是推动社会前行的动力。个体和组织责任意识的强化，能够激发他们积极面对社会问题，寻求解决方案，推动社会进步。企业家创新引领经济，科研人员攻克难题，公益组织改善弱势群体生活，等等，这些由责任驱使的行动共同推动社会不断前行。

3. 塑造良好的社会风气

责任意识对于个体和社会组织在道德伦理层面的表现具有深远的影响。它如同明亮的灯塔，引导个体和社会组织坚守正确的价值取向，崇尚诚实守信、乐于助人、爱护环境等良好品质，从而塑造出积极向上、充满正能量的社会风气。积极履行社会责任，有助于提升社会道德水平，促进人际关系和谐，推动社会文明发展。

二、大学生责任意识的重要性

责任意识，就是知道什么是责任，并自觉、认真地履行职责和参加活动，把外部行动转化为内心的意识。责任意识既为大学生责任行为指明了方向，又为大学生的责任行为提供了行为动力，是大学生承担和践行社会责任的强大动力。培养大学生的社会责任感，不仅是"立德树人"的基本要求，也是大学生密切联系社会，增强自身使命感的重要途径。

（一）坚定理想信念的垫脚石

理想信念是精神支柱和核心价值，新时代大学生群体要展现积极风貌，怀揣远大理想，坚守崇高信念，实现目标，就要具备社会责任感和奉献精神。担当决定事业，责任决定成就。责任意识是大学生社会责任感的核心，发挥着重要的引领作用。

（二）个人成长与发展的催化剂

责任意识如同大学生成长的阳光雨露，它不仅能促进大学生的自我认知与成熟，更能像一位严格的导师一样，不断督促大学生提升自律与自我管理能力。在这位"导师"的引导下，大学生们可以学会如何规划时间、安排任务，从而提升自信心与责任感，为未来的职业生涯奠定如同磐石般坚实的基础。

（三）社会参与与贡献的驱动力

具备责任意识的大学生，就像是社会的一股清流，他们关注社会问题，积极参与公益事业，用实际行动推动着社会的进步与发展。他们的存在，就像是一盏明灯，引领着社会风尚与潮流。他们以实际行动践行社会主义核心价值观，让社会更加文明、进步。

（四）职业规划与人生理想的导航仪

责任意识在大学生职业规划与人生理想中扮演着导航仪的角色。它帮助大学生明确职业目标与方向，避免他们在职业生涯的海洋中迷失方向。同时，责任意识还有助于提升大学生的就业竞争力，使他们在职场中更加游刃有余。最重要的是，它能帮助大学生实现个人价值与社会价值的统一，让他们在追求人生理想的过程中，为社会做出实实在在的贡献，实现人生价值的最大化。

三、培养大学生责任意识的具体内容

（一）个人发展与成长责任

生命意识。生命是一切社会活动的基础，只有珍重自己的生命，才能承担人生的意义，要珍惜生命、尊重生命、热爱生命，去探索生命价值的厚重与伟大。

学业责任。作为学生，首要任务是扎实学习，提高专业素养，为未来事业打下坚实基础。

个人责任。养成良好生活习惯，提高自律能力，保持身心健康，关爱他人，维护良好人际关系。

自我成长责任。明确人生目标与职业规划，不断完善自我，提升素质和能力，为未来发展做好充分准备。

（二）社会责任与公民义务

社会责任。关心国家、关注社会问题，积极参与公益活动和志愿服务，为社会做出积极贡献。

公民责任。了解并遵守国家法律法规，维护社会秩序，尊重他人权益，坚守公正和诚信行为。

环境责任。培养环保意识，关注环境保护，积极参与节能减排，倡导低碳生活方式。

（三）文化与传承责任

文化责任。维护和弘扬中华优秀传统文化和民族精神，尊重和守护文化遗产，促进文化多样性与交流。

传承责任。古有"天下兴亡，匹夫有责""为天地立心，为生民立命"，今有"为中华之崛起而读书"，无不体现中华民族爱国爱民的优良传统。通过学习与实践，传承前人智慧与成就，继承和发展传统文化与人类文明。

（四）创新与国际责任

创新责任。培养创新精神，敢于挑战传统、开拓创新，为社会的进步和发展贡献力量。

职业责任。坚持职业道德，遵循职业规范，勤奋工作，努力提升专业能力，为自己的职业发展负责任。

科学责任。具备科学精神，追求真理，质疑并寻求解答，培养批判性思维，推动科学技术的发展与创新。

国际责任。在全球化的洪流当中，接过国家走向世界的使命，在国际交流与合作中发挥积极作用，诠释新时代中国青年与世界对话的责任担当。

四、培养大学生责任意识的实践方法

（一）坚定理想信念，树立正确的价值观

《在庆祝中国共产主义青年团成立100周年大会上的讲话》

作为大学生，应当坚定对马克思主义的信仰，对社会主义和共产主义的信念，让马克思主义真理和中国特色社会主义理论成为我们的思想武器。应当通过积极参与思想政治教育和日常教育教学活动，深入学习马克思主义理论和习近平新时代中国特色社会主义思想，不断坚定"四个自信"。要将"四史"教育——中国共产党党史、新中国史、改革开放史和社会主义发展史融入自己的学习生活，同时，要不忘初心，牢记使命，将所学知识与国家发展、时代需求相结合，明确个人使命与担当。积极参与社会实践，全面、准确地认识时代发展变化和国家发展需求，在实践中锤炼意志，提升道德境界，做到知行合一。面对多元价值观的挑战，保持清醒头脑，坚守社会主义核心价值观，不断自我反省与提升，最终，以国家之需、时代之需、自身发展之需为动力，主动担当起属于当代大学生的责任和使命。

（二）厚植爱国情怀，增强服务社会能力

一方面，积极参与历史教育和时政教育，通过历史课程、主题活动等，深入了解国家历史和文化，树立正确历史观。爱国情怀不仅仅是一种情感的寄托，更是一种行动的召唤，激励大学生了解国家的辉煌与苦难，感受民族的骄傲与梦想。这份情怀如同纽带，将个体与祖国的命运紧密相连，让个体在回望历史时充满自豪，在展望未来时满怀信心。

另一方面，将第一课堂和第二课堂相结合，通过校企合作基地、党建共建基地，深入社区和企业开展公益活动、志愿服务活动，自觉履行社会责任，在服务社会过程中尊重他人、关爱他人，感受奉献的价值，让每一次的付出都成为对社会的回馈，将爱国情怀转化为推动社会进步的积极力量。

（三）增强专业本领，提升创业创新能力

当代青年大学生应当积极关注课程教学内容的改革和优化，深刻认识到所学知识与行业需求、社会发展的紧密联系，努力获取最前沿、最实用的知识和技能。充分利

用信息化优势，提升自我学习效率，深入理解和掌握所学知识，为个人发展和国家进步奠定坚实基础。应积极参与创新竞赛、创业训练等活动，培养创新思维与问题解决能力，敢于挑战传统，提出新的观点和解决方案，以有效应对时代发展变化和国家发展需要。此外，结合所学专业知识，积极参与社会实践，走出课堂，深入社会，走进乡村、社区和田间地头，积极投身乡村振兴，亲身感受社会发展与变革，明确自己的社会担当。要保持健康、积极的心态，无惧压力和挑战。

知识积累

1. 关于责任的名言警句

鞠躬尽瘁，死而后已。——诸葛亮

业精于勤，荒于嬉；行成于思，毁于随。——韩愈

人生自古谁无死，留取丹心照汗青。——文天祥

苟利国家生死以，岂因祸福避趋之。——林则徐

天下兴亡，匹夫有责。——顾炎武

人生须知负责任的苦处，才能知道尽责任的乐趣。——梁启超

自己无论怎样进步，不能使周围的人们随着进步，这个人对社会的贡献是极其有限的，绝不以"孤独""进步"为满足，必须担负责任，使大家都进步，至少使周围的人都进步。——邹韬奋

一个人若是没有热情，他将一事无成，而热情的基点正是责任心。——托尔斯泰

高尚、伟大的代价就是责任。——丘吉尔

在他握有意志的完全自由去行动时，他才能对他的这些行为负完全责任。——马克思

责任感与机遇成正比。——威尔逊

有良知的人有责任心和事业心。——苏霍姆林斯基

尽管责任有时使人厌烦，但不履行责任，只能是懦夫，不折不扣的废物。——刘易斯

每个人都被生命询问，而他只有用自己的生命才能回答此问题；只有以"负责"来答复生命。因此，"能够负责"是人类存在最重要的本质。——弗兰克尔

每一个人都应该有这样的信心：人所能负的责任，我必能负；人所不能负的责任，我亦能负。如此，你才能磨炼自己，求得更高的知识而进入更高的境界。——林肯

作为确定的人，现实的人，你就有规定、就有使命、就有任务，至于你是否意识到这一点，那是无所谓的。——马克思

2. 职场责任"小锦囊"

在职场中，责任感是做人做事和职业道德的核心，它超越一切技能。每个职场人都应培养责任感，做事有责任心，对人持负责任态度。从身边小事做起，从对待每个人开始，让负责成为习惯，照亮职场前路。

（1）用做大事的心做好每一件小事

很多人明白工作中无小事，小事决定全局成败的道理，但实际工作中，能将小事做好的人并不多。想做大事的人很多，但愿意把小事做细的人很少。职场不缺战略家，缺的是精益求精的执行者；不缺规章制度，缺的是对规章制度不折不扣的执行者。因此，对待工作中的任何事情都要认真负责，力求每个细节都做到位，工作才可能尽善尽美。

小事做不好会误大事，小事决定大事。做小事能反映出个体的素质和能力，看不起小事的人连小事也做不好，更做不了大事。曾国藩曾说："天下大事当于大处着眼，小处着手。"他以做大事的责任心对待小事，最终获得清廷信任，实现"同光中兴"。

职场中，有些人怀才不遇，他们或心浮气躁，或被动怠工，工作表现差，成为组织中的麻烦。对小事不耐烦的人，通常心思复杂，想走捷径，他们不知道能力是慢慢培养的。擅长做大事的人，往往是从做好小事中不断磨炼出来的。因此，全力以赴地做好当前工作，是从做好小事中成长起来的关键。当我们一次次从小事中脱颖而出，会发现能力突飞猛进，同时具备了负起全部责任的素质，自然会有机会做"大事"。

（2）时常提醒自己是否做得足够好

多问问自己"我做得好不好"，这是职场成功的关键。威廉·贝内特曾说："工作需要我们用生命去做，怎能懈怠、轻视、践踏？须尽职尽责地去完成。"作为职场人，工作是实现价值的平台，提供奔向美好人生的机会。我们必须负起责任，将工作做好，才能获得相应的回报。

时常提醒自己是否做得足够好，能让我们清醒地意识到并勇敢地承担责任。无论从事什么岗位，尽职尽责都是成功的前提。社会学家戴维斯指出，放弃工作责任，就意味着放弃更好的生存机会。只要尽职尽责，工作就充满意义，就能获得尊重和敬意。

提醒自己是否做得足够好，还能将责任扎根于心，提升主人翁意识和责任感。若每人都充满责任感，就能设法解决问题，排除万难，甚至出色完成"不可能"的任务。反之，失去责任感，即使擅长的工作也会做得一塌糊涂。

这种自我监督能实现自我完善，养成自觉肩负责任的习惯。责任是对使命的忠诚和信守，是忘我的坚守，是人格的升华。若希望一直有杰出表现，就须让责任成为鞭策、激励和监督自己的力量。

反问"我做得好不好"，不是怀疑或缺乏自信，而是负责任的工作态度，对自己提出更高要求。做得好与不好，需要通过他人评价来判断。常反省、提醒自己并检讨自己的人，必追求完美，也会成为别人眼中"很不错"的人。常问问自己做得好不好，我们会发现不足，努力完善，虚心接受意见，在批评中进步，最终赢得所有人的喝彩。

（3）犯错没什么，推卸责任才最可怕

在工作中，我们都会犯错，有的错误甚至会带来无法挽回的损失。然而，没人会因犯错而嘲笑我们，但如果推卸责任、逃避责任，那才是真正的愚蠢。逃避责任会让我们失去再站起来的勇气，患得患失，不敢接受挑战，失去自信和进步。同时，也会让他人对我们丧失信心，使我们失去他人的支持和合作机会。

推卸责任还会让错误变成失职，找借口开脱只会产生更大的负面作用，让人觉得我们缺乏责任感。相反，勇于承担责任，会赢得他人的理解和支持。我们应该想一想怎么做能够真正承担起责任，把损失降到最低。

不推卸责任，我们能从错误中积累经验，而逃避，则会错失从错误中吸取教训的机会。只有肩负起应负的责任，我们才能发掘经验和教训，让今后的工作更顺利。

养成勇于承担责任的品质，是支撑我们跌倒后重新站起来的关键。只有勇敢担负起责任，才能展现责任心，赢得他人信任，重拾自信。这是职场中迈向成功非常重要的一步。

犯错并不可怕，它是走向成功的好帮手。只有在错误面前选择勇敢承担，才能在错误中成长，迈向成功。

（4）让问题到此为止，做问题终结者

在生活中，遇到问题是常态。成功者与失败者的区别在于对待问题的态度。成功者勇于面对，让问题在自己这里得到解决；失败者则选择逃避，将问题和机会一并踢给他人。逃避问题，实则放弃了解决问题的打算，等待他人承担责任，如同水潭无活水，只能等待干涸。勇于承担、解决问题，关注目标并快速行动，才是生命活力的源泉。主动性就是竞争力，率先解决问题，能带动他人一同努力。

成为问题终结者并不容易，需要我们锻炼多方面的能力。首先，要培养主人翁意识，让解决问题的思维成为习惯，遇到问题立即行动，不拖延。其次，要有承担责任的勇气，面对问题时不怕责任和过失，勇于投入精力解决问题。最后，工作能力是核心，通过解决问题不断锻炼自己，汲取经验，提升工作能力。在工作中，发挥主观能动性，积累业务知识，虚心请教他人，总结经验教训。做到"让问题到我们这里为止",领导会看到我们的价值,给予我们更重要的工作。成为问题终结者,磨炼自己,开拓职业道路。

(5)学会对过程负责

在职场上,常有人辛苦付出却换来上司的不满,似乎"没有功劳也有苦劳"并不适用。然而,这并不意味着过程不重要。职场虽重结果,但过程同样关键。处理业务时,剖析、理解"为什么要这么做"和"流程有无问题",能避免犯同样的错误,防止因过分追求结果而忽视过程,从而维护良好的职业形象。

对过程负责,意味着在每个细节上做出正确选择。工作中,细节决定成败,只有重视过程,才能真正关注这些细节,选择正确方法,推动事情向良性方向发展,最终获得良好结果。

同时,对过程负责也是获得成功的动力。在过程中学会负责,才有压力,也才能转化为动力,要避免"三天打鱼,两天晒网"。

过程决定结果,不注重过程的结果是残缺的。寻求捷径可能带来暂时成功,但长久来看并不可靠。只有对过程负责,在每个细节上都做到最好,才能真正实现对结果负责。敢给自己压担子,才有前进的动力,责任的担子会促使你在成功的道路上加速前进。

> **课堂讨论**

向上青年!年轻从不设限

孙颖莎,乒坛首位"00后"世界第一,中国乒乓球界的璀璨新星,以精湛的技术和坚韧的斗志,在赛场上屡创佳绩。作为新生代球员的代表,她不仅展现了强大的实力,更以阳光、自信的形象赢得了广大球迷的喜爱。孙颖莎用每一次精彩的发挥证明了自己的实力与潜力,成为中国乒乓球未来的希望之星。她的成长之路,书写着属于她的辉煌篇章。她以沉稳之姿,行走于乒乓之路,每一步都坚实如磐石,不浮不躁。犹记当初,她只是陪练,却未因此迷失自我。反而,她默默锤炼技艺,将每一滴汗水都化为球技之精髓。正是这份脚踏实地的坚持,让她在2018年青奥会女单决赛中一举夺冠,展现了厚积薄发之威。古人云:"骐骥一跃,不能十步;驽马十驾,功在不舍。"我们应学习孙颖莎坚韧不拔的精神,踏实前行,积累力量,待时而动,绽放属于我们的绚烂光芒。

以上案例当中的人物给你什么样的启示?请以"爱国情怀、责任担当"为话题,讲述当代大学生应当如何培养责任意识。

课后练习

一、实践训练

（一）召开"责任意识"相关主题班会

1. 实践活动设计及要求

（1）班会主题：请党放心，担当有我

（2）班会背景与目标

古人云："天下兴亡，匹夫有责。"意在告诫我们，每个人都应肩负起时代的责任，以担当精神铸就辉煌。青年一代有理想、有本领、有担当，国家就有前途，民族就有希望。而大学生作为未来社会的中坚力量，其价值取向与行为选择直接影响社会的进步与发展。在中华民族伟大复兴征程上，大学生理应成为担当民族复兴大任的时代新人，以明确的人生目标实现个人价值，助力国家持续繁荣进步。

某高职院校一直以来将"志愿服务"有机融入教育教学全过程并不断深化，培养学生责任担当精神。如今，这种品质已融入师生的职业学业，成为学校的发展动力。多年来，学校师生不仅在G20杭州峰会、杭州亚（残）运会、世界互联网大会、世游赛、省市两会等高端赛会中展现"生而逢盛世，青年当有为"的精神风貌，广大青年志愿者更是走进乡村、社区、企业，广泛建立志愿服务基地，开展特色志愿服务，精心培育、大力推动志愿服务品牌项目开展实施和落地。

希望越来越多的学生走出校门，以更加自信的态度和主动的精神，适应社会、融入社会、参与社会发展进程。召开"责任意识"的主题班会，让同学们更加深刻认识"责任与担当"对于人生的意义，更加积极、主动、自觉去践行青春责任，将这种精神真正内化于心、外化于行。

（3）班会实施

① 导入：播放关于责任担当的短片资料或展示相关图片，引发学生兴趣和关注。

② 邀请校内外嘉宾（优秀校友、企业代表）进行主题演讲，分享他们的个人事迹，展示如何践行责任担当。

③ 学生提问、小组讨论：作为大学生如何诠释"责任担当"。

④ 角色扮演：设计AB剧或演绎小品，可互换角色，体验在不同情境下如何承担责任。

⑤ 互动游戏：设计游戏环节，组织"责任接力赛"等互动游戏，让学生在轻松愉快的氛围中加深对责任担当的理解和认可。

⑥ 学生提问，小组汇报。

⑦ 班会总结。

⑧ 拓展训练。

（4）班会反思

2. 评价标准

项目	评价指标	评价内容
班会主题（10分）	班会题目	新颖、生动，体现班会理念与内容
	班会目的	主题鲜明，具有时代性、思想性、专业性，突出班集体建设
班会内容（20分）	班会素材	紧扣主题，丰富新颖，重点突出，针对性强。活动内容具体而不空洞，紧密联系学生实际，能用学生易于接受的事例说明问题，符合班集体建设的要求
班会形式（15分）	学生主体性	学生参与面广，能够自主参与、自主体验班会活动
	形式多样性	班会活动设计多样，有班级特色，能展示独特的班风、学风、班级文化风采
班会过程（30分）	班会环节	紧扣主题，衔接自然，实效性强
	班会整体结构	结构合理，设计合理，运作完整
	班会点评	教师客观评价，全面剖析，升华思想
班会效果（20分）	班会氛围	班会过程气氛和谐、适宜、张弛有度，能调动全体学生参与活动的积极性
	班会整体效果	班会目标圆满达成，对学生有启发和激励，富有教育意义
班会特色（5分）	亮点	从立意、出发点、形式、活动流程、内容和互动等各方面进行创新，有亮点、有特色

（二）青年说之"责任担当"

1. 实践活动设计及要求

以各二级学院、班级为单位组织开展，人人参与，围绕"责任担当"主题谈梦想、讲故事、说感悟、明誓言，展示青年学生风华正茂、奋发有为的青春风采。

2. 评价标准

评价内容	评价标准
内容（30分）	主题鲜明，观点正确，材料真实，结构严谨，内容充实具体
表达（30分）	吐字清晰，声音洪亮，语速恰当，表达流畅
	能脱稿展示，具有较强的感染力和吸引力
仪表形态（20分）	精神饱满，仪态大方，举止自然得体，展现积极向上的精神风貌
PPT制作（10分）	层次分明，重点突出，排版整洁美观，信息呈现逻辑流畅
时间把控（10分）	每人3分钟，不足或者超时酌情扣分

（三）参加一次校内外志愿服务活动

1. 实践活动设计及要求

（1）参加一次以迎新、毕业、运动会、无偿献血等为主题的校内志愿服务活动，或者具备项目及活动相适应的素质、时间和精力的校外志愿服务活动。

（2）具备团队合作意识和沟通协调能力，服从任务分配和工作安排，认真完成任务。

（3）遵守组织相关规定和章程，履行志愿服务承诺，按时到岗参加志愿服务，遵守职业道德和礼仪规范。

2. 评价标准

评价内容	评价标准
志愿服务时长（20分）	服务时间的长短，是否具备持续性和投入性
服务态度与行为（20分）	服务态度是否积极、热情，行为是否规范、专业
服务效果与影响（30分）	是否达到预期效果并产生积极的影响；组织单位的满意度、社会反响、媒体报道等
品德与团队精神（20分）	思想品德是否端正，是否具备良好的团队合作精神，是否能够积极协作、共同完成任务
专业素养与技能（10分）	是否具备相关的专业知识、能力和水平，以及在实际服务中对知识的应用

（四）参加一次志愿者事迹公开宣讲

1. 实践活动设计及要求

（1）面向社团、班级或二级学院等组织，组织或者参加总结交流、表彰等活动。

（2）要求以参加的志愿服务或公益活动为素材，讲述过程当中的难忘经历，以及所感、所想、所获。

2. 评价标准

（1）认真撰写宣讲稿，格式规范，不抄袭。

（2）内容真实，情感真挚，表达有力。

二、知识训练

参考学校开设的《形势与政策》课程内容，结合当代青年大学生的职责和使命，自拟题目，撰写一篇1 500字左右的议论文。

活动性课程任务四 劳动实践

GAOZHI XUESHENG ZHIYE SUYANG

课程名称 劳动实践系列活动

课程主题 尊崇辛勤劳动，双手创造未来

主办部门 学工部、各学院党总支

学习目标

- **知识目标**：了解劳动的价值与意义；理解马克思主义劳动观的概述、实质、内涵和作用；掌握劳动形式、劳动安全与卫生知识、劳动法律法规等基础知识和要求。
- **能力目标**：学会并熟练手工制作、家务劳动、社区服务等基本的劳动技能；通过劳动实践，提升动手能力、社会适应能力和创新能力。
- **素质目标**：树立正确的劳动价值观；养成自主劳动的习惯和爱岗敬业、吃苦耐劳的劳动态度；提升大学生的劳动品质和职业素养，以及勇于创新、团结协作的精神品质。

案例引入

案例一：

劳动教育过时了吗？

在今天这个信息化时代，我们还需要提倡体力劳动和劳动教育吗？

虽然不同时代社会的劳动形式不同，但体力劳动作为各项劳动的起点，作为凝聚劳动意义与劳动价值最直观的载体，永远不会过时。正因此，2022年中共中央、国务院发布了《关于全面加强新时代大中小学劳动教育的意见》，随后教育部也出台了《大中小学劳动教育指导纲要（试行）》。

热爱劳动、尊崇劳动、勤奋劳动，自古以来就是中华民族的传统美德。在今天，社会发展让我们的生活高度技术化与数字化，但体力劳动依然占据着基础和重要位置。

摩天万仞的高楼大厦，依然要靠工人一层一层建起；动动手指送上门的外卖，依然要靠外卖小哥奔波穿梭；无所不在的互联网，还得仰仗技术人员风雨无阻地维护基站设施……体力劳动没有过时，也不会过时，再"高大上"的技术变革，其最原始的起点始终是体力劳动。

这也是今天强调劳动教育的意义。只有通过教育，让青少年真正理解和认同劳动的价值，才不会被不劳而获、一夜暴富等错误思想带偏，不会养成轻视体力劳动、好高骛远的漂浮作风。学习掌握一定的劳动技能、养成良好的劳动习惯，会让我们受益一生。

在"德智体美劳"中，劳动是素质教育的重要组成部分，青少年不会劳动、不爱劳动，是成长的"偏科"。一项针对23万人次的调查表明，超过90%的人认为"劳动教育很有必要"。大中小学要独立开设劳动教育必修课，让青少年重拾"劳动的乐趣"，把劳动观念镌刻进年轻一代的精神深处，上好这堂必修课，很有必要！

案例二：

城市绿化美化项目

在春意盎然的四月，某学校组织了一次城市绿化美化项目，旨在通过劳动实践，增强学生的环保意识，同时美化城市环境。这次活动得到了市政府和园林局的大力支持，为学校提供了必要的工具和指导。

活动当天，同学们早早地集合在了学校门口，大家带着铲子、锄头、水桶等工具，满怀热情地向市中心的公园进发。到达目的地后，同学们首先接受了园林专家的简短培训，了解了植树和种植花草的基本技巧。

在专家的指导下，同学们开始了劳动实践。一部分同学负责挖坑，他们按照规定的间距和深度，认真地挖掘每一个树坑。另一部分同学则负责搬运树苗和花草，确保每一棵植物都能及时地种植下去。在种植过程中，同学们还特别注意了植物的生长习性，确保它们能在新的环境中茁壮成长。

除了植树，同学们还参与了清理公园垃圾的工作。大家分组行动，有的同学负责捡拾地上的纸屑、塑料袋等杂物，有的同学则负责清理水池中的漂浮物。尽管工作很辛苦，但看到越来越干净整洁的公园环境，同学们的心里充满了成就感。

经过一整天的劳动，同学们不仅为城市增添了一片新绿，还通过实际行动提升了自身的环保意识和社会责任感。这次劳动实践不仅让同学们学会了如何种植和养护植物，更重要的是让同学们明白了劳动的真正意义和价值。通过亲身体验，同学们更加珍惜身边的环境，也更加愿意为保护地球贡献自己的一份力量。

案例三：

张华的园艺课堂

张华是一名大学教师，他发现学生们对课堂知识的兴趣逐渐减弱，于是他决定将劳动教育融入日常教学。他利用学校的空地，开辟了一个小花园，并将园艺课程作为学校课程的一部分。

在张华的带领下，学生们开始学习如何种植各种植物，从翻土、播种到浇水、施肥，每一个步骤都亲自动手。学生们在劳动中体会到了植物生长的不易，也学会了如何耐心地照顾它们。通过这个过程，学生们不仅学到了生物学知识，还培养了团队合作精神和责任感。

在一次特别的园艺课上，张华组织了一个"植物领养"活动。每个学生都领养了一棵植物，并负责照顾它直到学期结束。学生们为自己的植物制作了标识牌，记录植物的生长情况，并定期向全班分享自己的照顾经验。

学期末，花园里的植物长得郁郁葱葱，学生们也收获了满满的成就感。他们不仅在劳动中学会了如何照顾植物，更重要的是，他们学会了如何照顾自己和他人，以及如何在日常生活中感受劳动的价值。张华的园艺课堂成为学校中一个独特的育人平台，让劳动教育真正地融入了学生的日常生活。

案例四：

南街村模式

南街村位于河南省，是一个以集体所有制经济为基础的村庄。在这个村子里，村民通过参与集体劳动，如种植、加工、建筑等，不仅学习了劳动技能，还培养了集体主义精神和责任感。南街村的教育体系强调劳动实践，认为劳动是教育的重要组成部分，通过劳动实践，村民能够更好地理解社会和自然，形成正确的世界观、人生观和价值观。

一、劳动实践的意义

劳动实践是人类社会发展的基石，它不仅关乎个人技能和能力的提升，更涉及人与社会的关系和影响。劳动实践教育是培养学生的动手能力、创新精神和社会责任感的重要途径。在现代社会，劳动实践不仅是一种履行社会责任的道德规范，更是一种追求内在提升的必备素质，顺应了新时代人才的培养要求。劳动实践的意义不仅在于能够促进个人的全面发展，还能够推动社会的进步与和谐。

（一）劳动实践有助于培养实践能力和创新精神

劳动实践是知识与技能相结合的过程，它要求学生将所学知识应用于实际操作中，通过动手实践帮助自己更好地理解和掌握理论知识，培养解决实际问题的能力。同时，劳动实践鼓励创新思维，通过不断的尝试和改进，能激发学生的创新潜能，为社会进步和科技发展注入新的活力。在劳动实践中，学生不仅能够学习到具体的操作技能，还能够提升面对困难和挑战的应变能力，这同样有助于他们未来的职业发展和个人成长。

（二）劳动实践有助于塑造健全人格

劳动实践是学生形成良好道德品质和文明行为的重要途径。劳动实践能够锻炼学生的意志品质，也能够培养学生的责任感和集体主义精神。在劳动过程中，学生学会尊重劳动、尊重他人，培养合作与协调的能力，形成积极向上的人生态度和价值观。通过参与劳动实践，学生能够体会到劳动的艰辛和价值，从而更加珍惜他人的劳动成果，培养出对社会有益的公民意识。

（三）劳动实践有助于促进社会和谐与可持续发展

劳动实践教育强调个人与社会的和谐统一，通过参与社会劳动，学生能够更好地理解社会需求，培养服务社会的意识。劳动实践有助于学生树立正确的劳动观念，认识到劳动对于个人成长和社会发展的重要性，从而建立主动劳动、服务社会的意识。在劳动实践中，学生不仅能够学习到如何与他人合作，还能够了解到社会的多样性和复杂性，这对于他们未来融入社会、参与社会建设具有重要的指导意义。通过劳动实践，学生能够更好地理解社会的运作机制，找到为社会和谐与可持续发展贡献力量的正确路径。

二、大学生劳动实践的重要性

随着社会的发展,劳动实践已经成为一个备受关注的话题。大学生通过参与劳动实践,不仅能够培养自身的实践能力,还能增强个人技能,这有助于大学生在各个领域的成长,进而能够对整个社会的创新与发展产生积极影响。

(一)提升个人技能

劳动实践是提高大学生实践技能的重要途径。大学生通过参与各种劳动活动,不仅能够通过实际操作来巩固和深化理论知识,还能够培养动手能力、团队协作意识、解决问题的能力和创新意识,帮助大学生增强职场竞争力,更好地适应未来的工作。

(二)促进校园和谐

劳动实践是构建和谐校园的路径之一。通过组织劳动活动、弘扬劳动精神、营造劳动氛围,能够培养同学们的合作精神,提升全体学生劳动意识。在劳动实践中,学生相互帮助、共同完成任务,不仅能够增强同学之间的友谊,还能培养学生的集体荣誉感和责任感,从而营造更加和谐的校园环境。

(三)推动社会进步

大学生是未来推动社会进步的关键力量。通过组织大学生参与劳动实践,能够帮助学生树立正确的劳动观念和职业态度,培养积极向上的精神风貌,引导大学生更深入地了解社会的实际情况,以个人的努力推动社会的创新与进步。这种实践不仅能够提升个人的社会责任感,还能激发社会的创新活力,为社会的持续发展注入新的动力。

综上,大学生应当积极参与劳动实践,充分发挥自己的潜力,为实现个人价值和社会价值而努力。

三、大学生劳动实践的具体内容

大学生劳动实践是培养实践能力和创新精神的重要途径,贯穿于个人成长的全过程、各方面。就学校教育阶段来讲,其主要内容包括以下几个方面。

(一)劳动技能培养

大学生应积极参与各类劳动实践活动,如参与校园环境清洁、绿化校园、实验室助手、社区服务等,通过实际操作学习和掌握基本的劳动技能,提高动手能力,培养团队协作精神,增强解决实际问题的能力。

（二）劳动观念教育

大学生应该树立正确的劳动观念，认识到劳动是实现自我价值、服务社会的重要途径，尊重劳动，尊重劳动者，理解劳动的尊严和价值，自觉抵制好逸恶劳的思想，培养勤奋劳动、诚实劳动的良好习惯。

（三）劳动实践与专业结合

将劳动实践与专业学习相结合，通过参加与专业相关的实践活动，如实习、科研项目、社会调查等，将理论知识应用于实际工作中，提高专业技能和实践能力，为未来的职业发展打下坚实的基础。

（四）劳动精神培养

通过劳动实践，培养吃苦耐劳、勤奋努力的劳动精神，磨砺面对困难和挑战时的积极态度，从而锻炼意志，提升个人品质。

（五）劳动成果的分享与反馈

鼓励大学生将劳动实践的成果进行分享和交流，通过举办劳动成果展示、劳动竞赛等活动，激发学生的劳动热情，同时通过反馈和评价，促进学生对劳动实践进行反思和总结，不断提高劳动实践的质量和效果。

四、大学生劳动实践的具体路径

"纸上得来终觉浅，绝知此事要躬行"。这句诗深刻地揭示了劳动实践对于大学生提升自我、服务社会的重要意义。劳动实践不仅仅是一种形式，它最终要落脚到实际操作和体验上，通过亲身参与真正理解和掌握劳动的价值和意义。

（一）积极参与校园劳动

大学生应主动参与校园内的各项劳动活动，如校园清洁、绿化维护、公共设施的维护等。这些活动虽然看似简单，却是培养劳动习惯和劳动技能的重要途径。通过参与劳动，不仅可以美化校园环境，还能培养个体对劳动的尊重和热爱，增强团队协作能力，提升社会责任感。

（二）实践技能培养

结合专业特点，大学生应积极参加各类技能训练和实践活动，如实验操作、社会实践、志愿服务等。通过参与这些理论与实操相结合的活动,大学生可以更好地将所学知识应用于实际问题的解决中,从而提升个人的实践能力和创新意识,增强自身综合素质和竞争力。

(三) 勤俭节约,自觉自律

勤俭节约不仅是一种美德,更是一种对社会资源负责任的态度。大学生应树立勤俭节约的意识,合理规划个人消费,避免浪费。在日常生活中,应自觉节约用水、用电,减少不必要的开支,培养良好的生活习惯,为社会的可持续发展贡献自己的力量。

(四) 倡导健康的生活方式

《大中小学劳动教育指导纲要(试行)》

大学生应养成健康的生活方式,注重体育锻炼,关注心理健康,通过参与体育活动、社团活动等,保持良好的身体状态和积极的心态,培养健康的生活习惯和高尚的道德品质,为增强社会适应能力奠定身心基础。

(五) 加强劳动教育和自我教育

《中共中央国务院关于全面加强新时代大中小学劳动教育的意见》

大学生应自觉学习劳动教育的相关知识,学习《中华人民共和国劳动法》《新时代公民道德建设实施纲要》等法规和文件,理解劳动的意义和价值。通过参加劳动教育课程、主题班会、劳动竞赛等活动,树立正确的劳动观念,增强劳动实践的自觉性和自律性,培养社会责任感和集体荣誉感。

综上,劳动实践不仅是一种技能的培养,更是一种精神的塑造。大学生将劳动实践融入学习和生活,可以更好地理解社会、理解生活,为成为社会的有用之才打下坚实的基础。

知识积累

劳动教育是国民教育体系的重要内容,大学生要带头参与劳动教育,以躬身实践传递劳动价值,以榜样力量涵养劳动精神。

1. 树立正确的劳动观念,营造"劳动最光荣、劳动最崇高、劳动最伟大、劳动最美丽"的校园文化和"在辛勤劳动、诚实劳动、创造性劳动中成就梦想"的育人氛围。

2. 养成良好的劳动习惯,自觉投身到火热的劳动实践中,动手实践、出力流汗、接受锻炼、磨炼意志,在劳动中增阅历、长才干、坚意志、熟技能、知荣辱、懂感恩。

3. 培养积极的劳动品质，发扬吃苦耐劳、艰苦奋斗的精神，增强学会生存、学会生活的实际本领，体验劳动艰辛，感受劳动快乐，在劳动中学会承担责任、甘于奉献。

4. 传承伟大的劳动精神，要深入践行社会主义核心价值观，大力弘扬"爱岗敬业、争创一流、艰苦奋斗、勇于创新、淡泊名利、甘于奉献"的劳模精神，"崇尚劳动、热爱劳动、辛勤劳动、诚实劳动"的劳动精神，"执着专注、精益求精、一丝不苟、追求卓越"的工匠精神。

课堂讨论

某大学开设了"校园农场"，为学生提供种植植物和养殖动物的机会，同学们在校园农场中进行劳动实践，并通过参与不同的农事活动，如耕种、浇灌、收割等，获得了不同的知识和技能。

你愿意参加劳动实践活动吗？你认为劳动实践对于个人成长有哪些积极影响？

课后练习

一、实践训练

（一）组织开展社会实践暨专业实习实训活动

1. 实践活动设计及要求

以社区援助服务、企业挂职锻炼、社会调研调查、科技文化服务等为主要内容，在寒暑假期间策划并开展一次社会实践暨专业实习实训活动（单期项目参与时长不少于5天）。

在完成实践的基础上认真填写《学生社会实践暨专业实习实训小结表》，按要求拟写社会实践报告。

学生社会实践暨专业实习实训小结表

姓　　名			班　级		学　号	
实践单位	名　称				电　话	
	详细地址				联系人	
参加社会实践的基本情况（包括时间、实践内容等）						

续　表

实践单位考评意见	（盖章）　　年　月　日
实践总结	另附纸（A4），要求 1 000 字以上。
成绩等级	辅导员签字（盖章）　　年　月　日
所在学院意见	（盖章）　　年　月　日

2. 评价标准

项目	评价指标	评价内容
过程表现（65%）	1. 实践态度	有无缺勤，是否遵守实践纪律
	2. 完成情况	有无按计划完成实践内容
	3. 团队协作	是否与团队成员保持良好沟通与协作
	4. 创新举措	是否提出并实施创新举措
成果质量（35%）	1. 实践报告质量	实践报告结构是否完整、内容是否充实、表达是否流程、格式是否规范
	2. 实践成果创新性	是否具有创新性，能体现学生的实践能力与创新能力

辅导员根据每位同学的实践情况给予成绩考核，考核合格者积 10 分。

二、知识训练（可通过查阅资料作答）

（一）单项选择题

1.（　　）性是人类劳动的本质属性。

A. 开发　　　　B. 集体　　　　C. 创造　　　　D. 综合

2. 每年5月1日为国际劳动节,其是为了纪念下列哪一次工人运动而设立的?( )

A. 德国西里西亚纺织工人起义　　B. 省港大罢工

C. 芝加哥工人大罢工　　D. 五四运动

3. 下列农历二十四节气中,哪一个是国务院设定的"中国农民丰收节"?( )

A. 春分　　B. 夏至

C. 秋分　　D. 冬至

4. 确保新劳动者顺利进入劳动场景并适应劳动的关键是什么?( )

A. 教育　　B. 语言

C. 工具　　D. 智力

(二)多项选择题

1. 下列对中国工人意气风发、斗志昂扬的精神面貌描述正确的有哪些?( )

A. 源自深知劳动的意义和价值

B. 源自对新兴工业在国家建设中的巨大作用的信心

C. 源自胸怀中华民族伟大复兴的远大目标

D. 源自对现代产业工人所承担的使命的觉悟

2. 劳动最伟大的地方在于( )。

A. 自我推动　　B. 自我创造

C. 自我迭代　　D. 自我鼓励

3. 劳模精神的具体内容包括哪些?( )

A. 爱岗敬业、争创一流　　B. 艰苦奋斗、勇于创新

C. 淡泊名利、甘于奉献　　D. 立足岗位、实事求是

模块二 高职学生职业素养之核心素养

核心素养是高职学生职业素养的关键支撑。核心素养的养成基于"课程引领、模块培养、三线并进、激活转化"的培养模式,重点围绕沟通表达、创新能力、合作能力、职业礼仪四项活动性课程任务展开。

活动性课程任务一 沟通表达

GAOZHI XUESHENG
ZHIYE SUYANG

课程名称　沟通表达系列活动

课程主题　有效沟通　畅叙未来

主办部门　学工部、各学院党总支

学习目标

● **知识目标**：了解大学生沟通表达素养养成的意义；理解沟通表达的基本内容；掌握有效沟通表达的方法。

● **能力目标**：学会撰写高质量的演讲稿、采访稿等；熟练沟通表达的各项技能，如公开演讲、小组讨论、一对一交流等；能够运用沟通表达相关技能，清晰、有条理地表达自己的观点和想法，并根据不同场合和目的调整沟通策略。

● **素质目标**：养成良好的沟通表达意识；培育谦逊、机智、勤于学习的综合素养；提升人文素养，营造良好的校园文化氛围。

案例引入

案例一：

校园社交是大学生的必修课

随着电脑和手机的普及，大学生群体除了在体验网络空间和手游方面领先一步，在电子购物方面也是主要人群。网络的便利，让大学生们娱乐"自给自足"，足不出户，消费"送货上门"。有的学生连吃饭也懒得到食堂，网上订餐，坐等送餐小哥上门送饭……这样的生活模式，在如今的大学校园里具有相当的普遍性。

凡事有利必有弊。当大学生们在狭小的宿舍就能畅游天下、完成消费时，也该意识到这样的生活模式又何尝不是新型的"自闭症"。这种"自闭症"使部分学生与现实生活渐行渐远。社会是人与人关系的总和。人有社会属性，无法脱离社会而孤立生活。既然无法将自己与世隔绝，就需要融入社会，在社会交往中实现自己的人生价值。对于大学生而言，课堂听课和图书馆读书并不是生活的全部，他们需要和老师同学讨论问题，参加一些校园活动。没有这类社交活动的大学生活不是完整的大学生活，社交能力也是走上工作岗位必备的基本能力之一。遗憾的是，有的大学生对社交活动缺乏兴趣，甚至出现了"勉强社交""委屈社交"的现象。畏惧社会交往，不愿意参加社交活动，是不利于自身发展的。因此，从某种意义上说，校园社交才是疗治"自闭症"的良药。

大学生要对自己的未来负责，就需要修好校园社交这门必修课。不同群体、不同情形、不同时间、不同目的的社交活动，所运用的交际规则是不一样的。在这些林林总总的社交规则中，有些规则是看得见的，有些规则却是看不见的，这就需要大学生们在社交活动中慢慢感受，最终把握并运用这些规则，而大学校园生活正是感受和了解这些规则的试验田。

案例二：

校园惨案背后的大学生人际关系之殇

2020年12月28日，某化工学院发生了一起惨剧。一名男生在上课期间把硫酸泼到两名女生的头上，导致受害女生头发直接冒起了烟，甚至半张脸直接毁容。据说，该男子还是班里的团支书，平时性格比较孤僻，他在实施犯罪后非常淡定，强调自己和这两名女生有矛盾，因不擅长交流，所以才做出了这样的行为。作为一名化工学院的学生，应该深知硫酸的危害，但他依然还是在众目睽睽之下对两名女生造成了直接伤害，这样的悲剧实在是令人唏嘘。

大学阶段是大学生从校园人逐渐过渡到社会人的必经阶段，正常的人际沟通与交往对促进大学生的身心成熟有着重要的作用。在社交中，我们首先要克服自卑、敏感、恐惧，增强自信心，才能做到主动交往。很多人常常因为缺乏自信，担心遭到拒绝，或者是在交往中总是害怕麻烦别人，害怕被别人讨厌，害怕伤害了自己的自尊，因而在社交中被动甚至退缩。事实上，问题远没有想象得那么严重，因为在人际关系中，每个人都需要朋友的支持、关心、理解和温暖，需要用人际关系来适应陌生情境。因此，校园沟通与表达非常重要。特别是当面临人际危机时，更应该主动解释、消除误解，建立良好的人际关系。

一、沟通表达的意义

古人言"有意必有言"，意思是如果一个人有某种意图、意愿或思想，他必然会通过言语表达出来。言与意之间是紧密联系的，语言不仅是表达意愿的工具，更是理解他人、建立与他人联系的重要方式。

（一）沟通表达有利于促进信息交换与理解

沟通是人们信息传递的基本方式。人们通过沟通表达分享观点、事实、想法和感受。有效的沟通能够确保信息传递的准确性，避免不必要的误解和混淆，促进双方或多方达成共识。沟通表达也是知识传递和学习的重要途径。通过经验分享、观点和知识交换，人们可以相互启发、相互学习，从而拓宽视野、提升能力。

（二）沟通表达有利于关系的建立与维持

良好的沟通表达是建立和维护人际关系的关键。在人际交往中，无论是朋友、家庭成员，还是同事之间，通过积极的倾听和清晰的表达，人们能够建立信任感、尊重感和亲密感。在商务合作中，有效的沟通能够促进双方的理解和合作，从而提高工作效率和质量。在国际交流中，沟通表达能够促进不同文化之间的理解和尊重，增进国际友谊和合作。

（三）沟通表达是解决问题与冲突的有效手段

在面临问题和冲突时，通过开放、诚实的对话，可以减少误解和敌意，引导各方坦诚交流、理性分析，增加合作和协同，找到共同的解决问题方案。良好的沟通表达能力有助于人们在冲突中寻求共识，在被动中寻找机会，从而推动问题的解决和冲突的化解。

（四）沟通表达有利于激发创造力与创新力

在团队或组织中，通过自由交流、思想碰撞和灵感激发等良好的沟通方式，可以产生新想法、新创意。这种开放式的沟通环境鼓励人们分享不同的观点和想法，从而激发集体的创造力和创新力。良好的沟通表达不仅能够促进个体创造力与创新力的发展，还能够推动团队或组织的整体创新与进步。

二、大学生有效沟通表达的重要性

孔子曰："独学而无友，则孤陋而寡闻。"大学阶段是加速大学生社会化的关键阶段。学会有效的沟通与表达，可以帮助大学生更加乐观开朗、充满自信、积极向上，从而正确认知社会、化解学习生活中的各种矛盾和困难。沟通是人与人之间的一种互动，有效的沟通与表达，既可以帮助大学生提高自我认知和对他人的认知，也可以协调集体关系，形成集体合力的纽带。

（一）促进学业发展

专业学习过程中，加强与老师、同学的沟通，可以帮助大学生更好地理解专业知识，解决专业疑惑和困难，从而促进学业发展。

（二）促进团队合作

无论是学习还是工作，团队合作能力是不可或缺的。有效沟通能确保团队成员间的信息畅通，减少冲突和误解，帮助大学生在班级活动、小组作业、社会调研等团队合作项目中与团队成员达成共识。

（三）增强人际关系

大学是个体人际关系网形成的重要阶段。有效沟通有助于增进大学生与室友、同学、志同道合的朋友、老师间的理解和信任，建立深厚的友谊，为未来职业发展积累人脉资源。

（四）提升个人魅力

有效的沟通往往能使个体在清晰、准确地表达自己观点的同时，倾听并理解他人的意见，展现出自身良好的沟通能力和人际交往技巧。这样的特质能帮助大学生在人群中脱颖而出，极大地提升个人魅力，受到他人的尊重和喜爱。

三、大学生沟通与表达的主要类型

大学生沟通与表达的类型多样，涵盖了大学生学习、生活、社交及职业发展等多个方面。主要包括：

（一）演讲类沟通与表达

演讲类沟通与表达通常以口头语言表达为主，态势语表达为辅。演讲者在公众场合，就某一主题发表自己鲜明、完整的见解和主张，阐述事理或抒发情感，进行宣传鼓动。在校园中，其主要展现形式有新生演讲赛、优秀学生事迹宣讲、"青年说"等。

（二）辩论类沟通与表达

辩论类沟通与表达通常表现为沟通与表达各方对某些问题的不同观点，各抒己见，展开辩论。在校园中，其主要展现形式有校园辩论赛等。

（三）讲解类沟通与表达

讲解类沟通与表达主要表现为讲解者通过沟通与表达，使倾听者快速了解展示物件、图片、视频的相关知识与内容，起到良好的宣传作用。在校园中，其主要展现形式有校史馆讲解、校园讲解等。

（四）访谈类沟通与表达

访谈类沟通与表达主要表现为一方为主要说话者，另一方为主要倾听者，其沟通与表达双方明显存在说话和听话不均衡的现象。在校园中，其主要展现形式有优秀校友访谈、校长下午茶访谈活动等。

（五）调查类沟通与表达

调查类沟通与表达的目的在于互相配合，一方就另一方提出的问题做出回答。沟通技巧掌握得好，与被调查者关系融洽，则对方会重视调查，主动配合调查，如实反映情况；反之，对方则会轻视调查，出现敷衍、不耐烦，甚至拒访的现象。在校园中，其主要展现形式有社会实践调研、专题调研等。

四、大学生沟通与表达的主要方法

在校园沟通与表达中，首先要了解不同类型沟通与表达的特点，从而精准选择恰当的沟通与表达方式，对症下药，才能达到良好的沟通效果。

（一）演讲类沟通与表达的方法

1. 做好演讲准备工作

演讲前，演讲者要事先了解听众、熟悉演讲主题和内容、搜集演讲的相关资料、提前写好演讲稿，并做适当的演练。

2. 注意演讲的语音

演讲对语音的要求很高，既要能准确地表达出丰富的思想情感，又要悦耳动听。所以，演讲者必须做到发音准确、清晰、优美，语句流利、流畅、传神，语调贴切、自然、动情。

3. 注意演讲的内容

演讲的内容要通俗易懂、健康向上，符合听众群体的文化水平和生活理念，能向听众传播正能量。

4. 注意演讲的礼仪

演讲时要面带微笑，从容、自信、充满热情；眼神要与听众有交流；服饰要端庄、大方；姿势要放松、自然。

5. 运用演讲艺术

演讲时，要用轻快幽默的语言来缓解会场氛围，善用精确的数据或案例让演讲内容更有说服力。

（二）辩论类沟通与表达的方法

1. 辩论类沟通与表达的技巧

（1）敬人是交谈的前提。古人云："敬人者，人恒敬之。"双方的交流与沟通是建立在尊重和理解的基础上的，以谦恭礼让的姿态对待对方，能使对方产生敬佩感，从而营造出融洽的交谈氛围。

（2）表达力求简明扼要。交谈不比书面交流，冗长的表达不易被理解，含糊其词更是令人费解。因此，讲话前要慎于思考，语言表达要简明准确，态度要诚恳得体，才能保证良好的交谈效果。

（3）插话重在把握时机。交谈是由听和说构成的一种行为，倾听是成功交谈的基础。因此，掌握恰当的插话机会，会使交谈变得愉快；不择时机的插话，轻则会破坏交谈效果，重则会使交谈失败。

2. 辩论赛辩论技巧

（1）借力打力，以牙还牙。在辩论时，可以通过转化对方的攻击力来回击对方，就像打太极拳那样，用对方的论据来说服对方，从而赢得辩论的胜利。很多时候，对方在辩论中会强词夺理，这时不妨以其人之道还治其人之身的方法将其辩到无力反驳。

（2）归谬推论，出其不意。即先假定对方的命题是正确的，然后据此推论，将命题推向极端，最后得出荒谬的结论，让对方不攻自破。

（3）攻其弱点，置其被动。在辩论中要学会换位思考，认清对方的弱点所在，然后主动出击，扭转局势。

（4）风趣幽默，驳倒对手。当遇到对方有意挑衅，而自己又不方便正面回应时，不妨采用风趣幽默的方法让自己摆脱困境，优雅地驳倒对方，为自己赢得掌声。

（5）旁敲侧击，引蛇出洞。有时辩论双方会陷入僵持状态，这时不妨旁敲侧击、引蛇出洞，让对手措手不及。可以诱导对方朝着己方设定的路线进行回应，从而使其陷入己方的思维陷阱中。

（三）讲解类沟通与表达的方法

1. 把握好黄金一分钟

在接待客人时的第一分钟内给客人一个良好印象，后面的讲解工作才能更加顺利。面带微笑、举止大方、言语有亲和力，才能给客人留下良好的第一印象。

2. 讲解声音的正确处理

讲解时要求发音标准、语速适中、吐字清晰，做到亲切悦耳、有亲和力。

3. 讲解态势语言的正确处理

讲解时要有意识地与听众保持距离，既不要靠得太近，也不要离得太远，离听众1米左右即可。讲解时要精神饱满、仪态和穿着得体，善于察言观色，保持落落大方、庄重、亲切、自然的态势。

4. 讲解内容的正确把握

（1）以实为先。讲解前，要学会搜集大量的史实材料，向场馆老师和专业研究人员请教，向亲历者、见证者求教，才能让讲解内容更加丰富。

（2）要有深度。讲解要调动听众的积极性和兴趣，就必须引人入胜。讲解不能是材料的简单堆砌和平铺直叙，要注意目的性和生动性。

（3）守正创新。讲解有一定的"规定动作"，这些基础和底色要保持。但同样的内容，要学会创新，换个角度进行讲解，不仅会给人留下不一样的印象，也会形成自己的讲解特色。

（4）用情讲解。讲解要打动人，就需要讲解员置身于故事中，用情、用心去讲解。如在校史馆讲解中，要有记录自身校园生活的讲解，这样才有说服力，才能打动人。

（四）访谈类沟通与表达的方法

1. 访谈类沟通与表达技巧

（1）与访谈对象建立良好的关系。沟通前须先自我介绍，主动向访谈对象表明访谈的目的。访谈过程中，不要随意打断对方的谈话，努力使双方积极地参与活动。

（2）提问要直截了当，简明扼要。访谈时要尽量避免使用模棱两可的词汇和提出令人难堪的问题。提问的话题不宜太长，避免问题不清，使对方出现漏答的现象。

（3）学会积极倾听。一是在访谈时，可适当使用肢体语言，如正视对方，适当的眼神接触、点头、微笑等，来鼓励和回应访谈对象。二是在倾听过程中要注意使用重复和总结的策略。如必要时重复访谈对象的话，表示没听错，再如对访谈内容作总结，以检查自己是否抓住了访谈对象所要表达的要点。

（4）学会适当追问。对于某些问题，如果访谈对象回答含糊不清，我们可以继续追问。对于某些有价值的问题，我们也可以进一步追问。

（5）善于察言观色。访谈过程中，要随时关注访谈对象的肢体语言和表情变化，以便及时做出应变。

（6）要做好访谈记录。记录时要仔细听、理清思路、抓住关键词，做到客观记录，保证第一手资料的客观性。

2. 访谈类沟通与表达的注意事项

（1）充分做好访谈前的准备工作。一要提前做好访谈计划和安排。二要充分了解和熟悉访谈对象的背景资料。三要提前约定好时间、地点。四要提前准备访谈工具，如问题清单、纸、笔、录音笔等。

（2）访谈时的注意事项。一是访谈时要注意对访谈内容的把控，注意话题之间的转换，把握访谈不要偏离主题。二是在访谈过程中要注意对时间的把控。

（五）调查类沟通与表达的方法

1. 始终保持公平、中立的立场

为保证调查质量，调查员在调查过程中要始终站在公平、中立的立场上来做调查，不要左右被调查者的态度和思想。

2. 重视开场白的作用

好的开场白能为良好沟通奠定坚实的基础。一是调查者要热情大方、语气亲和，有意识地减少双方的陌生感。二是调查者要快速切入主题，表明身份，说明调查目的，尽量提高对方配合的积极性。

3. 用语准确且有礼貌

所谓"言不顺，则事不成"。在调查沟通中，调查者应使用规范用语，表达精准，尽量避免书面语和专业术语，以提高沟通理解力；要遵守文明礼貌，不打断对方的回答，不使用令人反感的语言。

4. 善于提问

在提问时要注意将有序提问与即兴提问相结合，按时间、逻辑顺序，由易到难、循序渐进地提问；可采用多种提问方式，将正问、反问、侧问、追问、设问等多种方式配合运用，以提起被调查者的兴趣。

5. 学会倾听

倾听不仅表现了对被调查者的尊重，更有助于我们了解被调查者的基本观点。

6. 选择恰当的调查时机

人们对信息的反应及选择受时间因素的影响。调查前，我们要保证被调查者时间充裕。

知识积累

良好的沟通是建立有效人际关系、促进团队协作与实现个人成长的基石，掌握以下沟通技巧将帮助你在各类交流场景中更加游刃有余。

1. 倾听对方：倾听对方的意见和观点，展示出自己的关心和尊重对方的态度。

2. 表达清晰：用简明扼要的方式表达自己的观点和意见，避免含糊不清的表达。

3. 使用肯定语言：用积极和肯定的语言表达自己，避免使用否定和攻击性的言辞。

4. 注意非语言沟通：仔细观察对方的身体语言、面部表情和姿势，以获得更完整的沟通信息。

5. 提出问题：通过提问来澄清和进一步了解对方的观点和意见，以促进更深入的交流。

6. 理解对方的观点：尝试从对方的角度看问题，并努力理解其观点和意见，即使自己不同意也要尊重对方的观点。

7. 避免打断对方：不要在对方发言时打断对方，给予对方充分表达的机会。

8. 控制情绪：保持冷静和平和，不要让情绪影响交流的质量和效果。

9. 给予反馈：积极反馈对方的观点和意见，展示自己理解和关注对方的立场。

10. 建立共同点：寻找和强调双方的共同利益和目标，以促进合作和有效的交流。

课堂讨论

在某学院女生寝室里，住着来自不同地域、性格迥异的四位同学：小张、小李、小王和小赵。初入大学时，大家相处融洽，但随着时间的推移，由于生活习惯不同、性格差异及缺乏有效沟通，寝室内部逐渐出现了矛盾。小张喜欢早睡早起，而小李和小王则经常熬夜打游戏，影响小张休息；小王性格内向，对室友的不良习惯往往选择沉默；小赵则因为家庭原因，经常需要早出晚归，与室友交流的机会较少。久而久之，寝室矛盾越来越多，四人关系紧张。

请分析寝室关系紧张的原因，并按不同人物给出解决寝室矛盾的沟通方法。

课后练习

一、实践训练

（一）"青年说"

1. 实践活动设计及要求

（1）以5~6人为一个小组，结合"青年说"相关内容进行深入学习和讨论。

（2）要求每个同学分别选取责任担当、大爱奉献、顽强拼搏、禁止吸烟、手机入袋和不夸张染发中的一个主题，在小组和班级内开展"青年说"。

（3）要求小组组员间选取的类型不得重复。

2. 评价标准

评价内容	评价标准
内容（30分）	主题鲜明，观点正确，材料真实，结构严谨，内容充实具体
表达（30分）	吐字清晰，声音洪亮，语速恰当，表达流畅
	能脱稿展示，具有较强的感染力和吸引力
仪表形态（20分）	精神饱满，仪态大方，举止自然得体，展现积极向上的精神风貌
PPT制作（10分）	层次分明，重点突出，排版整洁美观，信息呈现逻辑流畅
时间把控（10分）	每人3分钟，不足或者超时酌情扣分

（二）模拟辩论赛

1. 实践活动设计及要求

（1）以4人为一个小组，结合辩论主题相关内容进行材料搜集和讨论。

（2）以小组为单位学习辩论的方法和技巧。

（3）要求每个同学分别选取"人性本善—人性本恶""成功的关键是努力—成功的关键是机遇""知难行易—知易行难""网络使我更亲近—网络使人更疏远""学生就业压力大有利于成才—学生就业压力大不利于成才"中的一个主题，各小组通过抽签后进行辩论。

2. 评价标准

评价内容	评价标准
立论环节（10分）	逻辑性、观点合理性
	语言表达、风度
攻辩环节（30分）	反驳是否有力
	反应是否机敏
	用语是否得体
	对对方的纠缠是否有有效的处理方法

续 表

评价内容	评价标准
自由辩论环节 （55分）	论点是否明晰、有深度
	论据是否充足、合理、有力
	引证是否恰当、有层次、多角度
	分析是否透彻、有层次
	言语是滞清楚达意，条理清晰、措辞严密
	团队配合默契，分工明确
总结陈词（5分）	逻辑清晰，观点合理
	表达流畅，仪态端庄，且有礼貌

二、知识训练

（一）填空题

1. 讲解类沟通与表达的内容要讲求_____、_____、_____、_____。

2. 调查类沟通与表达的目的在于_____。

（二）多项选择题

1. 以下活动，哪些属于演讲类沟通与表达活动（　　）。

A. 优秀学生事迹宣讲　　　　　　B. 毕业演讲

C. "青年说"　　　　　　　　　　D. 新生演讲赛

2. 辩论赛辩论的技巧有（　　）。

A. 借力打力　　　　　　　　　　B. 归谬推论

C. 攻其弱点　　　　　　　　　　D. 风趣幽默

E. 旁敲侧击　　　　　　　　　　F. 气势优先

3. 访谈类沟通与表达技巧有（　　）。

A. 与访谈对象建立良好的关系　　B. 提问直截了当，简明扼要

C. 学会积极倾听　　　　　　　　D. 学会适当追问

E. 善于察言观色　　　　　　　　F. 要做好访谈记录

（三）简答题

1. 调查类沟通与表达的技巧有哪些？

2. 访谈类沟通与表达，前期应做好哪些准备工作？

活动性课程任务二 创新能力

课程名称	创新能力系列活动
课程主题	培育创新能力，勇破思维桎梏
主办部门	学工部、各学院党总支

学习目标

- **知识目标**：了解大学生创新创业对于培养创新能力和职业发展的意义，以及国家对于大学生创新创业的支持和鼓励措施；理解《国务院办公厅关于进一步支持大学生创新创业的指导意见》，以及国家对大学生创业的优惠政策、相关法律法规的内容；掌握大学生创新创业能力培养的相关具体内容。

- **能力目标**：学会创新创业计划书的撰写；熟练掌握创新创业方法和技能，识别和评估创业过程中的各种风险；能够运用创新创业相关知识制止和纠正创新创业中的不良行为，解决实际问题。

- **素质目标**：树立积极的创新创业态度和信念；养成创新意识和思维，以及勇于探索创新的精神；提升创新创业的文明素养，提升大学生的社会责任感和公民意识。

案例引入

案例一：

大疆创新——全球无人机领域的中国智造标杆

作为全球消费级无人机领域的绝对领导者，大疆创新自 2006 年创立以来，凭借"自主技术创新"与"系统性创业能力"，从深圳一间实验室发展为估值超 1 600 亿元的行业巨头，开创了"中国智造"全球化突围的经典范例。其核心突破源于对飞控系统的技术革命：通过自主研发"三轴云台稳定系统"，攻克空中摄影毫米级防抖难题，使航拍技术从特种领域走向大众消费市场。在生态构建中，大疆以"硬件＋软件＋服务"闭环重塑用户体验，开发"DJI Fly"应用实现智能跟拍、一键剪辑功能，并通过模块化设计支持农业植保、应急救援等企业端场景拓展，形成消费与产业双轮驱动格局。同时，大疆的创业能力体现为"精准市场洞察"与"供应链掌控力"的结合：早期瞄准"普通人航拍"市场空白，以"技术民主化"策略打开蓝海市场；其创造的产业价值更具深远意义，带动 5 万余家中国企业完成农业测绘等领域数字化转型，主导制定全球无人机安全标准，推动低空经济商用空域开放。面对地缘政治与技术迭代挑战，大疆以年均 15% 营收的研发投入持续构建壁垒，其"从定义产品到定义生态"的实践，为硬科技企业提供了"技术突破—市场创造—标准输出"的全链条创新范本。

案例二：

郭守敬的独具匠心

郭守敬自幼就继承了祖父郭荣的家学，致力于攻研算学、天文、水利等方面的知识，并都取得了卓越的创新成果。郭守敬在任职期间，负责修订新历法。经过四年的观测和研究，他主持制定了《授时历》。这部历法不仅在中国历史上具有重要地位，而且在当时世界上也是最为先进的历法之一。它采用了新的天文数据和计算方法，提高了历法的精确度，为农业生产和人民生活提供了精确的时间指导。此外，郭守敬在天文观测仪器的改制和创新方面也有重大贡献，尤其是他发明的简仪等仪器，为后世的天文观测提供了重要的工具。郭守敬在天文历法方面的创新成果，是中国科技史上浓墨重彩的一笔，他的天文学成果至今仍为研究者所借鉴。

案例三：

袁隆平的禾下乘凉梦

"禾下乘凉梦"是袁隆平对杂交水稻高产的一个理想追求，也是他的中国梦。这个梦想源于袁隆平对农业生产的深刻理解和对人类粮食安全的深切关怀。他梦想着有一天，水稻能够长得像高粱一样高，穗子像扫把那么长，籽粒像花生米那么大，人们可以在稻穗下乘凉，享受丰收的喜悦。为了实现禾下乘凉梦，袁隆平付出了巨大的努力和心血。他带领团队深入田间地头，进行大量的实践探索和研究。通过杂交育种、基因编辑等先进技术，成功培育出了多个高产、优质、抗病虫害的杂交水稻品种，并研发超级杂交水稻，形成了自己独特的杂交水稻研究体系。这些品种在推广种植后，取得了显著的增产效果，为中国的农业生产和粮食安全做出了重要贡献。

案例四：

大学生创新能力的培养

某高职院校开展学生创新能力培养系列活动，出台学生创新能力培养考核方案和细则，善用多主体合作育人，发挥专业教师和辅导员的专业素养和职业能力，采用启发式、研讨式、案例式等教学方法，激发学生的求知欲望和创新精神；创设实践机会，适当增加学生社会实践时间，强化学生实际动手能力和实践技能的培养，鼓励学生参与科研项目、创新创业大赛等实践活动，将所学知识应用于实际问题中；创新思维训练，开设创新思维训练课程或讲座，培养学生的创新思维和创新能力，鼓励学生参加创新思维竞赛或活动，锻炼学生的创新思维和实践能力；鼓励创新创业，建立创新创业导师团队，为学生提供个性化的创业指导和支持，举办各类创新创业竞赛和活动，如中国国际大学生创新大赛、"挑战杯"浙江省大学生课外学术科技作品竞赛、大学生创新创业训练计划等，并在校园内树立创新创业的典型人物和成功案例，激发学生的创业热情和创新精神。学校应通过鼓励创新创业，进一步培养学生的创新思维和创业精神，提高学生的综合素质和竞争力，为社会培养更多具有创新精神和实践能力的人才。

一、创新能力培养的意义

"学而时习之，不亦说乎"，孔子在《论语》中强调学习和实践的重要性，提倡通过不断的学习和实践来掌握新的知识和技能。孔子虽未直接提及"创新"一词，但这种持续学习和应用新知识的过程，正是培养创新能力的基础。"苟日新，日日新，又日新"这句经典，出自《礼记·大学》，是商朝的开国君主成汤刻在澡盆上的警词，旨在激励自己自强不息，创新不已。这种"新"包含三个方面的内涵。一是如果今天能够有所创新，那么就应该把握住这个机会，开始新的尝试和改变。二是强调每天都要有新的进步和变化，不能停滞不前，要持续不断地进行创新。三是在已有的创新基础上，还要再次进行新的创新，形成循环往复、不断向前的创新态势。

创新是民族进步的灵魂,是国家兴旺发达的不竭源泉。习近平总书记指出,生活从不眷顾因循守旧、满足现状者,从不等待不思进取、坐享其成者,而是将更多机遇留给善于和勇于创新的人们。培养大学生创新能力的意义是多方面的,它不仅对个人成长和职业发展至关重要,也对社会进步和国家发展具有深远影响。《国务院办公厅关于进一步支持大学生创新创业的指导意见》指出,"大学生是大众创业万众创新的生力军,支持大学生创新创业具有重要意义","将创新创业教育贯穿人才培养全过程"。可见,创新能力的培养对于增强大学生的创新精神、创业意识和创新创业实践能力具有十分重要的作用。当前,随着互联网、人工智能、大数据等技术的迅猛发展,我国经济正由高速增长阶段转向高质量发展阶段,经济结构不断优化升级,社会对创新型人才的需求日益增长。大学生作为未来的创新主体,其创新能力的培养显得尤为重要。因此,大学生不仅需要掌握扎实的专业知识和实践技能,更需要积极适应社会的变化和发展趋势,不断提升自己的创新能力,以应对未来的挑战和机遇。同时,高校和教育部门也需要继续加强创新型人才的培养工作,为国家的创新发展和科技进步提供有力的人才支持。

《国务院办公厅关于进一步支持大学生创新创业的指导意见》

(一)创新能力培养有助于促进个人成长

创新能力是个体成长的关键因素之一。通过培养创新能力,个体能够更好地应对复杂多变的环境,主动寻找和把握机遇,实现自我价值的提升。在职业发展中,创新能力能够帮助个体在激烈的竞争中脱颖而出,获得更好的职业机会和发展空间。

1. 激发个人潜能

创新能力培养是激发个体潜能、实现自我超越的关键途径。通过参与各种创新活动和项目,个体有机会探索未知领域,挑战自我极限,从而发现和挖掘自己的潜在能力和特长。这种探索和挑战的过程不仅能够增强个体的自信心和成就感,还能够培养个体的创新思维和实践能力,为个体的职业发展和人生规划提供有力支持。

2. 培养批判性思维

创新能力培养不仅在于培养创新能力和实践技能,还特别强调批判性思维的培养。批判性思维是一种高级的思维能力,它要求个体能够独立思考、深入分析、理性判断,从而在复杂多变的信息环境中做出明智的决策和判断。在当前知识爆炸和信息泛滥的时代背景下,培养批判性思维有助于个体拓宽视野、丰富思维,从而在面对各种问题和挑战时能够更加冷静和理智地进行分析和处理。

(二)创新能力培养有助于提升竞争力

创新能力培养对于提升个人竞争力具有至关重要的作用,可以帮助个体在竞争激烈的环境中脱颖而出。

1. 提升个人价值和形象

通过不断地创新学习与实践，可以塑造出独特的个人品牌形象，增强个体的吸引力和影响力。这种个人价值的提升不仅可以提高个人的知名度，还可以吸引用人单位的注意，从而在竞争中获得更多的优势。

2. 增强适应性和灵活性

随着市场的不断变化和竞争的加剧，学生需要不断地调整自己的战略和策略，以适应新的环境和挑战。创新能力培养使学生能够更快速地适应这些变化，灵活地根据需求调整自己的方式方法。这种适应性和灵活性有助于学生在竞争中保持领先地位，抓住新的机遇。

3. 形成独特的竞争优势

创新能力使学生能够在激烈的竞争环境中形成独特的竞争优势。通过不断地创新，可以创造出新的技能，这些新技能更符合产业发展的趋势，这种独特性使学生在市场上具有更高的辨识度，从而在市场竞争中凸显自身优势，获得事业进步的优先权。

（三）创新能力培养有助于职业发展

创新能力培养对于学生职业发展具有显著的积极影响。它有助于拓展职业发展路径、提高工作效率和创造力、增强职业适应性、提升领导力和影响力，以及促进个人品牌塑造。因此，对于追求职业成功的人来说，积极培养创新能力是至关重要的。

1. 增强职业适应性

职场环境不断变化，行业趋势和市场需求也在不断变化。具备创新能力的人才更能适应这些变化，因为他们能够迅速学习新知识，掌握新技能，并灵活应对各种挑战。这种适应性使他们在职业生涯中更具竞争力，更容易获得晋升机会和更好的职业发展机会。

2. 拓展职业发展路径

具备创新能力的人在职业选择上有更多的可能性。他们不仅能够在传统行业中找到自己的位置，还有能力进入新兴领域或是创造全新的职业机会。例如，在数字化、智能化日益普及的今天，具备创新能力的专业人士可以参与到高科技产品的研发中，也可以自己创业开发新的产品或服务。

二、大学生创新能力培养的重要性

大学生培养创新能力，不仅有利于个人的成长和职业发展，更是国家和社会进步的关键支撑。学校和社会应共同努力，为大学生提供创新的舞台和发展空间，培养出更多具备创新精神和竞争力的人才，为社会的长期繁荣与进步贡献力量。

（一）提升综合素质

大学生创新能力的培养对于提升其综合素质具有重要作用。创新能力不仅仅是一种技能，更是一种思维模式和生活态度。它鼓励大学生独立思考，勇于挑战传统，追求新的解决问题的方案。这种能力有助于大学生迅速适应复杂多变的环境、有效应对各种挑战。同时，创新能力还能促进大学生跨学科知识的融合，使其在解决问题的过程中能够综合运用各种知识和技能，形成独特的竞争优势。此外，创新能力的培养还能够培养大学生自主学习和终身学习的习惯，推动其不断追求新知识，不断完善自我。

（二）提高培养质量

随着社会的快速发展，人才需求也日益多样化。具备创新能力的大学生能够更好地适应市场变化，满足社会对于高素质人才的需求。因此，学校通过加强对大学生创新能力的培养，能够提升毕业生的就业竞争力，为社会输送更多优秀的人才。同时，创新能力的培养还有助于推动学校教育教学模式的改革，以培养学生的实践能力和创新精神为突破口，提高整体教学质量。

（三）服务社会发展

大学生作为社会的重要组成部分，他们的创新能力将直接影响社会的发展速度和方向。通过培养大学生的创新能力，推动其开发出更多具有创新性的科技成果，一方面，能够满足社会对于新产品、新服务的需求，推动产业结构的升级和转型；另一方面，也能不断为社会发展注入新动力，促进经济的持续繁荣和人民生活水平的持续提升。

三、大学生创新能力培养的具体内容

大学生创新能力的培养贯穿个人成长的全过程、各方面，就学校教育阶段来讲，主要包括三个方面。

（一）创新基础知识教育

创新基础知识教育是培养大学生创新能力的第一步，为学生提供必要的理论基础和知识框架。通过强化专业基础课程的学习，确保学生掌握扎实的专业理论知识，并引入前沿学科知识，了解专业领域的最新动态和趋势，引导学生深入理解与所学专业相关的科学技术知识。例如，通过课堂教学、科普讲座和学术研讨会，使学生了解前沿技术和创新趋势；鼓励学生开展跨学科学习，拓宽知识视野，为创新提供多元化的知识支撑，培养创新视角和能力。同时，还应教授学生创新管理的基本概念，增强知识产权保护意识，学习如何有效管理创新项目和团队，以及如何保护自己的创新成果。

（二）创新思维方法训练

创新思维方法训练旨在激发学生的创造力和解决问题的能力，引导学生敢于质疑、勇于挑战传统观念，培养敢于创新、勇于探索的精神，提升其独立思考能力。通过开设创新思维训练课程，如"创新思维方法""设计思维"等，结合案例分析、角色扮演、模拟实验等教学活动，让学生体验创新思维的魅力，掌握创新思维的基本方法。引导学生掌握问题导向的学习方法，从实际问题出发，探索解决问题的新思路和方法。例如，开展案例分析、问题解决工作坊等活动，培养学生分析问题、提出假设和验证方案的能力。培养学生的设计思维能力，即从用户需求出发，设计出有创新性的产品或服务。通过设计思维课程、工作坊和项目实践，帮助学生运用迭代、原型设计和用户反馈等方法，优化创新方案。

（三）创新实践能力塑造

创新实践能力塑造是指通过实际项目和实践活动，锻炼学生的创新能力和实际操作能力。要不断为学生提供参与创新项目的机会，例如创新创业竞赛、新苗人才计划、社会实践等，通过实践中的问题解决、团队合作和项目管理，培养学生的动手能力、解决问题的能力和从创意到实施的全面能力。鼓励学生参与教师的科研项目或自主申请科研项目，培养科研思维和团队协作能力，指导学生开展课题研究、撰写论文、发表学术成果、申请专利等，提升科研创新能力。推进产教融合、深化校企合作，推动学生参与企业实习或校企合作项目，让学生在真实的商业环境中应用所学知识和技能，理解市场需求和商业运作的复杂性，有针对性地开展创新学习和实践，提升创新能力，更好地服务产业发展、满足行业需求。

四、大学生创新能力培养的实践方法

（一）个性化教育与自主学习

在个性化教育方面，学校应深入了解每个学生的独特需求和兴趣，为他们量身定制教育计划。通过提供多样化的课程选项和灵活的学习路径，鼓励学生根据兴趣和目标自主学习。此外，注重培养学生的自主学习能力，提供丰富的学习资源和指导，帮助学生建立自我驱动的学习习惯。这种个性化教育有助于激发学生的创新潜能，使其在未来的学习和工作中更加自信和独立。

在自主学习方面，鼓励学生主动探索未知领域，培养终身学习意识。学校提供多种在线课程和学习平台，让学生根据兴趣和需求自主选择学习内容。同时，强调学生间的交流和分享，鼓励互相学习和启发，形成良好的学习氛围。通过自主学习，学生不仅能积累丰富的知识和技能，还能培养独立思考与解决问题的能力。

（二）团队协作与沟通技巧

团队协作是创新能力培养中不可或缺的一环。应注重培养学生的团队合作精神和协作能力，通过组织团队建设活动和合作项目，让学生在实践中学会与他人合作、共同解决问题。这些活动不仅能提高学生的团队凝聚力和协作效率，还能培养学生的沟通技巧和领导能力。

在沟通技巧培养方面，开设沟通技巧课程，教授学生有效沟通方法。通过模拟场景、角色扮演等方式，让学生在实际操作中锻炼表达能力和倾听能力。鼓励学生多参与社交活动和公开演讲，提高自信心和公众表达能力。这种沟通技巧的培养对学生未来的职业发展和人际交往都具有重要意义。

（三）领导力培养与项目管理

领导力培养是创新能力培养中的重要组成部分。要注重培养学生的领导力和项目管理能力，通过鼓励学生参与学生组织、社团或真实项目等方式，让学生在实际中培养和实践领导力。鼓励学生发挥自身优势，带领团队完成任务，培养其决策能力和组织协调能力。

《国务院办公厅关于进一步做好高校毕业生等青年就业创业工作的通知》

在项目管理方面，教授学生项目管理的基本原则和方法，如时间管理、资源分配和风险管理等。通过鼓励学生积极参与社会实践和志愿服务等活动，锻炼他们的领导力和项目管理能力。通过模拟项目和分析真实案例，让学生了解项目管理的全过程，学会制订计划、分配资源和监控进度。项目管理能力的培养不仅有助于学生更好地完成学业任务，还能为未来的职业发展打下坚实基础。

知识积累

创新能力是一种综合性的能力，它与创新紧密相连，创新是目标，而创新能力是实现这一目标的工具和途径。在快速变化的社会中，创新能力是个人和组织适应变化、保持竞争优势的核心能力。主要涵盖创新意识、创新思维、创新技能和创新文化。

1. 创新意识：对新事物和新思想的敏感度和追求，愿意尝试和探索未知领域，是创新活动的内在驱动力。

2. 创新思维：打破常规，采用独特视角和方法思考问题，产生新颖、有价值想法的思维模式，包括发散性思维、批判性思维和联想性思维。

3. 创新技能：将创新思维转化为实际成果的能力，包括实践操作、问题解决、团队合作和沟通协调能力。

4. 创新文化：鼓励创新、包容失败、尊重多样性的组织文化，为创新活动提供良好的环境和氛围。

课堂讨论

纪昀在《阅微草堂笔记·滦阳消夏录三》中写道："国弈不废旧谱，而不执旧谱；国医不泥古方，而不离古方。"这说明在继承传统的同时，也要勇于创新和发展。徐悲鸿以"道在日新，艺亦须日新，新者生机也；不新则死"之态，在艺术创作方面不断追求、不断创新，永葆艺术的生命力。企业家也必须具备创新精神，通过创新实践为社会创造新环境，推动新商业模式的产生。

请列举你所知道的关于创新的名人案例，并谈谈这些案例对你的影响。

课后练习

一、实践训练

（一）组织"挑战杯"浙江省大学生课外学术科技作品竞赛校内赛

1. 实践活动设计与要求

（1）参赛要求

深入学习贯彻习近平新时代中国特色社会主义思想，贯彻落实国家双创工作部署，进一步聚焦为党育人功能，引导和激励大学生通过开展广泛的社会实践、深刻的社会观察，不断增强对国情社情的了解，将所学知识与经济社会发展紧密结合，提高创新创业意识，提升社会化能力，为全面建成社会主义现代化强国、实现中华民族伟大复兴的中国梦贡献青春力量。

（2）参赛类别

① 科技创新和未来产业：围绕创新驱动发展战略，推动数字经济健康发展，在智能制造、信息技术、大数据、人工智能、生命科学、新材料、军民融合等领域，结合实践观察设计项目。

② 乡村振兴和农业农村现代化：围绕实施乡村振兴战略，在农林牧渔、电子商

务、乡村旅游、城乡融合等领域，结合实践观察设计项目。

③ 城市治理和社会服务：围绕国家治理体系和治理能力现代化建设，在政务服务、消费生活、公共卫生与医疗服务、金融与财经法务、教育培训、交通物流、人力资源等领域，结合实践观察设计项目。

④ 生态环保和可持续发展：围绕可持续发展战略和碳达峰、碳中和目标，在环境治理、可持续资源开发、生态环保、清洁能源应用等领域，结合实践观察设计项目。

⑤ 文化创意和区域合作：突出共融、共享，紧密围绕"一带一路"和京津冀、长三角、粤港澳大湾区，以及成渝地区双城经济圈、长江中游城市群等区域合作，在工业设计、动漫广告、体育竞技、国际文化传播、对外交流培训、对外经贸等领域，结合实践观察设计项目。

（3）实施步骤

① 院级初赛阶段：院级初赛由各学院自行组织开展，推选校级决赛作品。

② 校级决赛阶段：校团委组织专家对参赛作品进行评审，择优推荐参加省赛。

2. 评价标准

评价内容	评价标准
社会价值（30分）	项目结合社会实践、社会观察，履行社会责任的做法与成效，在国家治理体系和治理能力现代化建设，政务服务、消费生活、医疗服务、教育培训、交通物流、金融服务等方面的社会贡献度
创新意义（30分）	具有原始创新或技术突破，取得一定数量和质量的创新成果（专利、创新奖励、行业认可等）
	项目在科学技术、社会服务形式、商业模式、管理运营、应用场景等方面的创新程度
	创新成果对于赋能传统产业、解决社会问题，助力形成新产业、新业态、新模式有积极意义
实践过程（20分）	项目通过深入社会、行业、实验场所、实训基地，开展调查研究、试点运营、试验论证，形成可靠的一手材料，强调实地调查和实践检验
发展前景（10分）	项目在商业模式、营销策略、财务管理、发展战略等方面设计完整、合理、可行
	目标定位、市场分析清晰、有前瞻性
	盈利能力推导过程合理，能够实现可持续发展、前景乐观
团队协作（10分）	团队成员了解社会现状、关注社会民生，具备一定解决社会问题的能力和水平
	团队成员的专业背景、创业意识、职业素质、价值观念与项目需求相匹配
	团队组织架构与分工情况

（二）开展求职面试技巧讲座

1. 实践活动设计与要求

（1）开展求职简历撰写专题指导讲座。邀请行业专家、高校就业指导专家和职业规划师等作为讲座嘉宾，帮助学生掌握撰写求职简历的技巧和方法，突出个人优势、提高针对性，提升简历的吸引力。

（2）开展面试技巧讲座。选择具有丰富面试经验和教学经验的校内老师或企业人力资源主管作为讲师，讲解面试的基本流程和常见环节，如自我介绍、提问环节等；分享面试中的注意事项和技巧，如保持自信、清晰表达、积极互动等；结合案例分析，让学生更直观地了解面试中可能遇到的问题和应对方法；设立模拟面试环节，让学生有机会实践面试技巧，深化学生对面试流程和面试技巧的认识。

2. 评价标准

评价内容	评价标准
个人信息（10分）	包括姓名、性别、联系方式等基本信息齐全
求职意向（10分）	明确所希望从事的职位，有助于招聘者了解求职者的职业目标
教育背景（10分）	写明所读的学校、时间、专业等信息，体现求职者的学术背景
实践经历（10分）	包括实习、工作经验等，应详细、具体地描述，突出个人成就和贡献
奖励情况（10分）	列出所获得的荣誉、奖项等，展示个人能力和成就
职业技能（10分）	说明所掌握的专业技能、语言能力等，与应聘职位相关的技能应重点突出
仪表举止（10分）	穿着打扮符合职场规范，整洁大方；举止包括言谈举止、坐姿、站姿等，是否端庄得体，反映出良好的礼节、气质和素养
思维逻辑（10分）	能够抓住问题的关键和要点，进行有针对性的回答；有充分的论据支持自己的观点和想法，能让面试官信服
创新能力（10分）	能够提出新颖和有效的解决方案
团队协作（10分）	具备团队意识，能够理解和尊重团队的目标和价值，能够与他人有效合作，共同完成任务

（三）举办实习就业双选会

1. 实践活动设计与要求

（1）确定参加双选会的企业，确保企业的数量的质量，不得发布虚假招聘信息或收取求职者费用。

（2）提前向学生宣传双选会的相关信息，鼓励学生积极参与。要求学生提前准备好个人简历、自我介绍等材料，确保能够充分展示自己的能力和优势。

（3）企业设置展台，公布公司文化、招聘需求和薪酬待遇等信息，与求职者进行面对面的沟通和交流。

（4）现场安排专业的职业指导老师，为学生提供简历制作、面试技巧、职业规划等方面的咨询和指导。

2. 评价标准

评价内容	评价标准
学生参与情况（60分）	参与人数：统计参与双选会的学生数量，包括现场参与人数和通过网络平台参与的人数，以评估活动的吸引力和影响力
	学生积极性：观察学生在活动中的表现，如是否积极与参展单位沟通、是否主动了解岗位信息等，以评估学生的参与度和积极性
	学生反馈：收集学生对双选会的反馈意见，包括活动的组织、参展单位的招聘情况、个人收获等方面，以了解学生对活动的满意度
用人单位反馈（40分）	招聘效果：了解用人单位在双选会中的招聘情况，如收到的简历数量、面试人数、意向签约人数等，以评估双选会为企业带来的招聘效果
	用人单位满意度：收集用人单位对双选会的反馈意见，包括活动的组织、学生的素质、岗位匹配度等方面，以了解用人单位对活动的满意度

（四）学生进企业参观实践

1. 实践活动设计与要求

（1）实践要求

通过实地参观，让学生亲身体验企业的生产流程、管理模式和企业文化，培养学生的观察力和分析能力，让学生更好地了解企业的实际运营情况，增强对企业、行业的认识，提高学生的职业素养和实践能力，为未来的就业和创业做好准备。

（2）实践流程

① 前期准备：联系企业，确定参观时间、地点和参观内容；组织学生进行分组，并指定每组负责人；准备必要的参观材料和设备（如相机、录音笔等）。

② 实地参观：学生按照分组，跟随企业工作人员进行实地参观。参观内容包括企业的生产车间、研发部门、管理部门等，了解企业的生产流程、产品质量控制、设备和技术等。

③ 互动交流：参观结束后，组织学生进行互动交流。学生可以就参观过程中遇到的问题和感兴趣的话题与企业工作人员进行交流，深入了解企业的运营情况和发展前景。

④ 总结反馈：活动结束后，组织学生进行总结反馈。学生可以就参观过程中的收获和感受进行分享，提出改进意见和建议，并形成实践报告，为今后的实践活动提供参考。

2. 评价标准

评价内容	评价标准
参与度（10分）	积极参与实地参观，与企业工作人员进行互动交流，并主动提问
观察能力（30分）	能够细致地观察企业的生产流程、设备、管理等，并记录下重要的信息和细节
实践报告（30分）	能够将参观过程中的信息和数据进行有效的整理和总结，形成完整的参观报告或总结报告
反馈建议（30分）	能够分享自己的收获和感受，表达对企业和行业的认识和看法，以及对自己未来的规划和展望

二、知识训练

（一）请列举出创新创业类竞赛有哪些。

（二）如何在专业学习的基础上提升创新能力？

活动性课程任务三 合作能力

课程名称 合作能力系列活动

课程主题 合作能力养成,照亮未来的道路

主办部门 学工部、各学院党总支

学习目标

● **知识目标**:了解合作的基本定义、特点和重要性;理解团队和团队文化的基本概念、个人与团队之间的关系;掌握有效协调团队关系的方法。

● **能力目标**:能够在合作中有效协调各方利益和需求,达成共识;掌握团队有效沟通与协调的技巧;能够运用相关知识和技巧,预判合作中的潜在冲突,并采取适当的手段进行预防;冲突发生后能够妥善处理冲突,维护合作关系。

● **素质目标**:培养团队合作、诚信守诺、相互尊重的意识;提升责任感和包容心态。

案例引入

案例一：

王丽萍夺冠

在第27届奥运会上,女子20公里竞走开始了。我国的刘宏宇和王丽萍参加了比赛。刘宏宇以自己的实力,走在了第一集团,但她已吃了2张红牌,按规定,受到3次红牌警告,运动员将退出比赛。刘宏宇想要在不吃牌的情况下追上领先的3位外国选手是不可能的事,但她观察到队友王丽萍处于第二集团的领先位置,决定采用牺牲自己的战术。尚未到最后冲刺的阶段,刘宏宇突然奋力向前猛冲,领先的外国运动员的战术被打乱了,她们有的拼光了体力无法继续领先,有的因体力消耗过大,技术动作变形被罚出场。王丽萍最终捧得金牌。

案例二：

行星运动三大定律的发现

开普勒是17世纪杰出的天文学家,他是哥白尼日心学说的拥护者。

开普勒在24岁时按照自己的理解写了一本相当幼稚的书。这本书受到了当时已经声名显赫的、在布拉格工作的丹麦天文学家第谷的重视。第谷热情地邀请这位穷困潦倒的年轻人来到布拉格和他一起研究天文学,并在经济上和事业上给予他无私的帮助,使开普勒异常感动。然而,就在师徒二人准备进军新的科学高峰时,第谷被一场重病击倒了。

1601年的一个傍晚,在第谷的房间里,一支蜡烛在闪烁着。第谷躺在床上,奄奄一息,开普勒坐在床边的一张板凳上,细心地倾听着老师临终的话语:"我一生之中,都是以观察星辰为工作。我要得到一张准确的星图,我的目标是观察1000颗星星,我已观察了750颗,可现在却病成了这个样子。我把我所有的手稿都交给你,希望你把我观察的结果出版出来。你不会让我失望吧?"

于是开普勒开始勤奋工作。但是他的继承引起了第谷亲戚们的嫉妒。他们合伙把第谷遗留的手稿收了回去,只留下一些观察记录。这些人的绝情没有使开普勒丧气,他心中只有一个想法:"老师的目标是观察1000颗星星。"

为了这个信念,开普勒重新整理好留下的观察记录,克服了病痛、贫困和他人的冷嘲热讽给自己带来的种种不便,顽强地进行实地观测,751、752、753……二十多年过去了,1627年,忠诚的开普勒终于完成了老师的遗愿。此外,他还发现了行星沿椭圆轨道运行的重要规律,提出了著名的开普勒定律,成为继第谷后的又一位近代天文学巨匠。

可以说,如果没有开普勒,第谷的辛勤积累也许会成为一堆废纸;反过来,没有第谷，也根本不会有开普勒的卓越成就。

案例三：

郭子仪和李光弼的合作

唐玄宗时，郭子仪和李光弼曾同是朔方节度使安思顺的部将。两人之间有矛盾，平时互不讲话。后来安禄山叛乱，郭子仪升任朔方节度使，统兵抵御。李光弼就成了郭子仪的部将。皇帝命令郭子仪率部出征，李光弼担心郭子仪会利用手中权力寻机报复。

李光弼硬着头皮对郭子仪说："我过去得罪您，是我的不是，今后不管您如何处置我，我无怨言，只希望高抬贵手放过我妻儿。"没等李光弼说完，郭子仪紧紧抱住李光弼，满眼流泪地说："国家危急，百姓遭殃，正需要我们同心协力，眼下正需要你这样人才，此时，怎能计较个人恩怨？"从此，郭李同心，将帅协力，在平息安史叛乱中，两人建立了卓越战功。

案例四：

维勒和李比希的合作

维勒和李比希都是19世纪德国杰出的化学家。他们两人性格迥异，李比希激烈、爽朗、风风火火，像一团烈火；维勒平和、沉稳、文文静静，像一盆冷水。但两人感情很好，亲密无间。他们密切配合，致力于科学研究，共同对无机化学、有机化学做出了贡献，同是有机化学的创始者。李比希在自传中写道："我的最好运气，就是有位志同道合的朋友。多年来我和这位朋友真诚合作，毫无隔阂……手携手地向前，这一位行动时，那一位已经准备好。"由于两人的真诚合作，才创造出科学史上的辉煌。

一、合作的意义

《孟子·公孙丑下》："天时不如地利，地利不如人和。"这句话的意思是，适宜作战的时令、气候比不上有利于作战的地形，有利于作战的地形比不上得人心，上下团结。这句话强调了人和的重要性，即团结协作的力量在决胜中的核心地位。

个体的合作能力对个人成长、社会发展及组织发展具有深远影响，主要体现在以下四个方面。一是促进创新，合作能汇聚不同观点和想法，激发创新思维，推动新解决方案的产生。二是提高效率，合作便于从多角度分析共同目标并提出解决方案，从而增强解决问题的能力。三是促进个人成长，合作过程有助于个人拓宽视野、提升能力并适应多元化环境。四是促进社会和谐，在更广泛的社会层面，合作有利于减少冲突，促进不同群体间的和谐共处。

（一）合作能够促进创新

一个团队往往是由来自不同地区、拥有不同专业知识和经验的人组成的。合作为团队成员提供了一个交流的平台。在这个平台上，多元思维相互碰撞，激发出新的想法和创意。正如物理学家尼尔斯·玻尔所说："最伟大的发现来自不同思想的碰撞。"在合作中，每个成员都能够贡献自己的专业知识和技能，这种知识的互补性不仅能够填补个体知识的空缺，还能够促进知识的整合与共享。合作使得团队成员能够相互学习、相互启发，打破思维定式，从而激发新的创意和解决方案的产生。

合作能够产生协同效应，即团队的整体效能大于各成员单独工作的总和。在团队中，成员们可以相互激励，共同努力，实现"1+1>2"的效果。这种协同效应不仅能够提高工作效率，还能够促进创新思维的产生和发展。

创新往往伴随着不确定性和风险。在合作中，这些风险可以由团队成员共同分担，降低个体面临的压力。同时，团队的共同目标和相互认可为团队成员提供了强大的内在激励，鼓励他们勇于尝试和探索新的可能性。在合作中，创新的想法可以通过快速讨论和反馈进行迭代，加速从概念到实际应用的转化过程。团队成员可以迅速实施和测试新的想法，并根据结果进行调整和优化，从而加快创新的实施步伐。

合作在促进创新方面发挥着不可替代的作用。它通过多元思维的碰撞、知识的互补与共享、协同效应的发挥、风险分担与激励机制，以及快速迭代与实施等多种方式，为创新提供了强大的动力和广阔的平台。因此，我们应该积极倡导和实践合作，以激发更多的创新活力，推动社会的进步和发展。

（二）合作能够提高工作效率

合作是人类社会发展的重要驱动力之一，它不仅能够促进知识的交流与共享，还能够显著提高工作效率。

1. 合作通过明确的分工来提高效率

亚当·斯密在《国富论》中提到，分工是提高生产效率的关键因素。在团队中，每个成员根据自己的专长和技能承担不同的任务。这种分工使得每个人都能在自己最擅长的领域发挥最大的效能，从而减少了在不擅长的任务上浪费时间和精力的情况。

2. 合作能促进资源的优化配置

团队成员可以共享工具、信息和其他资源，避免了资源的重复投入和浪费。这种资源共享不仅提高了资源的使用效率，还能够帮助团队成员更快地获取所需资源，加速工作进程。

3. 合作能加速信息的流通和知识的共享

在团队合作中，成员之间的沟通更加频繁，信息传递更加迅速。这种快速的信息交流有助于团队成员及时了解项目进展、市场需求和其他重要信息，从而做出更快速和准确的决策。

4. 合作有助于减少错误和提高工作质量

团队成员之间的相互检查和反馈可以使团队及时发现和纠正错误，避免错误在后期被放大的风险。这种质量控制机制有助于提高工作质量。

5. 合作能够提高适应性和灵活性

在快速变化的市场环境中，团队可以迅速分享信息、调整策略，以适应外部环境的变化。这种快速的适应能力是提高工作效率和保持竞争力的关键。

在现代社会，随着工作越来越复杂和多样化，合作的重要性也日益凸显。因此，应该积极培养学生的合作精神，提高学生的合作能力，助力学生应对未来的挑战，实现更高的工作效率和更好的工作成果。

（三）合作能够促进个体成长

合作不仅是一种社会行为，更是一种促进个体发展的强大动力。合作为个体提供全面发展的平台，主要体现在以下几个方面。

1. 扩展视野与增长知识

合作首先为个体提供了与不同背景和专业领域的人交流的机会。这种跨领域的交流有助于扩展个体的视野，增加对世界的认识和理解。通过与他人合作，个体可以接触到新的观点、理念和知识，从而促进自身的知识增长和认知发展。

2. 技能提升与能力强化

在合作过程中，个体有机会通过实践来提升自己的专业技能。团队成员之间的相互学习和指导可以帮助个体更快地掌握新技能，同时，合作中的挑战和问题解决也能够锻炼个体的应变能力和解决问题的能力。

3. 增强沟通与协作能力

合作要求个体具备有效的沟通和协作能力。在团队中，个体需要清晰地表达自己的想法，同时也要倾听他人的意见。这种双向沟通有助于提升个体的语言表达能力、倾听能力和协调能力，这些都是现代社会中不可或缺的个人素质。

4. 培养团队精神与责任感

合作强调团队精神和共同目标。在团队中工作，个体需要对自己的任务和团队的整体表现负责，这种责任感可以促使我们更加认真地对待工作，提高工作的质量和效率。

5. 提高适应性与灵活性

合作环境往往充满变化和不确定性。在这种环境中，个体需要快速适应不同的角色和任务，展现出高度的适应性和灵活性。这种能力对于应对快速变化的现代社会尤为重要。

6. 激发创新思维与创造力

合作能够激发个体的创新思维和创造力。团队中的多元思维和开放讨论可以激发新的想法和创意，而团队的支持和鼓励也为个体提供了实现这些创意的信心和动力。

7. 增强领导力与影响力

在合作中，个体有机会承担领导角色，展现自己的领导才能。通过领导团队完成项目，可以提升自己的领导力和影响力，这对于个体职业发展具有重要意义。

8. 促进自我认知与自我提升

合作过程中的反思和自我评估有助于个体更好地认识自己的优点和不足。通过与他人的比较和反馈，个体可以更清楚地了解自己在团队中的角色和价值，从而有针对性地进行自我提升。

9. 建立人际网络与社会资源

合作能帮助个体建立起广泛的人际网络和社会资源。在团队中，个体不仅可以与同事建立深厚的工作关系，还可以通过他们获得更广泛的社会资源。

10. 培养全球视野与跨文化能力

在全球化的背景下，合作往往涉及不同文化背景的人。与不同文化的人合作有助于培养个体的全球视野和跨文化能力，这对于在多元文化环境中工作和生活的个体来说至关重要。

合作为个体提供了全面发展的平台。因此，应该珍视合作的机会，积极参与合作，以实现自身的全面发展。

（四）合作能够促进社会和谐

合作是社会和谐的基石，能促进人们相互理解、尊重和共同目标的实现，有助于构建一个更加和谐的社会。

1. 合作能促进不同个体和群体之间的相互理解

在合作过程中，人们需要交流思想、分享经验，这有助于打破隔阂，增进彼此的认识和理解，从而促进社会成员之间的相互尊重和包容。

2. 合作能促进资源的公平分配和共享

在社会中，不同的个体和群体拥有不同的资源和能力。通过合作，这些资源可以得到更有效的利用和分配，满足更多人的需求，减少资源浪费，从而促进社会的公平和正义。

3. 合作能培养团队精神和社会责任感

在团队中，成员需要为了共同的目标而努力，这种团队意识有助于认识个体行为对社会的影响，增强社会责任感。一个具有强烈团队精神的社会，更能够应对挑战，实现可持续发展。

4. 合作有助于提升社会的包容性

在合作中，不同的利益相关者可以坐下来协商，寻找互利共赢的解决方案。在合作中，人们可以学会接纳和尊重不同的观点和文化，这种包容性有助于构建多元化的社会环境，减少歧视和偏见，促进不同群体之间的和谐共处。

二、大学生合作能力的重要性

在21世纪的今天，社会发展的脉搏与团队合作的韵律同步跳动。作为社会未来的引领者和希望的承载者，大学生能否掌握合作的艺术，不仅关乎个人的成长发展，也关乎社会的发展。

（一）合作能力关乎个人发展

合作能力是个人综合素质的一种。对于大学生而言，精进的合作技巧不仅意味着能够无缝融入团队，最大化个人潜力，更意味着能够吸纳他人之长，以此为契机，激发自我提升的无限可能。

（二）合作能力关乎职业发展

在职场中，合作能力备受用人单位的重视，是职业发展的关键要素。大学生精心培育的合作能力，不仅能够显著提升其在就业市场上的竞争力，更能为其职业生涯的腾飞奠定坚实的基础，开启通往职业高峰的大门。

（三）合作能力关乎社会进步

合作能力对于大学生而言，不仅能锤炼其公民责任感，还能激发学生对多元视角与文化差异的深刻理解和尊重。这种能力是构建一个更加包容、和谐的社会的基石。作为社会大家庭中活跃的一员，大学生在促进社会和谐与推动社会向前发展的过程中，其合作精神发挥着不可或缺的作用。

三、大学生合作能力的具体内容

合作能力是大学生成功步入社会并取得良好发展的关键能力之一。这种能力涵盖了一系列的具体能力和行为,这些能力相互关联,共同构成了大学生在团队中有效合作的基础。

(一)沟通能力

沟通是合作的基础。有效的沟通能力包括清晰表达自己的想法、倾听他人的意见、非语言交流,以及灵活适应不同的沟通风格。

1. 口头表达能力:能够清晰、准确地用语言表述自己的观点和需求。
2. 书面表达能力:能够撰写清晰、有逻辑的报告、邮件和文档。
3. 倾听能力:积极倾听他人的意见,理解并尊重不同的观点。
4. 非语言交流能力:通过肢体语言和面部表情传达信息和情感。

(二)团队意识

团队意识是指个体在团队中工作所表现出的责任感、归属感和协作精神。

1. 共同目标意识:理解并致力于实现团队的共同目标。
2. 角色认知意识:明确自己在团队中的角色和职责。
3. 支持他人意识:在团队成员需要时提供支持和帮助。

(三)领导能力

领导能力不仅指决策能力,也包括引导和激励团队成员的能力。

1. 决策能力:在团队面临选择时能够做出明智的决策。
2. 激励能力:激发团队成员的积极性和创造力。
3. 冲突解决能力:有效管理和解决团队内部的冲突。

(四)适应能力

适应能力是指在不断变化的环境中调整自己行为的能力。

1. 灵活性:适应不同的工作风格和方法。
2. 压力管理能力:在压力下保持冷静,有效应对挑战。

(五)批判性思维

批判性思维是分析问题、评估信息和形成判断的能力。

1. 逻辑分析能力:使用逻辑思维和推理来分析和解决问题。
2. 信息评估能力:评估信息的可靠性和相关性。

（六）创新能力

创新能力是指产生新想法和创造性地解决问题的能力。
1. 创意生成能力：提出新颖的想法和解决方案。
2. 风险承担意识：愿意尝试新方法并接受可能的失败。

（七）时间管理能力

时间管理能力是指有效利用时间以提高工作效率的能力。
1. 规划能力：制订计划并按计划执行任务。
2. 优先级设置：确定任务的优先级并据此分配时间。

（八）情绪智力

情绪智力是指识别、理解自己、他人情绪和管理自己情绪的能力。
1. 自我意识：识别并理解自己的情绪。
2. 他人情绪理解：感知并理解他人的情绪反应。

（九）跨文化协作能力

跨文化协作能力是指在多元文化环境中有效交流和合作的能力。
1. 文化敏感性：理解和尊重不同文化的差异。
2. 适应多元文化：在不同文化背景下有效沟通和工作。

（十）道德和专业行为

道德和专业行为是指在合作中遵守道德规范和专业标准。
1. 诚信：始终保持诚实和正直。
2. 责任感：对自己的行为和团队的结果负责。

（十一）技术能力

技术能力是指使用现代技术工具和系统进行高效工作的能力。
1. 数字工具使用：熟练使用电子邮件、社交媒体、项目管理工具等。
2. 信息管理：有效管理和共享数字信息。

（十二）终身学习能力

终身学习能力是指持续学习和自我提升的能力。

1. 自我驱动学习：主动寻求新知识和技能。
2. 反思和改进：通过反思自己的行为和结果不断提升自己的能力。

四、大学生合作能力培养的实践方法

大学生合作能力的培养是一个多方面、多层次的过程，需要通过课堂内外的多种实践活动来实现。

（一）积极参与课堂学习

在校期间，课堂学习是大学生接受知识、培养能力的首要途径。大学生应该正确认识合作能力的重要性，明确目标，并主动寻求机会进行合作学习，以提升自己的合作能力。教师应该提供支持和指导，创造有利于合作学习的环境，鼓励学生积极参与和实践。

1. 积极参与课堂讨论

在课堂上，大学生应该主动发言，积极参与讨论，训练如何清晰、准确地表达自己的观点和想法。要注意自己的肢体语言和面部表情，以便更好地与他人沟通。同时，也要学会倾听同学的发言，理解并尊重不同的观点。

2. 参与小组学习活动

与同学组成学习小组，共同讨论问题、准备报告和完成作业。在小组中承担一定的任务，如组织会议、整理资料等。争取在小组中扮演不同的角色，并主动承担领导角色，组织和协调小组活动，体验不同的工作方式和责任。学会欣赏小组成员的多样性，包括文化、性别、专业背景等，并在小组工作中培养自己的包容性，确保每个成员都能参与并贡献自己的力量。学会接受他人的批评和建议，对自己的工作进行反思和改进。预判小组内的冲突，并找到原因，学习如何通过沟通和协商，和平解决冲突。

（二）积极参与实践活动

社会实践提供了一个将理论知识应用于实际问题的平台，让大学生在实际情境中与他人合作，是高校人才培养体系中的重要组成部分，也是培养学生合作能力、促进个人全面发展的重要途径。大学生的社会实践形式主要有志愿服务活动、社会调查、文化交流活动、学生社团活动、专业竞赛、实习等。

大学生应积极参与社会实践活动，尝试体验团队工作的全过程，从而更深刻地理解合作的重要性。社会实践中的问题往往比课堂上的更为复杂，需要团队成员共同分析、讨论和解决，大学生应敢于表达自己的观点，提升自身的批判性思维和问题解决能力。在社会实践中，学生要学会如何管理自己的情绪，同时理解和响应他人的情绪，提高自己的情绪智力。在参与社会实践项目，尤其是那些关注社会问题的项目时，要更加注重团队利益，从而达到加强道德意识和社会责任感的目的。

（三）充分利用现代化技术

现代社会的工作环境日益数字化，要认识到运用现代技术培养合作能力是适应社会发展的必要条件。大学生应熟练掌握现代技术，不断提高信息素养，以适应未来的职场需求。

现代技术使远程工作和学习成为可能，新时代的大学生要学会使用在线协作工具，增强远程协作能力，从而在不同地点高效合作，提高工作效率；要学会使用项目管理软件、云存储等技术，提高团队的工作效率，学会管理时间和资源；要学会利用网络论坛、社交媒体等平台，锻炼在线沟通能力、非语言沟通和跨文化沟通能力。

（四）持续学习，树立终身学习理念

合作能力也是终身学习的重要内容。大学生应保持终身学习的态度，成为自我驱动的学习者，不断学习新的知识和技能，主动寻找合作学习的机会和资源，以适应不断变化的合作环境。

学会反思和自我评估。大学生应定期反思自己在合作学习中的表现，识别自己的优点和不足之处，进行自我评估，设定提升合作能力的目标和计划。从课堂合作学习到社会实践活动，从沟通能力培训到技术工具应用，每一种方法都能提升自己在不同环境下的合作能力。高校应该提供多样化的平台和机会，鼓励学生参与合作，培养其团队精神和协作技巧，使其成为具有高度合作能力的人，为未来的职业生涯发展做好准备。

知识积累

团队合作能在分工与互补中实现效率倍增，收获超越预期的成长与价值。这里分享四个方面提升合作能力的技巧。

1. 团队协作

（1）积极参与团队讨论，尊重每位成员的意见，通过有效沟通达成共识。

（2）明确个人职责，同时愿意协助团队成员，共同推进项目进度。

（3）保持开放心态，愿意接受和学习新的观点和方法，以提升团队整体能力。

（4）在团队中发挥自己的特长，同时鼓励和支持他人发挥自身优势。

（5）遇到分歧时，通过建设性的对话寻求解决方案，避免无谓的争执。

（6）定期与团队成员进行反馈和交流，以确保信息的透明和团队目标的一致性。

（7）在团队中保持诚信和责任感，对承诺的任务负责到底。

（8）庆祝团队的成功，认可每个成员的贡献，营造积极向上的团队氛围。

2. 沟通技巧

（1）清晰、准确地表达自己的观点和需求，确保信息传递无误。

（2）倾听他人意见，不打断别人的发言，对他人观点保持尊重。

（3）使用积极的语言，避免使用负面或有攻击性的言辞，以促进和谐的团队关系。

（4）在提出批评时，采用建设性的方式，关注问题解决而非相互指责。

（5）适时使用非语言沟通，如肢体语言和面部表情，以增强沟通效果。

（6）适应不同的沟通风格，灵活调整自己的沟通方式以适应团队成员。

（7）在跨文化团队中，了解并尊重文化差异，避免误解和冲突。

3. 解决问题

（1）面对问题时保持冷静，客观分析问题根源，不急于下结论。

（2）与团队成员共同探讨解决方案，鼓励集体智慧的发挥。

（3）在解决问题时，考虑长远影响，避免短期行为带来的负面后果。

（4）勇于承担责任，不推诿责任，积极寻找解决问题的方法。

（5）保持灵活性，根据情况变化调整解决方案，以适应不断变化的环境。

（6）记录问题解决的过程和结果，为团队提供宝贵的经验教训。

4. 持续学习

（1）定期参加培训和研讨会，提升自己的专业技能和团队协作能力。

（2）向团队成员学习，互相分享知识和经验，促进团队成员间的相互成长。

（3）保持好奇心，对新知识和新技能保持开放态度，不断充实自己。

（4）将学习成果应用到实际工作中，通过实践检验学习效果。

（5）鼓励团队成员之间的知识共享，建立学习型团队文化。

> **课堂讨论**

在一个团队项目中，五位同学被分成一个小组，共同完成一项关于可持续发展的研究报告。每位成员都有特定的任务，包括资料搜集、数据分析、报告撰写和演讲展示。在项目进行的过程中，小组成员发现，由于沟通不足和个别成员的工作进度缓慢，团队的整体工作进度受到了影响。此外，团队中出现了对研究方向和方法的分歧，导致了一些紧张和冲突。

讨论问题：

如果你是这个团队的一员，你会如何评估团队当前的状况？面对团队内的分歧和冲突，应如何通过合作来解决？

> 课后练习

一、实践训练

（一）召开"合作能力"相关主题班会

1. 实践活动设计及要求

（1）班会主题：同心协力　合作共赢

（2）班会背景与目标

在现代社会，团队合作已成为实现目标的重要途径。无论是在学习、工作还是生活中，合作能力都是个人成功的关键因素。通过本次班会，旨在提高我们对团队合作重要性的认识，培养合作精神和团队协作能力，使自己能够在团队中发挥积极作用，共同实现团队目标。

（3）班会实施

① 导入：什么是合作？为什么合作在学习和生活中很重要？

② 分享一个简短的故事或视频，展示团队合作的力量。

③ 小组合作讨论：讨论团队合作中可能遇到的挑战和解决方案。

④ 案例分析："失败的团队合作"案例讨论。

⑤ 角色扮演：模拟团队合作场景，体验合作过程。

⑥ 团队建设活动：设计一系列团队合作游戏，增强团队凝聚力。

⑦ 合作能力自我评估：自我评估在团队合作中的优势和需要改进的地方。

⑧ 班会总结：总结团队合作的关键要素和成功经验。

⑨ 行动计划：制订个人和团队的合作能力提升计划。

（4）班会反思

① 反思在班会活动中的体验和学习。

② 讨论如何将班会中学到的合作技能应用到日常学习和生活中。

③ 教师提供反馈，评价学生在活动中的表现，提出改进建议。

2. 评价标准

项目	评价指标	评价内容
班会主题 （10分）	班会题目	新颖、生动，体现班会理念与内容
	班会目的	主题鲜明，具有时代性、思想性、专业性，突出班集体建设
班会内容 （20分）	班会素材	紧扣主题，丰富新颖，重点突出，针对性强。活动内容具体而不空洞，紧密联系学生实际，能用学生易于接受的事例说明问题，符合班集体建设的要求
班会形式 （15分）	学生主体性	学生参与面广，能够自主参与、自主体验班会活动
	形式多样性	班会活动设计多样，有班级特色，能展示独特的班风、学风、班级文化风采

项目	评价指标	评价内容
班会过程（30分）	班会环节	紧扣主题，衔接自然，实效性强
	班会整体结构	结构合理，设计合理，运作完整
	班会点评	辅导员客观评价，全面剖析，升华思想
班会效果（20分）	班会氛围	班会过程气氛和谐、适宜、张弛有度，能调动全体学生参与活动的积极性
	班会整体效果	班会目标圆满达成，对学生有启发和激励，富有教育意义
班会特色（5分）	亮点	在立意、出发点、形式、活动流程、内容和互动等各方面进行创新，有亮点有特色

（二）开展创业计划竞赛

1. 实践活动设计及要求

学生自由组队设计创业计划，并通过路演展示成果，培养学生的团队合作精神、创新思维和项目管理能力。

2. 评价标准

评价内容	评价标准
计划书（20分）	主题鲜明，计划周密，内容充实具体，可行性强
项目路演（30分）	吐字清晰，声音洪亮，语速恰当，表达流畅
	要求脱稿，具有较强的吸引力、感染力和号召力
仪容仪表（15分）	衣着整洁，仪态大方，举止自然、得体，体现朝气蓬勃的精神风貌
PPT制作（15分）	PPT制作精美，有一定的设计性
团队表现（20分）	分工明确，领导力强，问题解决高效
	成员参与度高，团结协作配合度高

（三）"盲人方阵"团建活动

1. 实践活动设计及要求

所有参与者戴上眼罩。将一根绳子交给团队，要求团队成员在不摘掉眼罩的情况下，在规定时间内将绳子围成一个指定的形状（如正方形、圆形等），并且所有成员都要在绳子围成的形状内（可以设置一些障碍物增加难度）。规定时间结束后，摘下眼罩，观察团队完成的形状是否符合要求。

2. 反思与讨论

（1）在过程中遇到了哪些挑战？

（2）如何克服沟通障碍？

（3）信任在团队合作中扮演了什么角色？

二、知识训练

（一）请简要阐述合作能力的重要性。

（二）大学生应该如何提升自身的合作能力？

活动性课程任务四 职业礼仪

GAOZHI XUESHENG
ZHIYE SUYANG

课程名称	职业礼仪系列活动
课程主题	职场礼仪规范，塑造专业形象
主办部门	学工部、各学院党总支

学习目标

● **知识目标**：了解职业礼仪的规范与标准；理解职业礼仪对大学生职业素养培养的重要性；掌握职业礼仪的基本概论和应用技巧。

● **能力目标**：学会塑造良好职业形象的方法；熟练职场礼仪技巧，能够在职场中恰当地运用职业礼仪与他人建立良好的人际关系，表达自己的观点和想法，应对职业挑战和冲突。

● **素质目标**：树立积极向上的职业态度；培养良好的职业道德和职业素养；提升综合素养和竞争意识。

案例引入

案例一：

不学礼，无以立

《论语》中讲了这样一个故事。

陈亢问孔子的儿子伯鱼："你在老师那里听到过什么特别的教诲吗？"

伯鱼回答说："没有呀。有一次他独自站在堂上，我快步从庭中走过。他问我学《诗经》了吗？我回答没有。他说不学《诗经》，就不懂怎么说话。于是，我回去就开始学《诗经》。又有一天，他又独自站在堂上，我快步从庭中走过。他问我学周礼了吗？我回答没有。他说不学周礼，就不懂得怎样立身。于是，我回去就开始学周礼。我就听到过他说这两件事。"

陈亢高兴地说："我提了一个问题，得到了三方面的收获，一是该学《诗经》，二是该学周礼，三是君子不偏爱自己的孩子。"

孔子堪称我国历史上第一位礼仪专家，提出了"不学礼，无以立"的观点。俗话说，有礼走遍天下，无礼寸步难行。在现代职场中，学习礼仪知识变得越来越重要。

案例二：

讲究仪表的周总理

周总理是一位风度翩翩的政治家。周总理虽然出国从不裁衣，也几乎没有什么新衣服，却很重视仪表。他认为仪表整洁是对人的尊重，讲究仪表是中华民族的传统美德。周总理的胡须长得快且浓，没几天就要修理一下。如果是接见外宾，就要请北京饭店的朱师傅到家里专门为其修面剃须，或是在汽车上抓紧时间用电动剃须刀刮脸。时间一长，秘书或身边的工作人员一看周总理剃须，便知他要参加重要的外事活动。

南开中学创始人张伯苓曾专门在校门的一侧设立了一面"整容镜"。镜子上刻着严修书写的"容止格言"："面必净，发必理，衣必整，钮必结。头容正，肩容平，胸容宽，背容直。气象：勿傲、勿暴、勿怠。颜色：宜和、宜静、宜庄。"1913年秋，15岁的周恩来考入南开中学，被这"镜箴"所吸引，并自觉地以此规范自己的仪容仪表。后来，周总理成为世界公认的最有风度的国家领导人和外交家之一，他的一举一动都给人留下了深刻难忘的印象。人们用"富有魅力""无与伦比"等词语来赞美他的翩翩风度。

案例三：

四张人生名片

一家公司招聘公关部经理，有一百多人报名应聘。最后一名小伙子被录取，而这名小伙子在应试者中是学历最低的，那为什么公司会录取他呢？公司总经理是这样解释的："因为他随身携带了四张人生名片——在门口蹭掉鞋上粘的土，进门后随手关门；看到一位老人时立即起身让座；进了办公室后先脱去帽子；回答问题时机智幽默。"

第一张名片：他在门口蹭掉鞋上粘的土，进门后随手关门。这说明他是一个有"心"的人。一个有心的人，才不至于因为疏忽人际关系中的小节，而与他人产生芥蒂。

第二张名片：看到一位老人时立即起身让座。这说明他是一个有"德"的人。一个有德的人，才能把握好做事的分寸。

第三张名片：进了办公室后先脱去帽子。这说明他是一个有"礼"的人。一个尊重别人的人，才会得到别人的尊重。

第四张名片：回答问题时机智幽默。这说明他是一个有"智"的人。一个充满智慧的人，在处理人际关系时，才能化干戈为玉帛、化腐朽为神奇。

案例四：

从失败到成功：李娇的求职蜕变之路

李娇在上大学期间就听说就业不容易，所以毕业前投了很多简历。但都石沉大海，没有结果。后来终于盼来两家企业面试的机会，但都以失败告终。她感觉自己表现得不错，可就是没通过。于是找到职业顾问进行咨询，才知道面试有许多知识需要学习，尤其是礼仪方面的知识。于是她在做了职业生涯规划之后又接受了面试辅导，对面试前、面试中、面试后的相关礼仪进行了全方位学习，又针对专业和职业进行了场景训练。再次面试时她心中有了底，心态也非常好，信心十足，面带微笑，语气和缓，讲究礼节，应对自如，不但顺利通过面试，还得到面试官的赞许。李娇高兴极了，因为她终于用专业求职者的姿态，在众多竞争者中脱颖而出，进入了一家著名的高科技公司，在同学中最先找到了适合自己的工作。

职业礼仪，是指人们在职业场所中应当遵循的一系列礼仪规范，是职业形象的外在表现，合格的职场人都应树立遵守礼仪规范、塑造并维护自我职业形象的意识。

一、职业礼仪基本原则

在现代社会中，人与人的关系既可以说更近了，也可以说更远了。人际关系尤其是职场中的人际关系，是每一个人都必须面对和处理的问题，对人对事的态度往往决定了一个人的命运前途。只有牢牢掌握基本的职场做事原则、准确把握职业礼仪原则，才能在职场中游刃有余、成为受人欢迎的人。

（一）尊重原则

孔子说："礼者，敬人也。"这是对礼仪核心思想的高度概括。尊重他人是礼仪的首要原则，也即尊重他人的人格、他人的感情、他人的意愿，把对他人的重视、恭敬、友好放在第一位。在职场交往中，尊重他人是最基本的人际交往原则，不仅要尊重他人的喜好和情感，也要尊重和理解他人的信仰和习俗；要坚持"入乡随俗"的原则，与绝大多数人的习惯做法保持一致，同时也要尊重各自的禁忌；在与人交往时，要存有敬人之心，养成互相谦让、互相尊敬的交际习惯。只有真诚尊重，才能创造和谐愉快的职场人际关系。

在当今职场，一些人往往因不懂礼仪、自持身价、清高傲慢，在职场中四处碰壁、连摔跟头、遍体鳞伤。这就是缺少礼仪文化教育与熏陶的后果。老子说"水善利万物而不争，处众人之所恶，故几于道"，提倡做人应如水，滋养万物，但从不与万物争高下，这样的品格才最接近道。因此，在职场中常怀一颗谦卑之心、仁爱之心、恭敬之心，方能真正做到尊重身边的每一个人，收获和谐愉快的职场人际关系，营造积极良好的工作氛围。

（二）平等原则

在职场交往中，还需要遵循平等的原则，也就是对人对事要一视同仁，尊重所有人，决不能厚此薄彼。具体运用职业礼仪时，可以因人而异，根据不同的交往对象采取不同的礼仪形式，但一定要在表示恭敬和尊重的态度上做到一视同仁。无论对方职位高低、身份高低、才能大小、身体强弱、相貌俊丑、年龄老幼、性别男女，都应予以尊重，使对方获得心理上的满足、精神上的安慰、道义上的支持。

（三）适度原则

孔子的学生子游说："事君数，斯辱矣；朋友数，斯疏矣。"意思是如果你总是跟在国君（领导）旁边，虽然看起来亲近，但离自己招致羞辱就不远了；如果你总跟在朋友旁边，虽然看起来亲密，但离你们两人疏远也就不远了。这就是说，无论对领导、同事，还是对朋友，都要保持一定的距离，把握好亲疏的分寸，这样才能在人际交往中更胜一筹。

职业礼仪的适度原则是在职场交往过程中必须掌握的礼仪准则和规范，准确把握好人与人之间的情感尺度，在与人进行交流沟通时控制好距离和分寸，有利于保持友好、持久、健康的职场人际关系。如果言行举止过于拘谨，就难以形成宽松融洽的氛围，从而影响交流的有效深入；如果在细节上不重视对方，言谈举止随意，则会让对方产生反感。因此，在职场中一定要牢记适度原则，在人际交往中注意言语适度、举止适度、感情适度、距离适度。

（四）宽容原则

职业礼仪的宽容原则是指不过分计较对方的差错过失，做到心胸宽广、忍耐性强。正如孔子所言"宽则得众"，一个心胸宽广的人往往会赢得他人的爱戴和敬重。学会宽容，做到宽容，就要学会换位思考，"己所不欲，勿施于人"，多容忍他人、体谅他人、理解他人，不斤斤计较、咄咄逼人，尊重和包容每个人的思想、兴趣、爱好、习惯等，不用一个标准去要求所有人，面对与自己言行相悖的人，在不违背道德和礼仪规范的前提下，应该保持平和、容忍的态度，这也是自身修养的体现。只有用宽容平和的心态面对工作和生活中的人和事，才能以积极良好的心态处理好工作与生活，为自己的成功打下牢固的基础。

（五）自律原则

孔子曰："君子有三戒：少之时，血气未定，戒之在色；及其壮也，血气方刚，戒之在斗；及其老也，血气既衰，戒之在得。"这体现了孔子所提倡的人需要自律、自我约束的观点。礼仪的最高境界是自律，即在没有任何监督的情况下，仍能自觉地按照礼仪规范约束自己的行为，从而维护人与人之间的和谐关系，维护社会稳定和发展。学习礼仪的目的不仅是要了解礼仪的内涵和真谛，更重要的是将礼仪运用到工作、生活中。任何一个人，不论身份如何，都应该自觉地应用和践行礼仪，使自己成为一个彬彬有礼、广受欢迎的人。在职场中与他人交往时，更应该注意自我约束、自我反省，避免产生不快，从而提高沟通效率和工作效果。

（六）真诚原则

真诚是做人的基本原则，每个人都希望自己得到真诚的对待，更希望交到真诚的朋友。职业礼仪中的真诚原则对每个人来说都很简单，就是在运用礼仪时，做到诚信无欺，言行一致，友好善良地对待身边的人。

真诚是打开人际交往之门的一把钥匙。在职场交往中，真诚的帮助与关怀可以使陷入困境的人获得力量，积极解决工作中遇到的困难，使工作效率和效益最大化。只要我们保持真诚，就会使工作和生活多一分宽容、多一分理解、多一分关怀、多一分和谐。

二、职场交往"3A 原则"

"3A 原则"是人际交往的原则之一，包括接受（accept）、重视（appreciate）、赞美（admire）三个方面。

在现代职场中，每一个职业人不仅需要尊重交往的对象，而且应该采取适当的方式向对方表明自己的尊重之意。可以说，"3A 原则"是每一个职业人妥善处理职场人际关系的基本准则。

（一）接受

在人际交往中，最不受欢迎的是刻薄刁钻、自以为是、嚣张放肆、目中无人的人。在职场中，这样的人，不仅会影响人际关系的和谐，还会影响工作效率和效益。

首先，接受交往对象意味着要尊重他们的身份和地位。例如，老师不能拒绝学生，商家不能拒绝顾客。每个人都有自己的角色和职责，接受对方的身份是建立尊重和信任的基础。因身份或地位的差异而拒绝接受他人，会引发不必要的摩擦和冲突。

其次，接受对方的风俗习惯是包容多样性的体现。习俗是长期形成的文化习惯，往往根植于历史和传统之中。在面对不同的习俗时，人们有时会因为不了解而产生偏见或排斥。然而，理解并接受这些习俗，意味着尊重不同的文化背景和价值观。少见多怪的人往往难以接纳新事物，而见多识广的人则更加宽容和开放。这种包容性不仅能够促进跨文化沟通，还能增进不同群体之间的理解和和谐。

最后，接受交往对象的交际礼仪是维护良好人际关系的关键。交际礼仪不仅仅是表面的礼貌，它反映了人们的价值观、文化背景和社交习惯。例如，在牧区问候他人时，提及"牲口"是为了表达关心和问候，而非轻视对方。类似地，在东北地区，人们使用"咱爸咱妈"这样的称呼，表示对朋友家人的尊重，而非轻薄。这些细节体现了对对方的尊重和理解，是建立深厚人际关系的基石。

（二）重视

在职场交往中，要让对方感觉自己受到重视，不要让其觉得受到冷落。

重视对方的技巧，一是接过名片后要认真查看，记住对方的姓名，并按照姓氏+行政职务、技术职称的方式来称呼对方。二是当记不住对方的姓名、职务时，千万不可张冠李戴，可以直接称呼"您"或者"老师"来避免尴尬。需要注意的是，重视对方是指欣赏对方的长处并积极表达肯定，而不是出于好意去点出对方的不足并当众指正。无论是出于帮助对方的好意，还是出于潜意识的个人交际习惯，评论对方的不足都是最不明智的职场交际行为，往往会使沟通交流不顺畅，甚至会产生不愉快的工作氛围，并让人觉得你是个专爱找别人缺点、借此来满足自己虚荣心的人，从而让自己陷入被动的职场交往境地，无法拥有良好的职场人际关系。

（三）赞美

在职场交往中，要以欣赏的态度肯定对方，以实事求是的语言夸赞对方，并且针对不同年龄阶段的人选择不同的赞美方式。比如，赞美二十多岁的人要说青春活力，赞美三十岁左右的人要谈年轻有为，赞美四十岁左右的人应以事业为话题。在赞美对方时要把握好分寸，不宜过度赞美对方，否则会让人感觉不够真诚。赞美对方时还要看时机，在恰当的时机给予赞美，才会达到锦上添花的效果，否则会适得其反。赞美的方式方法比较灵活，有时不一定非要用语言进行赞美，也可以用一个坚定的眼神、一个竖大拇指的手势来表达。因此，在职场交往中，不要吝啬赞美的语言，主动去夸赞别人，不仅会让对方心生温暖，也会让自己的内心更加美好，从而创造良好的职业环境和积极的合作氛围。

三、职业礼仪修养

修养指一个人在道德、学识、技艺等方面通过刻苦学习、自我磨炼和不断熏陶，从而逐渐使自己的素质和能力达到一定的境界。职业礼仪修养指人们按照一定的职业礼仪规范要求自己，结合自己的实际情况，在礼仪意识、品质等方面进行自我锻炼和自我修养。

（一）提升职业礼仪修养的意义

1. 国民良好的职业礼仪修养反映了一个国家的形象

在职场交往中，人们往往会通过与对方的初次见面来判断、评价一个国家或一个地区的文明程度和精神风貌。个人良好的职业礼仪修养会产生积极的宣传效果，能为其所在企业、城市、国家树立良好的形象，赢得良好的国际声誉。

2. 良好的职业礼仪修养是给他人留下良好印象的关键

在职场交往中，热情友好、真诚和蔼的态度，优雅的举止，得体的言谈，会使他人的心理得到满足，使对方获得尊重感和亲切感，从而给对方留下良好的职业印象。

3. 良好的职业礼仪修养是解决职场纠纷的良药

在职场交往中,一些纠纷往往是不可避免的。要处理好职场纠纷,就需要具有较高的职业礼仪修养。无论职场纠纷是由什么原因引起的,也不管是我方的原因还是对方的问题,处理职场纠纷的第一原则都是有理有节。不管发生什么情况,都要发扬"礼让"的精神以平息事态,不允许有任何与对方争吵、打斗的不礼貌言行,否则只会激化矛盾,使事态进一步恶化。

4. 良好的职业礼仪修养可以改善企业内部的经营环境

企业由多个分工不同的部门组成,每个部门之间都存在相互协作、相互支持的关系。要想建立良好的内部和外部工作环境,提高企业的知名度和美誉度,就需要企业员工之间、部门与部门之间都能够相互支持、相互体谅,遇事都能够从对方的角度着想,在沟通方面注意分寸,充分运用职业礼仪技巧。这样不仅可以调节员工之间、部门之间的关系,形成相互尊重、团结协作的良好风气,而且可以减少工作内耗,提高工作效率和业绩水平。

5. 良好的职业礼仪修养有利于员工的个人发展

礼仪修养反映出一个人的学识、修养、品格、风度,是一个人人格的外在体现。人格是人类社会地位和作用的统一,是一个人价值和品格的总和,因而礼仪修养是个体人生发展的重要内容,不仅能够促进个体的发展,而且能够提升个体的价值。职业礼仪是现代社会的通行证。大学生要顺利地步入社会、求得个人更好的发展,就必须具有良好的职业礼仪修养,做一个有教养、有礼貌、受欢迎的现代职业人。

(二)提升职业礼仪修养的途径

1. 加强道德修养

道德品质也称品德或德行,是社会道德现象在个人身上的具体体现,指一定的社会道德原则和规范在个人思想行动中所表现出的稳定的特征和倾向。道德品质修养和职业礼仪行为的养成有着密切联系,二者相辅相成。职业礼仪行为从广义上说就是一种道德行为,处处渗透和体现着道德品质修养。一个人要在职业礼仪方面达到较高的造诣,缺少道德品质方面的修养是不可能的;一个人要形成高尚的道德品质,就必须遵守职业礼仪规范。

2. 提高文化素质

礼仪学是一门综合性的专门学科,和公共关系学、传播学、美学、民俗学、社会学等许多学科都有密切关系。一个人只有具备广博的文化知识,才能深刻理解礼仪的原则和规范;只有具备较高的文化层次,才能更加自如地在不同场合具体运用礼仪。因此,大学生要提高自己的职业礼仪修养,必须有意识地广泛涉猎多种科学文化知识，使自己具备"见多识广"的综合知识素养，提高文学艺术欣赏能力和审美能力，这样才能按照美的规律来认识工作和生活，积极营造良好的工作和生活环境，同时在人际交往中让自己的言行更妥当。

3. 学习礼仪知识

世界各国的礼仪风俗千差万别，我国各个民族的礼节习俗也各不相同。在日常工作中，如果对其他国家或某一具体活动的礼仪知识不了解，只凭以往的经验办事，轻则闹笑话，重则影响工作效果，甚至造成误解。大学生应该利用各类学习途径搜集、学习和领会各种礼仪知识，在实践中根据具体情境运用礼仪知识。久而久之，不但能让自己在礼仪方面博闻多识，而且能将职业礼仪修养的实践水平提升到新的高度。

4. 参加实践活动

实践是动机和成果之间的桥梁。对礼仪知识的学习，如果仅仅停留在从理论上弄清礼仪的含义和内容，而不在实践中具体运用是远远不够的。在提高礼仪修养时，要抱有积极的态度，坚持理论联系实际，将自己学到的礼仪知识积极运用于社会实践的各个方面，在文明氛围较浓的环境里接受熏陶，以增强文明意识、培养礼貌行为、纠正不良习惯、提高礼仪修养。要时时处处自觉从大处着眼、小处着手，按照职业礼仪规范来严格要求自己的言谈举止，在社交场所多听、多看、多学，通过在各种人际交往中的接触强化，不断提高自己的职业礼仪修养。

5. 养成良好习惯

礼仪是人类交际活动中的一种行为模式，只有通过长期的自觉练习，使之形成日常习惯，才能在交际活动中更好地发挥作用。礼仪修养的培养实际上就是自觉用正确的思想战胜不正确的思想，用良好的行为习惯纠正不良行为习惯的过程。检验一个人的职业礼仪修养如何，很重要的一条标准就是看他是否已把职业礼仪规范变成自身个性中的稳定成分，是否能在各种交际场合自然而然地遵循交际礼仪要求。

四、职业礼仪规范

当今社会处在一个变革加剧和竞争激烈的时代，想要求得成功、获得发展，必须要有良好的礼仪修养。大学生面临着从学生到职业人的角色转变，需要具备积极的职业心态、掌握职业礼仪规范常识，才能适应职业人的角色需要，轻松融入新团队，获得更好的个人职业发展。

（一）职业仪容规范

1. 面容

面容需要修饰，以干净清爽为原则。每天早晚都需要洗脸，彻底清除面部的污垢、汗渍。出汗后应当及时洗脸。及时清除眼角、鼻腔、耳朵内的分泌物。男士需要及时刮胡须，不用气味浓烈的护肤品；女士需要化淡妆，妆容以增加面部轮廓感和调整气色为主。

2. 口腔卫生

定期洁牙护齿，保证牙齿洁白整齐。工作中不吃有刺激性气味食品，如生葱、生蒜，饭后淡茶漱口，以保证口气清新。

3. 发型

任何事情都会从"头"开始。好的发型有着外修头型、内修脸形的特殊作用。发型应与身高、气质、职业背景和社交场合相匹配。职业状态中的发型以简洁大方为佳。曾有礼仪专家指出，当人们与一位商务人员碰面时，最吸引对方的主要是发型、化妆和饰品等。

（1）男士。在职场上，男士发型要体现简洁大方的原则。对男士发型的具体要求是前发不覆盖额头一半，侧发不遮盖耳朵，后发不长于后发际线，鬓角不要长于耳朵的中部。

（2）女士。女性应根据年龄、职业、个人风格、场合的不同，适当梳理发型。发型跟风格统一协调会更好。正式职业场合的女性发型要求露出眉毛，束发或盘发，减少发型中随意和松散的感觉以打造干练形象。

4. 指甲和体毛

不能留长指甲，指甲的长度不应超过手指指尖；要保持指甲的清洁，指甲缝中不能留有污垢。不建议涂有色的指甲油。体毛必须修整，又黑又粗的体毛需要掩饰。

（二）职业着装规范

在职场中，着装得体是一种礼貌，一定程度上直接影响着职场人际关系的和谐。职业人士想要展现得体的着装效果，一要有良好的文化修养和审美能力，正所谓"腹有诗书气自华"。二要有运动健美的形体素质，这是着装得体的天然条件；三要掌握着装礼仪知识和原则，这是达到内外和谐美不可或缺的条件。

"TPO 原则"是世界通行的着装打扮最基本的原则。T（time）代表时间、季节、时代；P（place）代表地点、场合、职位；O（object）代表目的、对象。着装要以和谐为美：要与时间、季节相符合；要与所处场合环境相符合；要与不同国家、区域、民族的不同习俗相符合；要与着装人的地位、身份相符合；要根据不同的交往目的、交往对象选择符合的服饰，给人留下良好的印象。

1. 男士职业着装规范

职业发展良好的男士往往容易得到别人的好感和认同，这离不开他们良好的形象与品位。职场男士在接待客户、商务谈判等正式活动中，穿着简洁整齐是最关键的，而西服是最好的选择。

西服以其设计造型美观、线条简洁流畅、立体感强、适应性广泛等特点而深受职场男士青睐。西服七分在做，三分在穿。西服的选择和搭配很有讲究，既要考虑颜色、尺码和面料，又不可忽视做工线条和比例，必须裁剪合体、整洁笔挺。一般来说，色彩较暗、无明显花纹图案、面料高档的单色西服套装，适用场合更广泛。职场男士穿着西服时，应遵循以下着装礼仪规范。

（1）坚持三色原则，即身上的颜色不能超过三种颜色或三种色系。皮鞋、皮带、皮包应为一个颜色或色系，西服套装的上下装颜色应一致。西服、衬衣、领带中应有两样为素色。衬衣颜色应与西服颜色协调，但不能是同一颜色。在正式场合不宜穿色彩鲜艳的格子或花色衬衣，一般来说白色衬衣最为适宜。领带颜色、图案应与西服相协调。

（2）西服套装必须搭配皮鞋，不能穿便鞋、布鞋和旅游鞋，忌穿尼龙丝袜和白色袜子。

（3）在正式场合必须打领带。打领带时，衬衣领口的扣子必须系好，领带的长度以触及皮带扣为宜，领带夹应卡在衬衣的第四粒和第五粒扣子之间。不打领带时，衬衣领口的扣子应解开。

（4）西服纽扣有单排、双排之分。双排扣西装应把扣子都扣好。单排扣一粒扣的，系上端庄，敞开潇洒；两粒扣的，只系上面一粒较为普遍、正式，不系敞开会显得轻松、活泼，而全扣和只扣第二粒是不合规范的；三粒扣的，系上面两粒或只系中间一粒都符合规范。

（5）西服袖口的商标牌应摘掉。

2. 女士职业着装规范

女士的职场着装没有具体的规范，可以选择正装，也可以选择便服，只需遵循基本原则精心选择和搭配，尽可能展现出仪表美，增加职场交际魅力，给人留下良好的印象即可。

女士在穿着正装时要注意整体性，一要遵守服装本身约定俗成的搭配，二要使服装各个部分相互适应，局部服从于整体，力求展现着装的整体之美。

女士选择职业正装时，应根据场合和时间来搭配不同的色彩。一般来说，中性色是职业正装的基本色调，白色、黑色、米色、灰色、藏蓝色、驼色等颜色最为适宜。春季可选较深的中性色，夏季可选较浅的中性色。

女士职业正装的款式以西服套装、套裙最为常见。

西服套装包括西服和西裤，阔腿裤和微喇裤是近两年较流行的女士正装裤型，搭配知性的衬衫和外套，既能显示良好身材，又能展现女性柔美和干练相结合的气质。衬衫应根据套装的颜色进行选择，白色、黄白色和米色为百搭色，可以起到画龙点睛的作用，衬衫的款式和衣领也因人而异、灵活多变，衬衫的颜色可以是多种多样的，白衬衫的魅力在于其以不变应万变，任何颜色、款式均能与之搭配协调。

套裙是西装套裙的简称，上身是女式西装，下身是半截式裙子。套裙可以分为两种基本类型，一种是用女式西装上衣和任意一条裙子进行自由搭配组合成的"随意型"，另一种是女式西装上衣和裙子成套制作而成的"成套型"。在正式场合穿着的裙式服装中，套裙是职场女士的最佳选择，且上衣和裙子应采用同一质地、同一颜色的素色面料。上衣最短可以齐腰，袖长要盖住手腕，注重平整、挺括、贴身，使用较少的饰物和花边进行点缀。裙子要以窄裙为主，长度要到膝或者过膝，最佳长度是裙子的下摆恰好达腿肚子。一般认为裙短不雅，裙长无神。

职场女士穿裙子时应搭配长筒丝袜或连裤袜，颜色以肉色为宜，不要穿带图案的袜子。职场女士应随身携带一双备用丝袜，以防袜子拉丝或跳丝。搭配套装的皮鞋应穿着舒适、美观大方，鞋跟高度以3~4厘米为宜，鞋的颜色应与衣服下摆一致或再深一些。职场女士在正式场合不要穿凉鞋、后跟用带系住的鞋或露脚趾的鞋。

如果想要更好地突出个人气质，表达个性，成为别人眼中的亮点，职场女士也可以自己搭配服饰，但需要记住以下两项着装礼仪规范。

（1）端庄稳重，体现专业性

对职场女士而言，着装首先讲求的是端庄稳重，要与自己的职业和职位相协调，体现自己在职业领域的专业性。任何不够专业化的形象，都会让人怀疑你的职业水平。根据职业性质和特点设计的服饰属于职业文化的一部分，对提高职业素质和职业道德发挥着重要作用。比如，当你走进一家五星级酒店，可以看到穿着不同服饰的服务人员热情地履行自己的职责，而职业着装正是体现他们服务质量的重要组成部分。

职场女士应注意"着装三不要"：不要穿得过分暴露，这样会令人觉得你行为不检，不够端庄稳重；不要穿得太过鲜艳和杂乱，这样会令人觉得你太爱表现、不够严谨，也会让人怀疑你的品位；不要穿得太紧身，这样会令你行动不便，也会暴露出身材的缺点。

（2）注重细节，突出个人风格

职场女士的着装既要突出职业和职位的特点，也要注重体现自我魅力和个人风格，不断提高自己的职业形象。个人职业形象会影响沟通交流和自我表达。要想打造自己的职业形象品牌，就应注重细节，对自己的皮肤、相貌、体形、内在气质进行测量、分析和对比，根据自己的优缺点寻找最适合的形象设计，如服装的颜色、款式、质地、图案，鞋帽的款式，饰品的风格与质地，眼镜的形状与材质，发型，等等。

每个人都有独特的优点和气质，也许没有骄人的容貌，但有高挑的身材，也许没有清秀的五官，但有细腻的肌肤。良好着装的关键是发现自己的优点，并通过着装将它最大限度地展现出来。

（三）职业仪态规范

仪态是人们在交往活动中所表现出来的各种姿态，是道德意识、思想观点、文化水平的反映。人格有高下之分，行为也有美丑之别，优雅得体的行为常常是高尚人格的写照。培根说："相貌的美高于色泽的美，而优雅得体的动作的美又高于相貌的美。"因此，大学生必须掌握职业仪态规范，培养优雅得体的行为举止，展现出专业的职业形象。

1. 站出自信

站姿的基本要求是：头正、目平、肩展、胸挺、腰立、腹收、提臀、大小腿肌肉收紧。

男士的职场站姿是平视前方，嘴微闭，收颔梗颈，表情自然，稍带微笑；两肩平正，微微放松，向后下沉；两臂自然下垂，中指对准裤缝；胸部挺起，腹部内收，臀部向内向上收；两腿贴紧立直，脚跟靠拢，两脚夹角成60度。

女士的职场站姿有标准站姿、交流式站姿两种。标准站姿是双脚呈八字步或丁字步，双手虎口相交叠放于脐下三指处，手指伸直但不要外翘；头正目平，腰直肩平，双臂自然下垂，挺胸收腹，两腿站直，肌肉略有收缩感，微收下颔，面带微笑，多用于工作场合。交流式站姿是双手轻握放在腰际，手指可自然弯曲，多用于社交场合。

需要注意的是，站立时不能耸肩，身体重心要在两脚中间；双手不能交叉抱于胸前，这会使人产生距离感；双手不能叉腰而放，这会给人盛气凌人之感。

2. 坐得端庄

坐姿是一种静态身体造型，得体的坐姿是一种静态美，在职场交往中能给人带来深刻的印象。得体的坐姿就是古人所说的"坐如钟"，坐着沉稳不动，姿势端正优雅，不仅能给人稳重沉着的感受，而且能够体现出风范与气质。

入座时，走到座位前，右脚向后退半步，上身保持正直，轻稳地坐下。女士穿裙装入座时，应用手背抚裙向前收拢一下再坐下。

坐下后，应至少坐满椅子的三分之二，腰背自然挺直，双肩平正放松，两臂自然弯曲，手放在膝上或椅子、沙发的扶手上，掌心向下，双膝自然并拢（男士可略分开些），双脚平落在地上。男士可将双脚略向前伸或将两脚交叉，女士可将两腿并拢，两脚同时向左或向右放，两手叠放置于左腿或右腿上，形成优美的S形，也可将两腿交叉重叠，但要注意将上方腿的小腿回收，脚尖向下。

起立时，右脚向后收半步，而后稳稳站立起来。站起身后，右脚与左脚要保持平齐，移步要从容。站好再走可以保持动作稳健，跌跌撞撞或匆忙离去则会显得鲁莽浮躁。

坐姿可以多样化，只要立直端坐，头、上体与四肢协调配合，坐姿就会是优美自然的。在正式场合就座，要避免出现以下情形：摇头晃脑，东张西望；弯腰曲背或上身前倾过度；懒洋洋地后仰，歪歪扭扭地靠在椅背上；频繁变换姿势、挪动椅子；双手撑椅、端臂、抱脑后、抱膝盖、抱小腿、放于臀下；双腿叉开过度或前伸过远、脚尖指向他人；高跷"二郎腿"或"4"字形腿；腿脚摇晃抖动；双脚搭在桌腿、桌面上，或既跷脚又摸脚。这些坐姿不利于职场交往双方建立和睦亲切、友好轻松的关系。

3. 走出风度

行走是人的基本动作之一，最能体现出职业人的精神面貌。行走姿态能够反映职业人的内心境界和文化素养，展现职业人的风范和气质。

走姿是站姿的延续动作，行走时要双目平视，微收下颌，表情自然；双肩平稳，以肩关节为轴，双臂前后自然摆动，与双腿的距离不超过一拳，与躯干的夹角摆幅控制在30度到35度之间，两手自然弯曲；上身要挺直，立腰收腹，身体重心稍前倾；脚尖略开，脚跟先接触地面，依靠后腿将身体重心送到前脚掌从而使身体前移，两脚内侧落地时，要保持在一条直线上，防止"内八字"或者"外八字"；步速要平稳，应保持匀速行走，不要忽快忽慢。

男士走路时要双目平视，尽量不要低头看地面；下巴微向内收；身体挺直，双手自然垂于身体两侧，随脚步微微前后摆动；双腿并拢，双脚尽量走在同一直线上，脚尖对正前方，步伐大小以自己的足部长度为准，速度不疾不徐。男士的走姿应给人一种充满自信的感觉，同时也要展现出职场人士的专业气质，体现出男性的阳刚之气，因此要时刻保持抬头挺胸、精神饱满。

在职场中，女士与男士的走姿是有区别的。女士走路时则应注意上半身不要过于晃动，保持匀速向前迈进，双手在身体两侧自然摆动，幅度不宜过大。如果提包，大包挎在手臂上，小包拎在手上。穿着高跟鞋走路时，尤其要注意避免发出太大的声响。

4. 善用手势

在职场交往中，手势是双方交流的辅助手段，能够表达出细微的情绪变化。适当地运用手势，可以增强感情表达，展示出自己良好的沟通能力，并表示出对对方的尊重，拉近与对方之间的距离，赢得对方的信赖和认可。在日常工作中，不同的手势代表不同的含义，但无论运用什么手势，都要以尊重对方为前提。

（1）"请"的手势。"请"的手势是在日常工作中经常用到的。做"请"的手势时，要在标准站姿的基础上，将手从身侧提至小腹前，优雅地划向指示方向。指示时应五指并拢，掌心朝上与地面呈45度角，大臂与上体的夹角在30度左右，与手肘的夹角在90度到120度之间。同时，要用亲切柔和的目光注视对方，并说"有请"之类的礼貌用语。

（2）指引手势。指引时，应站在被指引物品或道路的旁边，以肘部为轴自然伸出右手手臂，五指并拢，掌心向上，手掌和水平面呈45度角，指尖朝向所要指引的方向。指示道路方向时，手肘的高度大约齐腰；指示物品时，手的高度应根据物品来定，小臂、手掌和物品呈直线即可。需要注意的是，无论是指人还是指物，都不能用食指，而要用手掌指示，以表达诚恳、尊重之意。

（3）鼓掌手势。鼓掌是表示欢迎、祝贺、赞许、致谢等含义的礼仪举止，标准动作是用右手掌轻拍左手掌的掌心。

鼓掌一般分为三种形式，需要视情况区别运用。第一种是应酬式的，动作不大，声音较轻，时间不长，主要是一种礼节性表示。第二种是激动式的，动作较大，声音响亮，时间较长，气氛热烈。第三种是狂热式的，动作很大，声音响亮，伴有欢呼声，主要用于表现难以抑制的激动心情。

需要注意的是，鼓掌的时机非常重要，说话人声调提高、来宾准备登台的时候一定要鼓掌，说话人断句停顿时、来宾准备说话前一定不要鼓掌。

（4）举手手势。在会议上，经常需要做出举手的手势，用以表示招呼或者赞同。举手时，手臂应轻缓地由下而上向侧上方伸出，手臂可全部伸直，也可稍有弯曲。举手致意时，要伸开手掌，掌心向外对着对方，指尖指向上方，手臂不要左右来回摆动。

（5）告别手势。挥手道别时，要求目光正视对方，不要东张西望或者目光游移；身体站直，不要摇晃和走动；手臂向上前伸，不要伸得太低或过分弯曲；掌心向外，指尖朝上，使用单手臂时可左右挥动，使用双手臂时则应同时由外侧向内侧挥动，不要上下摇动或举而不动。

手势必须在合适的场合、语境中恰当地运用，而且手势的使用要合乎礼仪规范。一般要求手势的幅度不要太大，但也不要畏畏缩缩；手势的高度一般不超过对方的视线，不低于自己的腰部；手势左右摆动的范围不要太大，应保持在胸前或一侧；手势宜少不宜多，恰当表达出自己的意思和感情即可，否则会给人留下指手画脚、装腔作势、缺乏修养的印象。

在职场交往中，应特别避免一切不礼貌和不雅观的动作。比如，谈到自己时，不能用手指向自己的鼻尖，可将手掌按在自己的胸口上；谈到他人时，如果此人在场，不能用手指指着对方，更忌讳在他人背后指指点点；接待对方时，避免抓挠头发、摆弄手指、抬腕看表、掏耳朵、抠鼻孔、咬指甲、玩饰物、拉衣服、剔牙等，否则会让人非常反感。

五、求职与面试礼仪

（一）面试前的准备

大学生在参加求职面试前要做好各种准备工作，包括心理、物品及服装仪容等方面的准备。

1. 心理准备

（1）了解企业情况。对面试企业的单位性质、发展历程、业务范围、企业文化等有了基本的了解，当面试官问到涉及企业的问题时，就不会陷入慌乱，从而在面试中取得较好的效果。

（2）控制紧张感。许多人在面试前都会产生紧张感，这是正常现象，适度的紧张可以增强积极性，有利于更好地发挥。但是，过于紧张，则会干扰人的正常活动，导致面试发挥失常。

（3）消除幻想。求职者对所应聘岗位的工作内容，以及薪资待遇会有自己的预期，有时不免会幻想"天上掉馅饼"，轻易找到满意的工作。这种脱离实际的想法会打消求职者的积极性，最后往往事与愿违，难以找到自己满意的工作。

（4）克服自卑感。人们在求职前总是踌躇满志，但当遇到挫折时，便被"打回原形"，自信心大减，感到空前的挫败。对于性格内向，以及有生理缺陷的求职者，克服自卑感尤为必要。

2. 物品准备

在面试前要准备好各种物品，如公文包、求职记录笔记本、多份打印好的简历、面试准备的材料、个人身份证、所获奖励证书、登记照片等。所有准备好的文件材料都应该平整地放在一个文件夹里。

（1）求职时带上公文包会给人以职业的印象。公文包不要求买很贵重的真皮包，但应看上去大方典雅，大小应可以平整地放下 A4 纸大小的文件。

（2）笔记本里面应记录有参加过求职面试的时间、公司名称、地址、联系人和联系方式，以及面试过程的简单记录、跟进记录等。求职记录本应该随时带在身边，以便记录最新情况以供随时查询。

3. 服装仪容准备

参加面试的服饰要能匹配求职者的身份。面试时，合乎自身形象的着装会给人以干净利落、有职业精神的印象，男生应显得干练大方，女生应显得庄重俏丽。

（二）面试中的礼仪

1. 遵守时间

守时是职业道德的一个基本要求，提前 10～15 分钟到达面试地点效果最佳，以表示求职的诚意，给对方以信任感，同时也可调整自己的心态，做一些简单的仪表准备，以免仓促上阵，手忙脚乱。为了做到这一点，一定要牢记面试的时间、地点，最好能提前去一趟，以免因一时找不到地方或途中延误而迟到。如果迟到了，肯定会给招聘者留下不好的印象，甚至会丧失面试的机会。

2. 进入面试室时，先敲门示意体现尊重

进入考场前，无论门是开着还是关着，都应敲门，敲 3 下，敲门力度大小应适中，间隔为 0.3～0.5 秒。敲 3 下以上，是很不礼貌的行为。敲门后要等待考官应答，如果没听到考官说"请进"，应等待 3 秒钟再次敲门，如果仍没有听到考官应答，则可以 3 秒后推门进入。进入后，无论进来前门是关着的还是开着的，都要关门，关门时尽量避免整个背部正对考官，轻轻侧转身约 45 度关门即可，然后，缓慢转身面对考官。

3. 注意仪态的标准规范

（1）面试时，应试者应当与面试官保持目光接触，以表示对面试官的尊重。目光接触的技巧是，盯住面试官的鼻梁处，每次盯 15 秒左右，然后自然地转向其他地方，例如望向面试官的手、办公桌等，然后隔 30 秒左右，再望向面试官的鼻梁处。切忌目光游移，躲避闪烁，显得缺乏自信。

（2）身体姿势和习惯动作。在进出面试办公室时，应注意进退礼仪，一定要保持抬头挺胸的姿态和饱满的精神，与人交谈时不要出现频繁地耸肩，手舞足蹈，左顾右盼，坐姿歪斜，晃动双腿等不恰当的身体语言；手势不宜过多，需要时能适当配合表达即可。

4. 面试时的语言

面试讲话时，要控制说话的语速，不要尖声尖气，声细无力，应保持音调平稳，音量适中，回答简练，不带"嗯""这个"等无关紧要的习惯语，以免显得拖沓、迟疑。

在整个面试过程中，不要紧张，表述要简洁、清晰、自信、幽默等，同时注意观察面试官的表情变化，也就是做到察言观色，尽快掌握面试官的兴趣点，再根据事先的准备做着重表达。

（三）面试后的礼仪

面试结束时，不论是否被通知录用，都要对面试官以礼相待，用平常心对待。当得到一个模棱两可的答复，如"这样吧，××先生（小姐），我们还要进一步考虑你和其他候选人的情况，如果有进一步的消息，我们会及时通知你"时，我们应该对用人单位的人力资源经理抽出宝贵时间来与自己见面表示真诚感谢，并且表示期待着有进一步与用人单位面试官面谈的机会。这样既能保持与用人单位面试官的良好关系，又能表现出自己优良的人际交往能力。当用人单位最后考虑人选时，能增加自己的分数。

离开面试室时，应该把刚才坐的椅子扶正到刚进门时的位置，再次致谢后出门。经过前台时，要主动与前台工作人员点头致意，或说"谢谢你""再见"之类的话。

面试之后，回到家里，应该仔细记录整个面试的过程，每个面试提问，每个细节都要记载在面试记录手册里。一次面试的失败没有关系，最重要的是从失败中吸取经验。

（四）面试的注意事项

1. 不可姗姗来迟。迟到是面试中的禁忌。守时是现代社交礼仪的准则，迟到在面试中是非常严重的错误，考官不但会认为应试者没有时间观念和责任感，更会觉得求职者对这次机会没有太多的诚意，印象分自然大减。大部分用人单位不会给迟到者任何机会。

2. 不可夸夸其谈。面试时应多使用质朴、简练的语言，需要举例说明的时候，稍作修饰、直接陈述即可。辞藻华丽、夸夸其谈让人联想到语言的巨人、行动的矮子，自然也就很难赢得面试官的赏识。

3. 不宜过度谦虚。过度谦虚有时让人觉得应聘者能力不足，不能胜任某些工作。

4. 不可满口英文。有些求职者为了炫耀自己的英语水平，往往在话语中夹杂一些英语词汇，特别容易招致考官的厌恶。

5. 不可穿着邋遢。穿着邋遢、太随意表明求职者对这份工作不看重。着装要把握干净、整洁的原则，不要过度修饰。

6. 不可过分在意薪酬福利。

7. 不要与面试官"套近乎"。

8. 不可心直口快，要三思而言。

9. 不可标新立异。

10. 不要跑题，王顾左右而言他是要不得的。

11. 回答问题时语速适中，语气温和，不能使用口头禅。

12. 回答问题要注意面试官的反应，及时调整答题策略。

13. 面试时不要抱怨。比如抱怨天热、抱怨前任领导不好等，没人喜欢抱怨的人。

14. 记住面试官的名字，回答问题时以某位面试官姓氏开头，会增加考官对自己的关注度。

15. 用目光注视面试官，保持微笑。如果前方有多位面试官，目光应当注视提出问题的面试官。

16. 听说平衡，在整个面试过程，自己说话的时间和面试官说话的时间要对等。不能一味地说个不停，这样会给人留下不顾他人感受的印象。

六、职场拜访接待礼仪

（一）职场拜访礼仪

1. 事先预约

预约在先，这是拜访礼仪中的首要原则。拜访前，应向拜访对象提出请求，说明拜访的目的，以征得对方的同意，这是对对方的尊重，同时能避免自己扑空或因主人有事而无暇接待的情形。一般事先商定拜访时间和地点。倘若有急事或事先无约定，但又必须前往时，见到主人应立即致歉，并说明打扰的原因。若对方拒绝拜访，可真诚表达拜访的目的，委婉地询问对方何时、何种情况下方便拜访。

2. 准备工作

在进行职场拜访之前，做好充分的准备工作非常重要。根据拜访时间和地点，提前规划路线；了解被拜访公司的基本情况；准备名片和相关文件及材料；选择得体的着装，使之符合对方公司的穿着风格。

3. 遵时守约

遵时守约是职场交往活动中的重要交际原则，也是一个人应有的礼貌修养。应提前10～15分钟到达，如果预计会迟到，提前通知并道歉。

4. 入门有礼

到达后，有门铃的要按门铃，没有的则应轻轻叩门，等到有人应声或有人开门后方可进去，即使与主人关系不错，也绝对不可擅自闯入。按门铃时，铃响两三声即可；敲门时，以食指或中指轻叩两下即可，若室内没有回应，可停片刻再敲一次。切忌以拳头擂门，或按住门铃不放。等候主人开门的间隙，不要在室外高声谈笑，扰乱四邻。

进门之初，应向主人奉上自己所带的礼品。随身物品如外套、皮包、雨具之类，应按照主人的要求放置，不可乱扔、乱放，或置于桌椅之上。

见到主人，应当主动问好，并行握手礼。如果同对方是初次谋面，要主动做自我介绍。如果被访者屋里有其他人，也要打招呼，不可视而不见、爱理不理。

5. 做客有礼

与主人寒暄之后，要在主人指定的位置就座，不可自行找座。当主人让座时，应礼貌地道声"谢谢"。如果拜会的是年长者，应等对方坐下后，自己再落座。坐下之后，要注意姿势的文雅。

当主人上茶时要欠身致谢、双手相接。主人端上点心、水果时，应等长者及其他客人先取用，自己再取用。吃过后的果皮等杂物要扔到垃圾箱内，不要乱扔乱放。未经主人允许，不要到主人卧室等其他房间去，更不能随意乱翻主人的物品。

6. 交谈有方

拜访时，一般略做寒暄后，就要尽快直奔主题，忌言不及义，浪费时间。交谈时，语速要适中，发音要清晰，忌含糊其词、吞吞吐吐；态度要诚恳、自信，既不夸夸其谈，也不过于谦卑；神情要专注、自然，不左顾右盼。

交谈中不要随便打断别人的话，更不能自以为是地卖弄自己或滔滔不绝。在与主人交谈时，如发现主人看表，说明其可能有其他事情要办又不好下逐客令，此时，应适时、主动地提出告辞。在拜访中如恰遇有他人造访，则应适当停留后再行告辞。

7. 礼貌告辞

告辞是拜访中的一项重要礼节。当宾主双方业已谈完该谈的事情，叙完该叙的情谊之后，就应及时告辞。告辞前，不要显得急不可耐，不要在主人刚刚讲完话后就走，而应在自己说完某段话，而新的话题还没有开始之前提出告辞。告辞时态度要干脆利落，不要拖泥带水。不能嘴上说"该走了"但迟迟不动身。

8. 事后感谢

根据职场交往礼仪规则，在对方单位做客受到款待后，回去之后应通过写信或寄明信片、发电子邮件等方式再次表示感谢；履行会面中承诺的事项；适时保持联系，但避免过度打扰。

（二）职场接待礼仪

1. 礼貌的问候

在职场接待中，恰当的问候是建立良好第一印象的关键。以下是一些重要的问候礼仪：保持微笑和眼神交流，展现友好而专业的态度；使用适当的称呼，如"先生""女士"或对方的职位头衔；根据时间选择合适的问候语，如"早上好""下午好";对于预约访客,可以说"欢迎您,××先生/女士,我们期待您的莅临"。

2. 得体的仪容仪表

关于仪容仪表应当注意以下几点:着装整洁得体,符合公司着装要求;保持个人卫生,避免浓烈的香水味;发型整齐,男士应当刮胡须;佩戴公司的工作证或胸牌,方便识别。

3. 专业的接待流程

遵循标准的接待流程可以提高工作效率并给客人留下好印象:确认访客身份和来访目的;引导访客到接待室或会议室;提供茶水或咖啡等简单饮品;通知相关部门或人员客人已到;如需让客人等待,可以提供杂志或介绍公司的宣传材料。

4. 有效的沟通技巧

良好的沟通能力对于接待工作至关重要:使用清晰、简洁的语言;倾听访客的需求,适时提供帮助;保持耐心和友善,即使面对不满的客人;熟悉公司的基本情况,能够回答一些常见问题。

5. 告别礼仪

离别同样重要,要给访客留下良好的最后印象:感谢访客的到来;如有需要,协助安排交通;目送访客离开,直到看不见为止;如果访客遗留物品,及时联系并安排归还。

> **知识积累**

1. 着装不当的表现

男士:

(1)穿着不合体的衣服(过紧或过松)。

(2)忽视鞋的妥善保养,鞋面很脏。

(3)穿着西装时搭配凉鞋。

(4)穿着凉鞋时搭配袜子。

(5)坐下时露出胫骨(袜子太短),有时还可看到里裤。

(6)穿短袖衬衫时打领结。

(7)戴着粗大的金项链,佩戴过多珠宝、项链等饰物。

(8)深色外套上散落着斑斑点点的头屑。

女士:

(1)服装过紧、过短或者暴露过多肌肤。

(2)深色外套上散落斑斑点点的头屑。

(3)穿着系扣外衣时可从纽扣间的缝隙处看到肌肤或不应该露出的内衣。

（4）所戴珠宝不时叮当作响，让他人感到烦躁。

（5）露出衣服的内衬。

2. 选择适合的发型

（1）发型要与年龄相符。年长者要求端庄、稳重，年轻者则要求整洁健康、美丽大方。

（2）发型要与气质相符。开朗活泼的人应选新颖俏丽的发型，轮廓不要太刻板、生硬；文静、内向性格的人应选择秀丽、淡雅柔美的发型。

（3）发型要与脸形协调。椭圆形脸可以选择任何发型；圆脸应将顶部头发梳高，使脸部显得较长；长脸应适当遮住前额，并设法使双颊显得更宽；方脸应设法掩饰棱角，使脸形显得圆润；额头窄的脸形，应增加额头两侧头发的厚度。

（4）发型要与服饰相协调。为体现服饰的整体美，发型可以根据服饰的变化而改变。如女性穿着礼服或制服时，可选择盘发或短发，以显得端庄、秀丽、文雅；披肩长发能显示女士的秀美，但在工作中往往不大合适，留披肩长发的女士在工作中应注意把头发束起，避免影响工作；穿着休闲服装时，则可选择更多适合自己脸形及体型的时髦发型。

（5）发型要与职业相符。时尚白领的发型要求干练、知性、简洁；着工作帽职业者的发型要简洁、美观，以中短发为宜。

3. 不同脸形的化妆技巧

（1）长脸形可选择较浅的自然型粉底。胭脂用淡红色，从颧骨的中心往耳朵方向推抹成扇形，眉毛修饰成向脸部横向发展的平弧状缓和曲线，用睫毛膏染睫毛。总之，化妆尽量采用横向的线条与色块来造成视觉错觉，以便使长脸形看上去短一些。

（2）小脸形用浅色粉底可使脸部面积显得宽阔。面红可选用浅桃红、淡红。眉毛、眼睛、嘴唇的颜色可适当明丽，线条描画清晰，使修饰过的五官显得眉清目秀。

（3）大脸形选用比自己肤色偏深一些的粉底作为底色，因深色比浅色有收缩感，面部的两侧可以涂一些能与底色衔接的阴影色，额部、鼻梁、下巴涂上明亮色。眼睛作重点刻画，加上眉毛与嘴唇的衬托，使五官明艳清晰，以此来缩小脸部轮廓。

（4）圆脸形化妆应加强面部的立体塑造，在涂粉底时可用偏深的粉底涂面部两侧使面容变得狭长，在额部、鼻梁、下巴处涂明亮色增加立体感。鼻侧影略向眉头部位揉擦，以抬高鼻根，使鼻形挺拔。眉毛作上挑圆弧形描画。眼影不宜用浅亮色，深色眼影可使面部凹凸感加强。

（5）方脸形棱角分明化妆底色不宜太浅，色彩沉着的底色加上红褐色的面颊红，会使方脸有结实感和圆润感。眉形可以是略粗的呈角度弧形，又细又弯的眉会与方脸形的轮廓线形成较明显的对比。眼影与唇膏的颜色可以鲜明一些，用强调五官来削弱脸部的棱角。

课堂讨论

为给招聘公司留下完美的第一印象，北京某大学毕业生张靓（化名）特意花"巨资"自我包装了一把：衬衫1 100元、裤子1 200元、外套3 000元，整套下来共花去近8 000元。她又花500元买了一双皮鞋，还买了一个700元的皮包。最后一狠心，她又购买了880元的护肤品套装。

她这样做是否正确？请同学们分组讨论：求职时应注意仪容仪表的哪些方面？并根据聘任单位及岗位的不同，设计求职时不同的着装。

课后练习

一、实践训练

（一）召开"职业礼仪"相关主题班会

1．实践活动设计及要求

（1）班会主题：塑造职业形象，提升职场魅力

（2）班会背景与目标

随着社会发展和就业形势变化，职业礼仪日益受到重视。良好的职业礼仪不仅能展现个人素养，还能提升职场竞争力。然而，许多大学生对职业礼仪的认识和实践仍有不足。

本次主题班会旨在帮助学生认识职业礼仪的重要性，掌握基本的职业礼仪知识和技能，培养职业意识和素养，为未来进入职场做好准备。通过这次活动，学生将学习如何在职场中恰当地表达、着装、交往，以及如何建立良好的职业形象。

（3）班会实施

① 导入：什么是职业礼仪？为什么它很重要？

② 视频观看：播放职场礼仪相关短视频，引发学生思考。

③ 小组讨论：分享在实习或兼职中遇到的职业礼仪问题。

④ 角色扮演：模拟职场场景，如面试、会议、商务接待等，实践职业礼仪。

⑤ 专家讲座：邀请职场人士或礼仪培训师分享经验。

⑥ 互动游戏：进行职业着装搭配、商务名片交换等实践活动。

⑦ 总结反思：学生分享学习收获，制订个人职业礼仪提升计划。

⑧ 拓展训练：组织参观校园就业中心或模拟职场环境。

（4）班会反思

2. 评价标准

项目	评价指标	评价内容
班会主题（10分）	班会主题	切合职业礼仪主题，吸引学生兴趣
	班会目的	明确指出提升职业素养的重要性，符合当代大学生需求
班会内容（20分）	班会素材	内容丰富，包括理论知识和实践案例，贴近学生实际
班会形式（15分）	学生主体性	注重学生参与，设置多样化的互动环节
	形式多样性	结合视频、角色扮演、专家讲座等多种形式
班会过程（30分）	班会环节	环节设置合理，由浅入深，循序渐进
	班会整体结构	结构完整，理论与实践相结合
	班会点评	教师及时总结，强调职业礼仪的应用价值
班会效果（20分）	班会氛围	营造积极向上的学习氛围，激发学生参与热情
	班会整体效果	学生对职业礼仪有新的认识，能够制订个人提升计划
班会特色（5分）	亮点	融入行业特色，设置实践性强的互动环节，突出应用性

（二）职业形象诊断活动

教师现场组织一次职业形象诊断活动，包括自我诊断、互相诊断、集体诊断。

1. 自我诊断

每位参与学生需要客观评估自己在仪容规范、着装得体、言谈举止、专业知识等方面的表现，使用1~10分的评分范围表给自己打分，并在备注栏中说明原因。

评估项目	分数（1~10分）	备注
仪容规范		
着装得体		
言谈举止		
专业知识		

2. 互相诊断

参与学生，两两一组，互评估对方的职业形象并打分。打分后，提供具体的建议，帮助对方改进。

评估项目	分数（1~10分）	备注
仪容规范		
着装得体		
言谈举止		
专业知识		

3. 集体诊断

全体学生共同评估学生代表的职业形象,并进行打分。

姓名	总体印象 (1~10分)	优势	须改进之处

4. 教师点评

教师根据以上三个环节的结果,对每位学生进行综合评价和建议。

姓名	综合评分 (1~10分)	亮点	改进建议	职业发展方向

通过这个职业形象诊断活动,参与者能全面了解自己的职业形象,并从多个角度获得反馈和建议。这有助于他们在未来的职业发展中不断完善自己的形象。

(三)评估:求职面试礼仪自我检视

1. 情境描述

以下是一份简单的求职面试礼仪自我检视清单。

请对照检查,你的求职面试礼仪是否有不妥的地方,如有,请及时改正。

时间段	检视事项	检视情况
求职面试前的礼仪	头发干净自然,如要染发则注意颜色和发型不可标新立异	
	服饰大方整齐合身。男女皆以时尚大方的套装为宜	
	面试前一天修剪指甲,忌涂鲜艳的指甲油	
	不要佩戴标新立异的装饰物	
	选择平时习惯穿的皮鞋,出门办事前一定要清洁擦拭	
求职面试过程中的礼仪	任何情况下都要注意进房间前先敲门	
	待人态度从容,有礼貌	
	眼睛平视,面带微笑	
	说话清晰,音量适中	
	神情专注,切忌边说话边整理头发	
	手势不宜过多,需要时适度配合	

续 表

时间段	检视事项	检视情况
求职面试结束后的礼仪	礼貌地与面试官告辞并致谢	
	轻声起立并将座椅轻手推至原位置	
	出公司大门时对接待工作人员表示感谢	
	在 24 小时之内发出书面感谢信	

2. 评估标准和结果分析

平时应多方面注意自己的言谈举止，并在与同学或朋友的交往中不断练习。通过本项测试，你将更好地掌握面试的礼仪。

二、知识训练

（一）礼仪在职场中的作用是什么？

（二）职场交往"3A原则"包括哪些内容？

模块三 高职学生职业素养之发展素养

发展素养是高职学生职业素养的提升拓展。发展素养的养成基于"课程引领、模块培养、三线并进、激活转化"的培养模式,重点围绕技能特长、身心健康、学习能力、领导能力四项活动性课程任务展开。

活动性课程任务一 技能特长

GAOZHI XUESHENG
ZHIYE SUYANG

课程名称	技能特长系列活动
课程主题	施展技能特长，彰显青年风采
主办部门	学工部、各学院党总支

学习目标

● **知识目标**：了解大学生专业技能竞赛要求，国家对于职业技能竞赛的管理规定和支持措施；理解《职业技能竞赛管理办法》的相关内容；掌握专业职业资格证书的种类、考核、适用相关内容。

● **能力目标**：通过技能竞赛，学会团队合作、自主学习；掌握技能竞赛相关的核心技能，提高技能的熟练度和准确性；运用技能竞赛相关知识，提高独立思考解决问题的能力，以及创新思维能力和应变能力。

● **素质目标**：树立正确的职业观和职业道德规范；培育良好的学习习惯和竞争意识，提高团队合作意识。

案例引入

案例一：

网瘾少年逆袭成混凝土建筑项目世赛冠军

我是李俊鸿，来自广东化州。2019年6月我代表中国参加了在俄罗斯喀山举办的第45届世界技能大赛混凝土建筑项目，并一举获得冠军。一路走来的点点滴滴，一定会令我终生难忘。

1997年，我出生在广东省化州市的一个农村家庭。初二时，我接触到网络游戏并沉溺其中，成绩一落千丈。

中考失利的那年暑假，父母把我带到工地上做小工。我在工地上待了20天，每天早上6点多起床，用小推车拉运沙、砖等建筑材料或者做搅拌砂浆等工作，一天工作下来，腰酸背痛。在工地短暂的经历，让我更加理解了父母的艰辛，也让我重新认识到读书的重要性。

遗憾的是，我高考失利。经过一番思考后，我选择走上技能学习的道路。

2016年，被广州城建技工学校建筑施工专业录取后，我决心彻底放弃游戏。在校期间，我积极报名加入学校有关建筑的社团，积极参加校内外举办的测量、瓷砖贴面、CAD建筑设计等多项专业技能比赛，在竞赛中磨砺和提升专业技能。

2018年，学校推荐我参加世界技能大赛混凝土建筑项目校内集训，备战第45届世界技能大赛。

在最后一个月冲刺训练阶段，根据世赛项目样题，我们不间断地做了五轮模拟比赛训练。在这六天一循环的魔鬼训练中，我和队友要在40摄氏度高温环境中搬运近20吨的模板和工具材料，在艰苦环境中不断提高速度、精度和配合度。通过连续不断地训练、考核、赛前分析、赛后复盘和总结，我们迅速提高技能战术水平，以最好状态迎战世赛。

2019年8月，我终于站到喀山赛场。在这场比赛中，我们的材料加工精准度、作品美观度得到了项目首席专家及教练团队的一致认可，最终获得了混凝土建筑项目金牌。

案例二：

因为热爱美容，拿下世界冠军

在世赛特别赛美容项目上，来自重庆城市管理职业学院的学生王珮拿下金牌，实现了中国在该项目上金牌"零的突破"。获奖那天，王珮发了一条朋友圈："3年前在俄罗斯埋下的种子终于在芬兰结果了。"这不是她第一次站在世赛现场上。"上一届世赛在俄罗斯举办，我作为二梯队选手去观赛。每当中国选手站上领奖台时，我都热泪盈眶，并希望有朝一日我也能像他们一样。"

其实，王珮接触美容这项技能的时间仅四年。"我的主修专业科目是人物形象设计。我从小就比较爱美，喜欢化妆。"她说。大二，一次偶然的机会，王珮了解到世赛设置了美容项目，于是她找到了未来职业的发展路径。

秉承着这份热爱，王珮不断钻研。为了筹备世赛，她设计了一套以凤头钗为灵感的美甲，这套美甲造型写意，兼具中国传统文化底蕴和创意。她还向记者展示了几副练习用的美甲。"我画了很多不同配色的美甲，以便在比赛时根据提供的服装或图片调整。"

在她看来，世界技能大赛不仅是竞技平台，更是交流互鉴的窗口。"可以将中国的传统美容技艺发扬出去，将国际操作标准引入进来。"走出赛场，她将回母校任教。

案例三：

翁昕耀的"PPT大神"之路

互联网对时空障碍的克服，让很多大学生在学习这一主业之外，还有了一些兼职赚钱的身份，他们被称为"斜杠青年"。杭州电子科技大学校园里有一个被同学们戏称为"PPT大神"的研究生，以他三年间在PPT界闯出的地位，刷新了人们对"校园斜杠青年"的认识。

"不疯魔，不成活"

"我本科是杭电的，之后直接考上了杭电研究生，说实话，大三下学期开始到现在，我的生活就是研究生学习和做跟PPT有关的东西。"通信工程学院研三学生翁昕耀告诉记者。

眼前这个面部颇有棱角略显瘦削的年轻人，走在校园里就是一个普通学生。但是他"三年兼职赚了30多万元还很轻松的"经历，让听到的人无不感到好奇。小小PPT里，有着怎样的玄机？

"我是被逼早熟的，大三下学期家里出了点变故，经济和精神负担都压在我身上。想兼职赚点钱，不是像一般大学生那样纯粹想提升能力，追求精神独立，而是被迫如此。"现在回忆起那段经历，翁昕耀老练的眼神里还露出已经好久没有过的惶恐。

大一时，翁昕耀就通过刷微博知道了一个叫阿文的人，他通过PPT赚了不少钱。"大三下学期时，我试着在电商平台上接做PPT的单子，纯粹赚力气钱。"翁昕耀还记得第一单赚了50元，一晚上做了7个小时。"钱不多，但毕竟是第一单啊，最大的收获还是，意识到原来做PPT可以赚钱。"

因为肯琢磨，善于总结，翁昕耀借助网上搜集到的PPT教程，开始研制PPT模板。"我发现网上大多数PPT模板，太花哨，不实用，我开发的模板实用性第一，兼顾美观，因为商务风的模板市场空间大，我向商务风的模板倾斜。当时一口气开发出20多个模板在网上卖，居然卖了1万多元。这是我创业的第一桶金。"

"PPT是个门槛比较低的应用工具，会用电脑的人大多会捣鼓出几张PPT，很多人认为PPT没啥，这么个日常用品的东西，靠它赚钱谈何容易。就像记者靠文字吃饭，识字的人都能写写文章，有些人还认为自己擅长写作，可见吃文字饭多难！因为不是稀缺品啊。"1994年生的翁昕耀，已经是一脸老成。

他坦言，刚开始时，曾经有一次放长假，一个星期除了吃饭睡觉就是做PPT，每天做17个小时，赚了3000元。"一个是感觉钱真不好赚，一个是意识到，得向PPT产业链的上游攀升。"

500元一页PPT，三年赚了30万元

不到三年时间，翁昕耀已经攀升到自己当初羡慕的"产业链上游"。在2024年9月举办的杭州云栖大会上，一家企业的首席技术官用的PPT，就是在校生翁昕耀的作品。

"这是对我PPT设计能力的认同。这差不多是我的代表作吧，因为它体现了我的设计理念，那就是'从视觉到观点'，简约、清晰、大气，符合公司形象。"翁昕耀一脸自豪。

从在电商平台上接10块钱一张的PPT到为知名企业设计展示PPT，背后是心酸磨砺的攀爬历程。

翁昕耀说，2016年暑假，国内最著名的PPT教学设计公司找上了"在PPT界开始展现出棱角的小翁"。"这家公司里面有一些'PPT大神'，能被他们关注到，何其幸运！事实上，通过互联网兼职参与他们的项目，最大的收获是与高手切磋，开阔视野。"

翁昕耀走上了一条"以教促学"的PPT提升之路。他与业界大神们一起开发PPT教学课程，总共做了5000多张教学PPT。"赚了4万多元，但是能力上的收获更多。"

记者了解到，目前国内著名的PPT设计公司接单定制PPT一页可以收到2000元。"我的一页收500元，多是公司融资使用。他们很看重PPT制作质量。目前已经帮助十几家公司制作PPT，帮助其拿到了风投。"

关于PPT制作水平，翁昕耀有自己的评判。第一层次是，把要讲的内容复制到PPT模板上。第二层次是，对PPT功能熟悉，像插入、字体替代、合并形式、顶点编辑等要用得很娴熟。第三层次是，美观，有审美性。第四层次是，逻辑层

次强。第五层次则是，有理念，有态度。"PPT真的不要太花哨，美观也不是目的。它是传播思想、表明理念态度的。如果直接讲话能说清楚，干吗要花一大堆时间整理素材做成PPT呢？做PPT的理由一定要想清楚。逻辑一定要清晰，特别是在融资展示中，逻辑不行，直接没戏。"讲起自己的强项，翁昕耀头头是道。

"从视觉到观点""形式服从内容"，访谈中，翁昕耀不停重复他的PPT设计理念。"每次接到PPT定制订单，我会先对相关领域做较为深入的了解，这样才能把握好内容，确定好逻辑，找到服务内容的最佳呈现形式。对于客户给的PPT内容，我是有敬畏心的，只有敬畏尊重内容，才能做好形式。"而一个没有多少职场经历的研究生，如何能懂那么多领域的专业知识？翁昕耀笑笑说："碎片时间皆可学习。做PPT，确实倒逼我涉猎了很多领域的专业知识。"

那些知名公司定制、翁昕耀也比较满意的PPT，大多页面比较简单。"大道至简。越是高端的公司，越是不满足于表达内容，他们要传递思想。这对PPT设计者提出了更高要求。页面越是简单，可能背后花费的心血也越多。你得做大量取舍，做减法会花去你很多时间。其实，知名公司花大价钱买你的PPT，是在为你的设计理念、你的观点态度买单。这些东西才是他们看重的。"对PPT的深刻理解，让翁昕耀在多如牛毛的PPT制作者中脱颖而出。

他也在掘知识付费时代的金

作为研三学生，翁昕耀坦言"过去三年很简单，就是做PPT、考研、学习、赚钱"。"做PPT，给了我学习的动力和技巧。因为总是被接单催着，时间总是不够用，深感时间的宝贵，所以我的学习效率很高。事实上，从决定考研到考上研究生，我也就是花了4个多月的时间。"

别以为翁昕耀"入了PPT赚钱的坑，荒废了研究生学习"。其实他基本每个学期都拿奖学金，二等、三等都有。"我的时间是用任务衡量的，珍惜时间是最大的效率。所以文化课学习也不赖。"

现在，翁昕耀的关注点已经从"提供高端定制PPT"转向"经营付费学习社区"。"我的PPT之路是可以复制的，我要把自己的学习经历和所得分享出来，让更多有需求的人补上能力短板。"

谈起自己的"PPT大神"之路，翁昕耀认为，PPT正在成为高端职场人士的标配。"这只是未来胜任职场的能力元素之一，不是有过某公司员工因PPT做得差被开除的新闻吗？我最大的收获还是，通过PPT业界的进阶之路，我对时间、对学习、对社会有了更深的理解，一定要对自己的时间负责，时间很宝贵。还有，就是大学生兼职，一定要做能给自己能力带来提升、有挑战的事情，有的事情很可能会让你走上创新创业之路。"经历过家庭变故的翁昕耀，现在对未来充满信心。

一、技能特长的意义

技能特长是指个体特别擅长的专门技艺或兴趣、研究领域，它可以是技术性的（如编程、设计等），也可以是非技术性的（如沟通能力、团队合作等）。随着社会的发展和科技的进步，用人单位对人才的要求也在不断提高。除了专业知识等硬技能，个人的创新能力、团队协作能力和领导力等软技能也越来越受到重视。因此，我们不仅要注重硬技能的提升，也要注重软技能的培养。通过全面的技能培养，我们能更好地适应社会的需求，实现个人价值。大学毕业生可以在个人简历的技能特长部分中展示自己的能力和经验，帮助用人单位了解自己是否适合所申请的职位。通过展示具体的技能和成就，求职者能更有效地向用人单位展示自己的价值。

（一）技能特长有助于提高职业竞争力

在职场上，技能特长是个人与他人拉开差距的关键优势。学习并掌握一项专业技能可以帮助个人更好地适应快速变化的社会环境，提高适应能力。精通某项特殊技能，能帮助个人在工作中取得更好的成绩。拥有专业技能的人在工作中更有底气，能自信地面对各种挑战。因此，拥有技能特长的人在求职市场上往往更容易脱颖而出，获得心仪的职位。这是因为技能特长不仅能增强个人的竞争力，还能提升职业发展空间，从而有助于事业发展。

（二）技能特长有助于实现自我价值

技能特长对于实现自我价值具有至关重要的作用。自我价值感往往来源于个体对自己能力、成就和贡献的认可与肯定，而技能特长正是这些认可和肯定的重要基石。

1. 增强自信心，促进个体成长

技能特长是不断学习、实践和积累的结果，拥有并擅长某项技能，能够让人在面对挑战时更加自信。这种自信不仅来源于对技能的熟练掌握，还来自对自我能力的深刻认识。当个体能够成功运用自己的技能解决问题或达成目标时，自信心会得到极大提升，从而更加坚信自己的价值。在追求和提升技能的过程中，个体需要不断克服困难、挑战自我，这种经历本身就是一种宝贵的成长。通过不断学习和进步，个体的能力边界得以拓展，自我价值也随之提升。

2. 提升成就感，助力个体发展

成就感是一种积极的心理体验，源于个体在完成某项任务、达到某个目标或实现某种价值时所获得的满足感和自豪感。这种感受能够激励人们继续努力，追求更高的成就，实现更好的自我。当拥有独特的技能特长时，往往能使个体脱颖而出，获得更多机会和资源。这些机会和资源有助于个体的职业发展。当个体在取得成就时，自我价值感也会得到极大的满足。

（三）技能特长有助于建设和谐社会

技能特长不仅是个体价值的基石，也是促进就业与职业发展的驱动力，更是推动社会创新与进步的催化剂。通过培养和发展个体的技能特长，可以丰富社会的多样性，增强社会凝聚力，为构建更加紧密、和谐的社会关系提供可能。

在社会层面，技能特长有助于促进社会稳定与发展。当社会成员能发挥自己的特长参与社会建设时，整个社会的生产力水平将显著提升。技能特长还能帮助个体解决就业问题，从而减少社会不稳定因素，尤其是在经济发展不平衡的情况下，培养和发掘每个人的潜能尤为重要。

在经济层面，技能特长是推动经济增长的关键因素之一。随着全球化和技术革新的加速推进，掌握核心技能的专业人才成为企业乃至国家竞争力的重要组成部分。技能特长不仅是个体才华的展现，更是社会创新的重要源泉。当不同领域的专业技能相互碰撞、融合时，往往能激发出新的创意与灵感，推动科技、文化、艺术等领域的革新与发展。

二、大学生具备技能特长的重要性

在当前激烈的就业市场竞争中，大学生具备技能特长对于提升个体的就业竞争力、促进个体职业发展，以及适应快速变化的职场需求具有至关重要的作用。

（一）增强就业竞争力

具备特定技能特长的大学生在求职过程中更具竞争力。这些技能可能包括熟练掌握专业软件、具备流利的外语沟通能力、拥有行业认可的专业资格证书等。这些技能不仅能够提升简历的吸引力，还能在面试过程中给用人单位留下深刻印象，从而增加获得工作岗位的机会。

（二）促进个体职业发展

大学生的个体特长有助于他们明确职业发展方向，并在工作中发挥所长。通过结合自己的特长和兴趣选择职业，大学生能够在职业发展中更加顺利，实现个体价值和职业目标。此外，通过参与社会实践和志愿服务活动，大学生可以进一步锻炼和展示自己的特长，这些经历不仅有助于个体成长，也能够增加简历的亮点，为将来的职业发展打下坚实的基础。

（三）适应快速变化的职场需求

随着科技的快速发展和行业的不断变化，职场对于职业人的要求也在不断变化。具备技能特长的大学生通常具有较强的学习能力和创新能力，能够更快适应这些变化。大学生应该通过不断学习和实践，更好地应对职场的挑战，为自己的未来职业发展做好充分的准备。

三、大学生技能特长的具体内容

通过参与技能特长系列活动，发挥自身特长，激发创新思维，培养团队合作精神，提高专业技术水平和综合素养，从而赋能学生成才。大学生的技能特长内容多样，主要涵盖通用技能、专业技能、实践与创新技能及兴趣特长等方面。

（一）通用技能

通用技能是不依赖特定专业背景、贯穿学习与工作生活的底层能力，包括办公技能、学习能力、信息处理、沟通协作、问题解决和时间管理等。其核心价值在于通过"效率提升—思维优化—持续学习"的路径，帮助大学生从"知识接收者"转变为"问题解决者"。具体而言：办公技能通过文档处理和云端协作，提升工作效率与团队适配性；学习能力助力学生快速掌握新知识，适应行业变革；信息处理能力通过精准筛选信息，培养批判性思维，优化决策质量。这类技能具有跨行业、跨岗位的通用性，不仅是职场竞争力的基础，更是晋升管理岗位的必备素养，能够帮助学生从任务执行者向决策主导者跃迁，为职业发展筑牢可持续成长的根基。

（二）专业技能

专业技能是与特定专业领域深度绑定的技术性能力，通过系统学习和实践训练形成，具有专业性强、领域针对性高的特点。例如，空乘专业的客舱服务技能、计算机专业的编程开发能力、电子商务专业的电商运维能力、会展专业的活动策划能力、人物形象专业的妆造能力等。这些技能对大学生的职业发展意义重大：通过"课程学习—实践操作—专业证书"的成长路径，专业课程夯实理论根基，项目实践锤炼实操能力，职业资格证书则增强就业竞争力，为学生搭建起从校园到职场的坚实桥梁。更重要的是，专业技能的打磨过程，本质上是职业素养的塑造过程。它不仅教会学生解决专业领域的问题，更培养了严谨的专业思维、精益求精的工匠精神以及持续深耕的职业态度，助力大学生成长为契合社会需求的专业人才，在各自领域发光发热，实现个人价值与社会价值的统一。

（三）实践与创新技能

实践与创新技能是在项目实践、竞赛历练及日常探索中锤炼出的应用型能力，兼具实践性与创造性，强调将理论知识转化为实际成果的行动力。其涵盖多个维度：在项目实践方面，通过课程设计开展项目落地与成果优化，如计应专业学生完成网站设计、营销专业学生策划品牌推广方案等；在竞赛相关技能方面，体现在参与"挑战杯"、职业生涯规划等赛事时，快速分析问题、整合资源并提出创新性解决方案的能力；在创新与设计能力方面，聚焦于突破常规思维，例如通过新媒体平台策划创意内容，以新颖视角融入 AI 技术，吸引受众。这些技能对大学生成长至关重要：通过"实践试错—竞赛突破—创意迭代"的进阶路径，学生能够夯实执行能力、培养跨学科协作与抗压能力、激活解决复杂问题的逻辑思维。实践与创新技能不仅是求职简历中的亮眼标签，更能帮助学生在未来职场中主动适应变化，以创造性的方式应对行业挑战，成为推动个人职业发展与社会创新进步的复合型人才。

（四）兴趣特长

兴趣特长是在个人爱好驱动下长期积累的个性化能力，兼具趣味性与成长性，是自我表达与综合素养提升的重要载体。例如，舞蹈、声乐、武术、田径等特长。这些特长对个人成长意义深远：在兴趣驱动的刻意练习中，学生不仅收获等级、荣誉等显性成果，更潜移默化地培养专注力与顽强拼搏的精神。兴趣特长还能打破专业壁垒，成为跨界创新的灵感源泉，让学生在快速迭代的时代中保持自我个性。以热爱驱动的持续探索，最终将内化为面对生活的创造力与生命力，成为跨越困境的内生精神动能。

四、大学生技能特长培养的实践方法

大学生技能特长的培养需依托系统化的实践路径，通过"目标定位—分层实践—迭代优化"的科学路径系统化推进，助力学生成长成才。

（一）精准定位技能方向：锚定"专业+兴趣+趋势"三维坐标

大学生技能特长培养需以"专业+兴趣+趋势"三维坐标精准定位方向，系统性提升学生三大核心能力：从专业适配维度，通过深度拆解目标岗位的能力需求，如大数据专业的数据分析、会展专业的文案策划等，引导学生掌握专业工具操作与任务流程规范。在课程实验与企业实习中，培养学生的岗位核心操作能力，实现从知识到岗位的精准转化；从兴趣驱动维度，将摄影、舞蹈、演讲等个人爱好提炼为可迁移的岗位技能，通过校园活动、专业竞赛、项目实战等，培养学生特长，形成竞争力；从趋势前瞻维度，聚焦 AI 应用、数字化转型等行业风口，通过数字技能课程、工作坊、竞赛团队等载体，培养技术迭代与创新能力。例如，通过 AI 生成视频、绘制人物形象设计方案等，实现传统技能与前沿技术的融合升级。以"专业筑基、兴趣赋能、趋势引领"为逻辑主线，既夯实岗位胜任力的硬实力，又激活个性化发展的创新潜能，最终助力学生成长为专业操作娴熟、创新思维活跃且具备可持续发展能力的复合型人才。

（二）分层实践体系：从"刻意练习"到"实战攻坚"

分层实践体系通过分层分类的阶梯式模式，系统培养学生知识转化应用、项目管控、创新及团队协作、抗压等五大核心能力，帮助学生将理论知识转化为标准化工具操作技能，积累项目全周期执行经验，打破专业壁垒，实现技术与创意融合，并在高压场景中锤炼职业素养，养成团队协作习惯。这一体系不仅赋予学生差异化的竞争力与可持续发展潜力，推动教育模式从重理论向强实践转型，更通过培养实战型创新人才，为产业升级与社会发展注入动能，实现个人成长、教育改革与社会进步的协同发展。

（三）迭代优化机制：持续精进与成果沉淀

迭代优化机制通过"复盘反馈—成果沉淀—动态调整"三大路径，助力技能特长的持续精进与职业竞争力升级。在复盘与反馈环节，借助"STAR 法则"（situation 情境、task 任务、action 行动、result 结果），系统性剖析项目得失，如通过用户画像优化电商直播选品策略。培养学生问题诊断与自我反思能力，并通过专业教师、行业校友的建议，针对性弥补能力短板；在成果沉淀环节，学生通过作品集、作品展、案例分享等活动，强化知识总结与表达输出能力，开展深度思考与知识内化；在动态调整环节，通过评估与项目实战，提升灵活应变能力，并结合"三个十"检验学习成果，确保个人能力发展与行业趋势同频共振。通过这一机制，学生能够持续精进技能特长，为未来的职业发展打下坚实基础。

知识积累

以下是针对大学生技能特长提升的十个实用技巧，涵盖规划、执行、复盘等全流程，结合实际，助力提升竞争力。

1. 锚定目标：用职业倒推法来锁定技能，列出目标岗位，搜索招聘信息，圈出高频技能关键词，按"必备技能"和"加分技能"分类，优先攻克核心项。建立短期、中期、长期目标，制定完善的进度表，并严格执行。

2. 拆解技能：将技能或岗位要求拆分成可执行的微任务，细化到最小单元，设定微任务，建立循序渐进的学习方法。

3. 721法则：将时间分配为70%实践、20%学习、10%复盘，通过实践检验技能特长，通过复盘聚焦学习知识点。

4. 积极参与：投入到丰富多彩的校园活动中，通过社团活动、校园活动、技能竞赛等进行实践，帮助技能提升。

5. 建立技能成果集：用作品替代空洞描述，留存阶段性成果，有效展示成果，提升内驱力。

6. 费曼学习法：通过向他人讲解知识，暴露理解漏洞，倒逼自己深入学习，实现从似懂非懂到精通的跨越。

7. 技能交换：在校园或班级中开展技能交换日，建立互助群体，通过相互学习，拓展技能边界，提升技能特长。

8. 利用碎片化时间：抓住碎片化时间，高效利用，通过微练习积累技能增长，实现量变到质变。

9. 榜样力量：建立榜样目标，向优秀者学习，将抽象的优秀转化为具象的成长路径，通过模仿、反思与调整，助力自我成长。

10. 定期复盘：通过阶段性的复盘总结，避免目标偏差，同时通过成果展示，实现成长的可见性，让成长从虚无缥缈变为定向导航。

课堂讨论

马小光：从学徒工成长为高级技师。他通过不断学习和实践，首创高速螺旋铣削法，开发自动编程技术，解决了大型复杂热成型模具制造难题，带领团队完成重点攻关项目200余项，取得工艺创新成果30项，获得国家专利20项，创造经济价值上千万元。

杨书明：来自广州市工贸技师学院，他放弃了高薪工作，选择继续在技能领域深造，最终荣获2022年世界技能大赛特别赛移动应用开发项目金牌，展现了他在网站开发与维护方面的卓越技能。

《浙江省职业技能竞赛管理办法（试行）》

姜雨荷：20岁时摘得世界技能大赛化学实验室技术项目金牌。她通过不懈努力和训练，熟练掌握了"化学滴定法"，并成为学院最年轻的教师，带领更多学生在技能之路上成长。

马宏达：一位"00后"青年，通过在粉尘环境下长时间训练，手上的茧越磨越厚，最终在世界技能大赛中获得抹灰项目的金牌，证明了平凡岗位也能成就不平凡的人生。

姜昊：来自铁岭技师学院，他每天勤学苦练，掌握了高超的技能，最终摘得2022年世界技能大赛特别赛工业控制项目金牌，展现了他在工业控制领域的专业技能。

这些案例展示了技能特长的重要性，无论是在传统工艺还是现代科技领域，一技之长都能帮助个人实现自我价值，帮助个体为社会做出贡献。根据上述案例，说说你的感受。

课后练习

一、实践训练

（一）召开"技能特长"相关主题班会

1. 实践活动设计及要求

（1）班会主题：技能成才，强国有我

（2）班会背景与目标

为深入贯彻落实习近平总书记关于技能人才工作的重要指示精神，落实全国职业教育大会精神，大力弘扬劳模精神、劳动精神和工匠精神，增强学生技能成才、技能报国的责任感和使命感，引导学生坚定不移听党话、跟党走，树立技能成才、强国有我的奋斗理想。针对大学生对技能特长认识存在局限性的问题，通过开展主题班会，引导学生客观认识自我，勇于挑战自我，设定目标，不懈努力，为成为具有高品德、高素质复合型技术技能人才打下基础。

（3）班会实施

① 导入：观看视频《大国工匠》。

② 角色扮演：通过模拟场景，让学生真实体验具有技能特长所带来的成就感。

③ 小组讨论：什么是工匠精神，如何成为一名工匠。

④ 自由发言：结合专业谈一谈如何成为专业能手。

⑤ 技能特长评比：评选班级技能特长能手，授予称号。

⑥ 倡议书：设定目标，勇于挑战，做自己人生赛道的冠军。

⑦ 班会总结。

⑧ 拓展训练。

（4）班会反思

2. 评价标准

项目	评价指标	评价内容
班会主题（10分）	班会题目	新颖、生动，体现班会理念与内容
	班会目的	主题鲜明，具有时代性、思想性、专业性，突出班集体建设
班会内容（20分）	班会素材	紧扣主题，丰富新颖，重点突出，针对性强。活动内容具体而不空洞，紧密联系学生实际，能用学生易于接受的事例说明问题，符合班集体建设的要求

续 表

项目	评价指标	评价内容
班会形式 （15分）	学生主体性	学生参与面广，能够自主参与、自主体验班会活动
	形式多样性	班会活动设计多样，有班级特色，能展示独特的班风、学风、班级文化风采
班会过程 （30分）	班会环节	紧扣主题，衔接自然，实效性强
	班会整体结构	结构合理，设计合理，运作完整
	班会点评	教师客观评价，全面剖析，升华思想
班会效果 （20分）	班会氛围	班会过程气氛和谐、适宜、张弛有度，能调动全体学生参与活动的积极性
	班会整体效果	班会目标圆满达成，对学生有启发和激励，富有教育意义
班会特色 （5分）	亮点	从立意、出发点、形式、活动流程、内容和互动等各方面进行创新，有亮点有特色

（二）征文比赛之"技能特长"

1. 实践活动设计及要求

以班级为单位组织开展，人人参与，围绕工匠精神及技能特长的内容，鼓励学生探索和表达他们对技能特长的理解和认识，引导学生思考如何通过发展技能特长来增强个人竞争力和实现职业目标，展示学生对技能特长在个人发展和社会进步中作用的深刻见解。

2. 评价标准

评价内容	评价标准
主题内容（30分）	主题鲜明，内容符合比赛主题要求，富有启迪性和前瞻性
体裁结构（20分）	文体明确
	结构合理，层次分明
语言表达（20分）	语言流畅，表达清晰，逻辑性强
创新和亮点（30分）	材料构思新鲜，见解独特，有独到之处

（三）校园技能特长之星评选活动

1. 实践活动设计及要求

（1）活动目的

校园技能特长之星评选活动是一项旨在表彰和鼓励学生发展个人技能特长的校园活动。表彰在特定技能领域表现突出的学生，激励学生发掘和培养自己的特长，促进校园文化多样性和个性化发展，为学生提供展示自我和交流学习的平台。

（2）活动主题

"技能之星，闪耀校园"

（3）评选类别

学术研究之星、科技创新之星、艺术创作之星、体育竞技之星、社会实践之星、语言技能之星、其他特殊技能之星。

2. 评选标准

技能水平：在特定领域的技能水平和成就。

影响力：个人技能对校园文化或社会的贡献。

创新性：在技能发展中的创新实践和独特见解。

参与度：积极参与校园活动和社会实践活动。

（四）校园技能特长其他活动

学校技能文化节活动；校内外各类职业技能、专业技能竞赛；获得职业资格证书、"1+X"证书等；获得计算机、外语、普通话等级证书及其他技能证书；各类相关主题讲座、报告、团日活动、主题班会、实地参访；学校、学院各类工作坊、项目组或校企合作技术创新项目；撰写新闻稿件、文章被各级各类媒体录用；学校组织的拔尖职业人培养计划；其他技能特长类项目的经历或相关成果。

二、知识训练

请结合专业制订一项技能（竞赛）提升计划，内容包括目标设定、训练计划、总结与反思。

活动性课程任务二 身心健康

GAOZHI XUESHENG
ZHIYE SUYANG

课程名称　身心健康系列活动

课程主题　身心健康筑基，拥抱阳光生活

主办部门　学工部、各学院党总支

学习目标

● **知识目标**：了解身心健康的内涵、相互关系及其对大学生活的重要性；掌握身心健康基础知识；掌握常见的身心健康问题及其成因，学习预防和应对策略。

● **能力目标**：学会有效的压力调节技巧；熟练运用所学知识进行自我身心健康状况的评估与监测，识别潜在问题。

● **素质目标**：树立积极向上的生活观念；培养乐观、自信、坚韧不拔的精神品质；提高自我管理能力。

案例引入

案例一：

苏东坡的养生之道

北宋大文豪苏东坡不仅文学造诣深厚，还是一位养生高手。他提出的"无事以当贵，早寝以当富，安步以当车，晚食以当肉"四味养生"药"，至今仍为后人所称道。苏东坡强调不为杂事烦恼、保持充足睡眠、多步行、饥饿了再吃饭等养生原则，这些都是基于他对身心健康的深刻理解。此外，他还习惯以梳发健身，并把"擦脚"作为一项重要的健身法宝。这些养生方法不仅简单易行，而且效果显著，体现了苏东坡独特的养生智慧。

案例二：

学生干部的助人与自助

"老师，我总感觉自己有病，可是无论怎么检查都检查不出来！"

经了解，张某从小就住在吉林农村，家里世代务农。而张某的爷爷就这一个孙子，从小对他娇生惯养，十分宠爱。上小学和中学时，张某都是班干部，可进入大学以后，连一个班委都没当上。一气之下，张某就憋着劲儿地表现自己，果然后来如愿以偿，在选举中被选中了。于是，张某便使出浑身解数参加文艺表演、志愿者活动、理论学习、运动会、社会实践等活动。就在他为自己心有余而力不足而感到担忧时，一场高烧将他击倒了。他虽然去医院做了很多检查，经医生诊断也仅仅是上呼吸道感染而已，但张某顶不住这几天的折腾，瘦了一大圈。为了把这几天落下的课程补上，没有完全恢复的他还硬是夹着书本走进了课堂，却怎么也打不起精神来，还总觉得头发晕。张某越着急头就越晕，头越晕就越着急。在随后的几个月里，他总是无精打采的，总是以为自己得了什么说不出由来的病，于是就频频跑医院。可无论是到什么样的医院，做什么样的检查都没有查出问题，但张某就是不相信。久而久之，张某就好像着了魔一样，上课的注意力也无法集中了，学习也远远达不到应有的效率，更不用说履行自己学生干部的职责了。其实，人的一生不可能是一帆风顺的，总会不经意地遇到大大小小的暗礁，规避即可，没必要疑神疑鬼，过度焦虑。

案例三：

激活身心健康之路

小明是一名大二的学生，刚进入大学时，他满怀憧憬，但不久后就陷入了迷茫和焦虑之中。课程难度的提升、社交圈子的扩大，以及未来职业规划的不确定性，让他感到前所未有的压力。每天，他都沉浸在书本和电脑屏幕前，忽略了运动和休息，饮食也变得不规律了，常常以快餐和零食充饥。随着时间的推移，小明的身体状况开始出现问题，经常感到疲惫不堪，注意力难以集中，甚至偶尔还会出现失眠的情况。同时，他的情绪也变得低落，对周围的事物失去了兴趣，与朋友的交流也变得越来越少。一天，小明在校园里偶然遇到了一位正在晨跑的同学，那位同学脸上洋溢着轻松的笑容，让小明羡慕不已。他意识到，自己不能再这样下去了。于是，小明决定改变自己的生活方式，开始注重身心健康。他制订了合理的作息计划，每天保证足够的睡眠时间，并坚持晨跑。在饮食上，他也开始注重营养均衡，告别了快餐和零食，转而选择更加健康的食品。此外，他还加入了学校的心理社团，学习如何管理自己的情绪和压力。

几个月后，小明发生了翻天覆地的变化。他的身体变得更加健壮，精神状态也焕然一新。他重新找回了对学习和生活的热情，与同学们的交流也变得更加频繁和愉快。更重要的是，他学会了如何平衡学业、生活和身心健康之间的关系，为自己未来的良好发展奠定了坚实的基础。其实，身心健康是生活的基石。只有注重身心健康，我们才能更好地面对学习和生活中的挑战，享受更加充实和美好的大学生活。

> **案例四：**
>
> **大学生身心健康的促进**
>
> 某高职院校开展学生阳光晨跑系列活动，深入贯彻执行《国务院办公厅关于强化学校体育促进学生身心健康全面发展的意见》，组成检查小组，对晨跑活动进行常规检查。学校推出"阳光长跑运动达人"排行榜，每周根据App后台"有效里程"数据统计，点名表扬全校"阳光长跑"前十名学生，学校将对于每期上榜的学生进行奖励。同时，开展"浙青年·爱运动"系列体育活动，引导学生放下手机、走出寝室、走进操场，通过以上举措，学校学院齐抓共管，学生对阳光晨跑活动表示广泛接受并表示认可，为将来走出学校、更好融入社会打下了基础。

一、身心健康的意义

大学生作为国家的未来和希望，其身心健康状况不仅关乎个人成长与发展，更直接影响到社会的进步与繁荣。继"佛系""躺平"后，"脆皮大学生"这一新名词登上网络热搜，指当代大学生虽然年纪轻轻，但身心状态脆弱到不堪一击。网络上更有同学晒出"作息混乱心律不齐""伸懒腰闪到脖子""求职迷茫到脑部发炎"等，这些看似匪夷所思的经历虽是偶发性个案，背后却折射出大学生"脆弱"的身心状态。

身心健康在个人发展中扮演着核心角色，它不仅影响个体的生活质量与幸福感，还深刻关联着个人的社会适应力及贡献能力。大学作为心理成熟过程中的关键节点，是建立健康生活方式、培养积极心态和坚韧性格的黄金时期。新时代的社会发展，对个体提出了更高的要求，要求具备强健的体魄、稳定的心理状态及完善的人格结构，以应对复杂多变的社会挑战。加强高校健康教育、提升学生健康素养，是贯彻落实党的教育方针、全面实施素质教育、促进学生全面发展、加快推进教育现代化的必然要求。对于大学生而言，成为有用之才的前提，是拥有健康的身体与心理状态，这要求他们在日常生活中注重体育锻炼，积极参与心理健康活动，实现身心的同步发展。

（一）促进个人全面发展

大学生身心健康在其个人全面发展的进程中占据着举足轻重的地位。它不仅是学业成功的基石，更是未来职业生涯和人生幸福的保障。

1. 身心健康有助于提升学习效率与质量

健康的身心状态有助于大脑功能的充分发挥，提高记忆力、注意力及思维活跃度，使大学生在学习过程中更加高效。良好的身心健康状况能有效缓解学习带来的压力，避免因长期紧张而导致的焦虑、抑郁情绪，从而保持积极向上的学习态度。

2. 身心健康有助于塑造健全人格，增强自我认知

通过参与体育锻炼、心理健康活动，大学生能更好地认识自我，了解自己的优势与不足，促进自我成长。同时，身心健康的大学生更容易形成乐观、自信、坚韧不拔的性格特质，这些品质是他们面对未来挑战的重要保障。

（二）增强社会适应能力

身心健康不仅是个人成长和发展的基础，也是大学生有效融入社会、适应复杂多变环境的关键。

1. 提升心理韧性，增强应对挑战的能力

身心健康的大学生往往具备更强的心理韧性，即面对挫折和失败时能够迅速恢复并保持积极向上的态度。这种心理韧性使他们能够更好地适应社会环境的变化，无论是学业上的挑战、就业市场的竞争，还是人际关系中的摩擦，都能以更加坚韧和乐观的心态去面对和解决。

2. 促进人际交往，构建和谐社会关系

身心健康的大学生往往更容易与他人建立良好的人际关系。他们情绪稳定、心态平和，能够真诚地与他人交流，理解并尊重他人的感受和需求。这种人际交往能力不仅有助于他们在校园内与同学、老师建立良好的关系，也能为他们将来步入社会、与同事、合作伙伴和客户等建立良好的合作关系打下坚实的基础。

（三）奠定终身幸福基础

大学生身心健康不仅是学业成功和职业发展的基石，更是奠定终身幸福的重要基础。

1. 提升生活质量

身心健康的大学生拥有更高的生活质量。他们精力充沛，能够更好地享受生活中的美好时光，无论是学习、工作还是休闲娱乐，都能以最佳状态投入其中。同时，健康的身体使他们免受疾病的困扰，减少了因健康问题带来的痛苦和不便，从而更加珍惜和享受生活的每一个瞬间。

2. 培养积极的生活态度和价值观

身心健康有助于大学生培养积极的生活态度和价值观。身心健康的人能够以乐观的心态面对生活中的挑战和困难，相信自己的能力和潜力，积极追求自己的梦想和目标。同时，他们也更加注重身心健康的重要性，懂得如何保持平衡的生活方式，积极缓解压力，避免养成不良习惯。这种积极的生活态度和价值观使他们能够在生活中保持积极向上的心态，享受幸福生活的每一个瞬间。

二、大学生身心健康的重要性

大学生身心健康至关重要，它是学习进步的基石，关乎思维活力与学习效率；是人格完善的保障，促进情绪稳定与社交和谐；更是未来成就的钥匙，奠定职业发展与社会适应的基础。身心健康的学生能够在多个领域展现自己的才华，实现个人价值的最大化；能够更专注地投入学习，提高学习效率和质量，保持良好的思维能力和创造力；能更好地面对挑战，把握机遇，实现个人价值。

《全面加强和改进新时代学生心理健康工作专项行动计划（2023—2025年）》

三、大学生身心健康教育的具体内容

大学生身心健康教育的具体内容，可以归纳为以下三个方面：体质强化教育、心理调适教育和社会适应教育。这三个方面相互交织，共同构成了大学生身心健康教育的完整框架。

（一）体质强化教育

体质强化教育是大学生身心健康的基础，侧重于通过体育锻炼、健康饮食和良好生活习惯的培养，提升学生的身体素质和免疫力。在体育锻炼方面，在学校参与多样化的体育课程和课外活动，如篮球、足球、瑜伽、游泳等，通过定期参与体育锻炼，增强体质，提高心肺功能，减少疾病的发生。同时，运动还能释放压力，缓解焦虑情绪，有助于心理健康的维护。此外，良好的生活习惯也是体质强化教育不可或缺的一部分，应保证充足的睡眠时间，避免熬夜和过度劳累，以保持身心的和谐与平衡。

（二）心理调适教育

心理调适教育关注大学生的心理健康和人格发展。大学生面临着学业压力、培养人际关系、未来规划等多重挑战，除学校设立心理辅导中心，配备专业的心理咨询师，为学生提供个性化的心理咨询服务以外，学生应该学会主动调适自己的心理，比如参加心理健康讲座、阅读心理健康书籍等，保持心理健康；学会正视自己的情绪，接受自己的情绪波动，当遇到挫折或困难时，不要逃避或压抑情绪；学会表达情绪，学会培养积极的心态，以乐观的态度面对生活中的挑战。

（三）社会适应教育

社会适应教育帮助大学生更好地融入社会，建立良好的人际关系，提高社交能力和团队协作能力。大学生应积极参与学校的社团活动、志愿服务等，以拓宽社交圈子，结交更多朋友。在参与活动的过程中，学生不仅能锻炼团队协作能力和沟通能力，还培养责任感和奉献精神。此外，学生还应学会处理人际关系中的冲突和矛盾。当遇到人际问题时，不要逃避或采取极端行为，而是要学会冷静分析、理性沟通，寻求双方都能接受的解决方案。而且，学生还应该关注社会的发展动态，了解社会的需求和期望。通过参加社会实践、实习等活动，学生可以更好地了解社会，提高自己的社会适应能力。明确职业目标和发展方向，为未来的职业生涯做好准备。

四、大学生提升身心健康的实践方法

养生孰为本，元气不可亏；养生孰为先，养心须乐观。身心健康最终要落脚到实践与习惯养成上。

（一）均衡饮食与规律运动：构建健康的生理基础

均衡饮食与规律运动是维持身体健康的基石。大学生应注重膳食多样化，确保摄入足够的蛋白质、碳水化合物、脂肪、维生素和矿物质。适量补充水分也很重要，以促进新陈代谢，保持身体机能的正常运转。同时，规律性的体育活动不仅能够增强体质，提高免疫力，还能有效缓解学习压力，改善睡眠质量。大学生应根据自身情况选择合适的运动项目，如慢跑、游泳、瑜伽、篮球等，每周至少进行3～5次，每次持续30分钟以上。重要的是，运动应成为一种习惯，这样才能真正发挥促进身心健康的作用。

(二)积极心态与情绪管理:培养坚韧的心理素质

面对学业、就业、人际关系等多方面的压力,保持积极乐观的心态尤为重要。大学生应学会正面思考,将挑战视为成长的机会,相信自己的能力,勇于尝试新事物。遇到困难时,不妨换个角度看待问题,寻找解决问题的积极途径。同时,培养感恩的心态,珍惜现有的资源和机会,这有助于提升幸福感和满足感。

有效的情绪管理是维护心理健康的关键。大学生应学会识别自己的情绪,正确面对情绪,而不是逃避或压抑。当遇到负面情绪时,可以通过深呼吸、冥想、写日记等方式进行自我调节,或是与朋友、家人倾诉,寻求情感支持。此外,参加心理健康教育活动,学习情绪管理的技巧和策略,也是提升情绪智力的有效途径。

(三)良好社交与时间管理:营造和谐的外部环境

人是社会性动物,良好的人际关系对于大学生的身心健康至关重要。大学生应积极参与校园社团活动、志愿服务等,拓宽交际圈,结交志同道合的朋友。在交往中,学会倾听、尊重他人,培养同理心,这不仅能增进友谊,还能提升个人的社交能力。同时,面对人际冲突时,应以平和、理性的态度解决,避免过度内耗自己的情绪。

合理的时间管理是平衡学习、休闲与社交的关键。大学生应制订合理的学习计划,合理安排每日的学习、休息和娱乐时间,避免拖延。利用日历、待办事项列表等工具辅助管理时间,提高效率。同时,学会将事项按优先级排序,确保重要且紧急的事项优先处理,减少不必要的焦虑和压力。

大学生应当认识到,身心健康是一个动态的过程,需要不断地进行维护。通过坚持身心健康的实践,不仅能够促进个人的全面发展,还能为未来良好的社会生活奠定坚实的基础。

> **知识积累**

大学生的身心健康是高效学习与快乐生活的基石,这里提供5个轻松保持身心健康实用方法。

1. 饮食与营养

(1)均衡膳食:确保每餐都有蛋白质(如鸡胸肉、豆腐)、复合碳水化合物(如糙米、全麦面包)和大量蔬菜。

(2)定时定量:尽量保持每日三餐定时,避免晚餐过晚或过量。

(3)多喝水:每天至少喝8杯水(1.5~2升),保持身体水分平衡。

(4)限制加工食品:减少快餐、零食和含糖饮料的摄入。

（5）吃早餐：早餐是一天中最重要的一餐，不要忽略。

（6）补充维生素：通过自然食物或医生指导下的补充剂来补充必需的维生素和矿物质。

（7）细嚼慢咽：有助于消化，同时能更好地感受食物的味道。

（8）记录饮食：偶尔记录自己的饮食，可以帮助发现并调整不良饮食习惯。

2. 运动与锻炼

（1）日常步行：每天至少步行30分钟。

（2）定期运动：每周至少进行三次中等强度的运动，如慢跑、游泳或骑自行车。

（3）力量训练：每周至少进行两次力量训练，增强肌肉力量和耐力。

（4）拉伸放松：运动前后进行拉伸，减少肌肉紧张和受伤风险。

（5）团体运动：加入运动社团，如篮球队、瑜伽班。

（6）利用校园资源：使用学校的健身房、跑道等设施。

（7）变换运动方式：尝试不同的运动，保持新鲜感和兴趣。

（8）设定目标：为自己设定可达成的运动目标，逐步提升。

3. 心理健康与情绪管理

（1）正念冥想：每天花几分钟进行正念冥想，帮助放松心情，减少焦虑。

（2）日记记录：写下每日的心情和想法，有助于情绪释放和自我反思。

（3）积极自我对话：用积极的话语鼓励自己，替代消极思维。

（4）寻求支持：与朋友、家人或心理咨询师分享你的感受和困扰。

（5）时间管理：合理规划时间，避免拖延。

（6）学会放手：接受不完美，学会对某些事情放手，减轻心理负担。

（7）培养兴趣爱好：做自己喜欢的事情，如绘画、阅读，提升生活乐趣。

（8）感恩练习：每天写下至少三件让你感到感激的事情，培养积极心态。

4. 睡眠与休息

（1）固定作息：尽量每天在同一时间睡觉和起床。

（2）创造良好睡眠环境：保持卧室安静、黑暗和适宜的温度。

（3）避免睡前受到刺激：睡前避免使用电子设备、喝咖啡或茶。

（4）放松身心：睡前进行深呼吸、瑜伽或阅读等放松活动。

（5）限制午睡：如果白天需要小憩，不超过20分钟。

（6）使用舒适的寝具：确保床垫、枕头和被子适合你的身体。

（7）避免过度思考：睡前不要思考学习或工作问题，让大脑得到休息。

（8）举行睡前"仪式"：如洗热水澡、听轻音乐，帮助身体进入放松状态。

通过这些小技巧，大学生可以在日常生活中轻松培养良好的健康习惯，从而有效提升身心健康水平，为良好的学习和生活打下坚实的基础。

课堂讨论

在奥运会上，无数中国的运动健儿扛住压力、夺得冠军，他们作为顶尖运动员，十分注重身心调节策略。我们从中可以得到启示：科学运动不仅能增强体质，更能构建心理韧性。对高校学生而言，运动既是缓解学习疲劳的有效手段，也是应对挫折的"情绪缓冲带"。当学业压力与职业焦虑交织时，多运动可有效促进身心健康。许多同学明知运动有益，却因"没时间""太累"等理由拒绝运动。

《学生体质健康监测评价办法》

请结合自身经历讨论：你在运动中最直接的身心感受是怎样的？请制订一份适合自己的运动方案。

课后练习

一、实践训练

（一）召开"身心健康"相关主题班会

1. 实践活动设计及要求

（1）班会主题：青春健康，同行未来

（2）班会背景与目标

在当前快节奏的学习与生活中，大学生面临着学业压力、培养人际关系、未来规划等多重挑战，这些压力往往对学生的身心健康造成一定影响。为了积极响应国家对青年学生身心健康的关注，提高大学生自我保健意识，促进班级内部的交流，特举办此次"青春健康，同行未来"主题班会。

通过开展主题班会，提升同学们对身心健康重要性的认识，理解身心健康的内涵；分享实用的身心健康维护方法，包括合理饮食、规律运动、有效休息、情绪管理等；增强班级凝聚力，鼓励同学们相互支持，共同面对身心健康挑战，为成为具有高品德、高素质复合型技术技能人才打下基础。

（3）班会实施

① 导入：思考你在日常生活中是如何维护身心健康的。

② 讲座与分享：邀请校内外身心健康领域的专家进行专题讲座。

③ 小组讨论：你遇到过哪些身心健康方面的问题，是如何解决的？

④ 互动活动：开展"健康知识竞赛""身心放松操"游戏，让学生在轻松愉快的氛围中学习和掌握身心健康知识。

⑤ 班会总结。

⑥ 拓展训练。

（4）班会反思

2. 评价标准

项目	评价指标	评价内容
班会主题（10分）	班会题目	新颖、生动，体现班会理念与内容
	班会目的	主题鲜明，具有时代性、思想性、专业性，突出班集体建设
班会内容（20分）	班会素材	紧扣主题，丰富新颖，重点突出，针对性强。活动内容具体而不空洞，紧密联系学生实际，能用学生易于接受的事例说明问题，符合班集体建设的要求
班会形式（15分）	学生主体性	学生参与面广，能够自主参与、自主体验班会活动
	形式多样性	班会活动设计多样，有班级特色，能展示独特的班风、学风、班级文化风采
班会过程（30分）	班会环节	紧扣主题，衔接自然，实效性强
	班会整体结构	结构合理，设计合理，运作完整
	班会点评	教师客观评价，全面剖析，升华思想
班会效果（20分）	班会氛围	班会过程气氛和谐、适宜、张弛有度，能调动全体学生参与活动的积极性
	班会整体效果	班会目标圆满达成，对学生有启发和激励，富有教育意义
班会特色（5分）	亮点	从立意、出发点、形式、活动流程、内容和互动等各方面进行创新，有亮点有特色

(二)"浙青年·爱运动"系列活动

1. 实践活动设计及要求

鼓励学生"走下网络、走向操场、走近自然"，引导学生在运动中驱散阴霾、拥抱阳光、收获快乐，促进学生的身体健康，培养学生积极向上的生活态度。

2. 评价标准

项目	评价指标	评价内容
活动目标达成度（15分）	健康促进	学生参与活动后，身体健康指标（如体能测试成绩）有所提升
	心理调适	学生反馈显示心理压力减轻，积极情绪增加
	社交能力	学生在活动中增强团队协作能力，扩大社交圈
活动参与度（15分）	参与人数	活动实际参与人数与预期人数的比例
	参与积极性	学生参与活动的热情度，如报名踊跃程度、到场率等
	互动情况	活动现场学生之间的互动频率和质量
实施效果（50分）	活动组织	活动流程顺畅，无重大失误或延误
	教育意义	活动内容具有教育性，达到预期的学习目标
	满意度调查	学生、教师对活动的整体满意度评价
可持续性（20分）	后续跟进	活动结束后有持续的跟进措施，如建立运动兴趣小组等
	活动影响力	活动激发了更广泛的学生群体对运动的兴趣和参与度
	反馈与改进	建立了有效的反馈机制，用于收集意见并不断改进活动质量

（三）校园心理情景剧展演

1. 实践活动设计及要求

（1）以班级或学生团体为单位，征集原创或结合身边事改编的心理情景剧剧本并排演。剧本须紧扣主题，内容健康、积极向上，反映当代大学生的心理现象和问题。

（2）各参赛队伍自行选拔演员，进行排练。鼓励辅导员老师和学生干部积极参与，鼓励舞台形式创新，丰富舞台效果。

（3）学校统一组织复赛与决赛。比赛形式以舞台表演为主，设置评委打分环节。

2. 评价标准

项目	评价指标	评价内容
剧本内容（40分）	主题鲜明	剧本主题明确，能够紧扣心理情景剧的核心议题，反映大学生学习、生活和情感中的心理冲突
	内容健康	剧本内容积极向上，思想健康，能够给人以启迪，避免消极、负面的内容
	专业与艺术结合	表演艺术与心理学知识结合得当，能体现青春的生命、活力和希望，同时具有一定的艺术感染力
演员表演（30分）	表现力	演员间配合默契，能够共同完成整部心理剧的演出，无偏台、笑场等表演失误
	团队合作	包括台词吐字清晰、语调运用得当，以及能够准确表达角色情感等
舞台效果（20分）	舞美	道具和服装使用能准确表现剧情场景和人物身份，具有艺术效果。灯光和音乐的使用能够烘托剧情氛围，增强演出效果
	舞台设计与换场	舞台设计感强，上下台流程清晰、不混乱，换场有序
现场影响力（10分）	观众反应	剧情感染力强，能够引起观众共鸣，现场观众反映强烈

（四）心理健康与生命教育课程学习与考试

1. 实践活动设计及要求

（1）以班级为单位，学习《心理健康与生命教育》课程。

（2）以班级为单位，统一时间参加《心理健康与生命教育》课程考试。

2. 评价标准

（1）考试不合格者，须重修重考。

（2）考试违纪、作弊者，按《学生手册》予以相关纪律处分。

二、知识训练

（一）大学生应如何有效管理压力，以便促进身心健康？

（二）大学生应如何识别并应对常见的心理健康问题，如焦虑和抑郁？

活动性课程任务三 学习能力

GAOZHI XUESHENG
ZHIYE SUYANG

课程名称 学习能力系列活动

课程主题 学会学习，"阅"在其中

主办部门 学工部、各学院党总支

学习目标

- **知识目标**：了解学风建设与书香校园建设对于培养终身学习意识及提升学习能力的积极作用；理解大学生学习能力养成的重要性；掌握学校关于学风建设的具体内容和要求。
- **能力目标**：学会运用"SQ3R"读书法，提高阅读效率和理解能力；熟练掌握使用思维导图制作学习笔记的技巧，提高知识整合能力；能够运用相关知识策划并开展读书分享活动，增强团队合作和交流能力。
- **素质目标**：树立终身学习意识；培养良好的学习习惯；提高学习素养。

案例引入

案例一：

孔乙己的"长衫"

前段时间，"孔乙己文学"火上了热搜。该词最初源于一位网友的感叹："学历不但是敲门砖，也是我下不来的高台，更是孔乙己脱不下的长衫。"该言论一出瞬间引发大量讨论，央视网等多家媒体纷纷加入了讨论。

孔乙己原是鲁迅笔下的一个经典人物，他的长衫是执念又是束缚。作为唯一一个"站着喝酒而穿长衫"的落魄书生，他迂腐又自命清高，不屑与"短衣帮"为伍，落入高不成低不就的地步，被束缚在科举制度和封建社会的"长衫"之中。网络热议的"孔乙己文学"其实就是受过高等教育的年轻人以鲁迅笔下的穷困却放不下读书架子的孔乙己自比，他们暂时找不到理想的工作，又不想将就过日子，于是陷入了进退两难的地步。

其实，从"内卷"到"躺平"，从"小镇做题家"到"985废物""鼠鼠文学"，就业、教育资源的问题就一直是年轻人关心的核心议题。自"孔乙己文学"走红后，"大学最后悔学的专业是什么""今年高校毕业生预计×××万人"等话题也接连引发热议。这些短语狠狠戳进大学生们的心窝子，并迅速成为宣泄压力的符号输出。"孔乙己文学"背后反映的是年轻人面对学历贬值、专业知识与社会脱节等问题的焦虑、不安与倦怠。

案例二：

"电子榨菜"如何更香

"电子榨菜"主要指吃饭时看的短视频，如同榨菜一样，成了很多人的"下饭神器"。如"三分钟看完《鸟人》"，"5分钟搞定《霍比特人1~3》"等网络短剧、短视频。虽然从科学的角度来说，"电子榨菜"并不能真的改变饭菜的味道，但却能改善人们进食的情绪。特别是对独自进食的人来说，"电子榨菜"在一定程度上舒缓了孤独，提供了精神陪伴。但同时，也有人担心它们正让人逐渐失去耐性。比如，某平台曾发布一则关于"电子奶瓶"的视频，里面提到有人看《红楼梦》，第一页看了15次都没翻过去。对观众来说，看"电子榨菜"可以调节口味，但不能只看这些视频内容。就像人不能只吃榨菜，也要吃好主食和新鲜蔬果。保持深度阅读的习惯，才能促进独立思考，提高思辨与逻辑能力，透过现象认清本质，提升认知和眼界。

案例三：

从"董宇辉"身上，我们可以学到什么

你读过的书，走过的路，都是你人生的积淀，书不一定能回答你的问题，但

书能让你不纠结这些问题，财富会消亡，知识不会。董宇辉本是某培训学校的一名英语老师，在"双减"政策后转行成为某电商平台的农产品主播，他的直播别具一格，常采用双语直播，以吟诗作赋、段子鸡汤等独特的直播方式，在走红的同时收获了大批忠实粉丝。他的大火并不是一个意外，而是厚积薄发的结果，过往的知识储备让他在直播时出口成章、侃侃而谈，多年的教培经验让他拥有了强大的镜头表现力。某电商平台得益于董宇辉个人的强大业务能力，获得了庞大的流量支持，产品销量屡创新高。当今社会发展日新月异，直播行业的兴盛让许多人看到了一条成功的捷径，很多大学生持着读书无用，辛辛苦苦寒窗苦读多年不如直接去当网红搞直播赚钱成名更快这样的观点，董宇辉的经历很好地驳斥了这一谬论。才华、知识的积累放在任何行业都是十分宝贵的精神财富，能助力个人职业道路发展得更稳、更长远，直播行业亦如是。

案例四：

《劝学》（节选自《荀子》）

君子曰：学不可以已。青，取之于蓝，而青于蓝；冰，水为之，而寒于水。木直中绳。鞣以为轮，其曲中规。虽有槁暴，不复挺者，鞣使之然也。故木受绳则直，金就砺则利，君子博学而日参省乎己，则知明而行无过矣。

吾尝终日而思矣，不如须臾之所学也；吾尝跂而望矣，不如登高之博见也。登高而招，臂非加长也，而见者远；顺风而呼，声非加疾也，而闻者彰。假舆马者，非利足也，而致千里；假舟楫者，非能水也，而绝江河，君子生非异也，善假于物也。

积土成山，风雨兴焉；积水成渊，蛟龙生焉；积善成德，而神明自得，圣心备焉。故不积跬步，无以至千里；不积小流，无以成江海。骐骥一跃，不能十步；驽马十驾，功在不舍。锲而舍之，朽木不折；锲而不舍，金石可镂。蚓无爪牙之利，筋骨之强，上食埃土，下饮黄泉，用心一也。蟹六跪而二螯，非蛇鳝之穴无可寄托者，用心躁也。

案例五：

让学习成为一种生活方式

在"知识半衰期"的概念中认为，一个在某一领域很有学问或有丰富专业知识的人，如果不再学习，在一定时间后就会进入知识半衰期，即基础知识仍可用，其他一半的所学知识已经落伍。随着社会和科技的发展，知识更新周期变短，知识裂变速度加快。"知识半衰期"正在日益缩短，由最早的100年逐渐缩短至3年。

今天，各行业"内卷"严重，人工智能在飞速发展……个体在大势面前无比渺小，如何让自己立于不败之地？终身学习是每个人都不得不面对和思考的问题。从 Midjourney 作图，到 ChatGPT 写作，再到文生视频模型 Sora，AI 以迅猛之势进入我们的生活和工作，已经对很多产业造成了不同程度的冲击。根据世界经济论坛的报告，2025年，机器人和自动化将取代 8 500 万个工作岗位，但也将创造 9 700 万个新岗位。

一、培养学习能力的意义

俗话说："活到老学到老。"世界万千，时代在变迁，事物在变化，我们需要学习的东西有很多，所谓学海无涯。明末清初思想家陈确所说："物之成于气，人之成于学。"物的形成在于气，人的成功在于学，强调了学习的重要性。东汉哲学家王充在其无神论著作——《论衡》中说，"人有知学，则有力矣"，指出人有了知识，就有了力量。《论语·为政篇》中说，"学而不思则罔，思而不学则殆"，则是对学习和思考之间关系的深刻理解，告诉我们学习的方法，即要在理论联系实际，不断反思中巩固学习。高校要将终身学习理念贯穿大学教育全过程，培养具有创新创造能力的终身学习者。

从社会发展进程的角度来看，学习是推动社会进步的关键因素。人类社会的发展史就是一个不断学习、探索和创新的过程。从古代的农业文明到现代的工业文明，再到今天的信息时代，每一次重大的社会变革都离不开人类对新知识、新技术的学习和掌握。正是因为有了这种持续学习的能力，人类才能不断突破自身的局限，创造出更多的科技成果，推动社会的不断进步。

（一）提高自我的认知

知识是无穷无尽的，学习也没有尽头。人生漫漫，学习的首要目标就是认知自我，这里的认知自我并不是简单的认识自己是谁、自己想要做什么，而是要通过学习开发自己的潜能，将自己的潜力激发出来，做到真正的认知自我、发展自我。

（二）提升社会竞争力

在现代社会发展中，学习是我们一生所要追求的事情。学习是每个人成长道路上的启明灯，不仅为我们提供了丰富的精神食粮，还陶冶了情操，使我们知道该如何通过学习不断认知自我、提升自我。不断提升学习能力可以帮助我们更好地掌握现代社会的新技术、新技能，更好地适应当下的学习生活，从而更有信心和底气面对未来的不确定性。

（三）开阔自身的眼界

读万卷书，行万里路。学习能够为我们的日常生活带来无穷乐趣，即使无法亲身体验万里之遥的风景，也可以通过阅读来领略世界的多彩。一个人是否努力学习，将直接影响其未来的发展轨迹。在校园里，要珍惜安稳学习的日子，珍惜与世界各地学习者交流的机会，珍惜与良师益友共同探讨的时光。走出校园后，也要始终保持一颗求知的心，在社会实践中不断学习，在经验上得到丰厚的补偿。无论在哪个领域，勤奋学习总能带来丰硕的成果，学习无疑是一项稳赚不赔的投资。

（四）满足人的求知欲

每个人都有追求知识的权利，都有选择是否学习的权利。有人通过学习认识自己，有人通过学习提升自己，有人通过学习开阔眼界。这些都是在满足自身的求知欲，是对学习的一种探索精神。学习是一件激发人们积极思考，将人类长期积累的认知成果转化为知识的方式。经过人们大脑自觉的思考和积极的行动，激发人们对于学习知识的欲望，培养了学习的兴趣。我们通过思维活动获取知识，满足自身的求知欲望。

（五）创造更多可能性

学习之路充满挑战，却是丰富自我的过程。或许有人会说，在这个迅速变迁的时代，根本抽不出时间静心学习。然而，正如文学家鲁迅所言："时间就像海绵里的水，只要愿挤，总还是有的。"的确，只要我们有意识地利用时间，哪怕是零散的片刻，用于学习，也能逐渐积累起可观的知识财富。只有不断地学习，我们才能激发潜能，创造无限的可能性。在学习的过程中，虽然会遇到种种不确定性和挑战，但也正是这些经历使我们开阔了视野，创造了更多的机遇。想与时俱进，就必须持续学习，不断丰富自己的内涵。学习不仅带给我们知识和快乐，更提升了我们的智慧和精神境界，使我们的内心世界更加丰富。

二、大学生学习能力的具体内容

学习能力是指个体主动获取新知识、掌握新技能，以及解决新问题的能力。因此学习能力是一种综合的能力，它包括了思考、总结、行动等多个方面。

（一）思考是学习能力的起点

无论是阅读、听课还是做题，我们都需要进行深入的思考。只有通过思考，我们才能真正理解知识的内涵，将其转化为自己的能力。爱因斯坦曾深刻地指出："提出一个问题比解决一个问题更重要。"在我们的学习实践中，没有问题往往才是最大的问题。当我们不敢提问、不愿提问、不知如何提问时，这表明我们并未真正进入学习的状态。因此，没有深度的思考，就不会有真正的学习。

1. 建立问题意识

在学习的历程中，个体"思维火花"的点燃，是其成长和发展的关键，而这个"火花"，就是问题意识。提问题是人对世界好奇、对知识渴望的直接体现。它不仅代表了人的初步思考，更是培养人的创新思维和解决问题的起点。

2. 提高问题质量

在培养学习能力的过程中，不仅需要主动提问，还要注重提高问题的质量。高质量的问题意味着我们不仅对知识有初步的疑问，还反映了我们有深入思考和持续探索的意愿。通过提高问题质量，可以进一步促进人的思维发展、提高学习能力。

（二）总结是学习能力的深化

总结是对一定时期内的工作加以总结、分析和研究，肯定成绩，找出问题，得出经验教训，摸索事物的发展规律，用于指导下一阶段工作的有效途径。总结不仅能帮助我们理顺知识结构，突出重点，突破难点，还帮助我们稳固知识点，为后续工作做好准备，不断发现问题、解决问题并总结归纳问题，可以为我们未来的学习提供方向和指引，避免在学习的道路上迷失方向。

1. 改变记笔记的方法

传统的记笔记方法往往是机械地记录老师所讲的内容，这种方法容易导致笔记冗长、杂乱无章。相反，我们应该尝试用简洁明了的方式记录关键信息，例如使用图表、流程图、思维导图等工具，将知识点进行可视化呈现，从而更好地理解和记忆知识点，提高笔记的检索效率。

2. 培养概括性思维

概括性思维是一种将事物归纳总结、提炼核心要点的思维方式。要通过尝试对所学知识进行概括性陈述，进而培养概括性思维。例如，在学习一篇文章或一本书之后，尝试用简短的语言概括文章或书籍的主旨，从而更好地掌握知识点。

3. 多进行思维训练

思维训练是一种通过解决各种思维难题，进而提高思维能力的方法。我们可以通过参加各种思维训练课程、解决实际问题等方式，不断地尝试、思考、总结，锻炼自己的思维能力。

（三）行动是学习能力的强化

行动是学习的实践环节，是将总结出来的思路付诸实践，通过行动来检验和完善自己的理解。只有通过行动才能真正将知识转化为自己的能力。同时，行动也是一种反馈机制，它可以帮助我们发现学习中的不足和问题，进而进行改进和调整。

1. 自律中监督行为习惯

从生活方面而言，最简单的早睡早起，保持良好的睡眠也能够提高自身的学习能力。因为人在睡眠不足的时候，头脑反应迟钝，记忆力下降，解决问题的能力大大降低，这也就导致学习能力并不能得到完全利用。也可以养成一个运动爱好，比如跑步、骑行、篮球，从而形成良好的身体素质和交际圈。从学习方面来说，保持自律更重要，按照自身的学习计划行动，合理利用一切时间，既能提高学习效率，又能拓展学习的领域，从而达到提高学习能力的效果。

2. 阅读中构建知识框架

首先是信息的输入，也就是广泛地学习。充足的知识储备是构建知识体系的坚实基础。通过设定具体的学习范围，从不同渠道对知识进行学习，才能更好地建立起知识的脉络。其次是建立起知识点之间的联络，在掌握知识基本概念的基础上，把握知识整体发展方向。最后是重复梳理，这是加深理解的重要手段。重复，既可以是对知识的充分理解与深入学习，也可以是对知识网络的反复应用，它不仅能更加清晰地梳理各个知识点，而且能够建立更加透彻的认知思维。

3. 实践中积累学习经验

参与社会实践，既是对自身知识体系的检验与梳理，又是对知识体系的不断补充。在实践中，我们能够更加有力地理顺知识脉络，从不断积累的经验中反思自我、提升自我，也能进一步开阔眼界，通过丰富自身见识、增长阅历来提高学习能力，促进多方面的发展，实现"知行合一"。

三、大学生学习能力的实践方法

（一）知：树立大学习观

朱熹说："无一事不学，无一时不学，无一处不学。"大学生首先需要转变"学习仅限于学校或课堂"的传统观念，建立起在生活中随时随地都能学习的新观念。在课堂之外，日常生活中蕴含着无数学习的机会。例如，观察电工如何修理电灯、安装插座，这些都是实用的生活技能。或许有一天在职场中，当办公室的电灯损坏或需要安装插座时，如果你能运用这些知识轻松应对，必定会给领导和同事留下深刻印象，甚至可能因为这样的小事而获得事业上的转机。

（二）情：激发学习兴趣

兴趣是最好的导师，学习兴趣往往能通过目标的实现得以激发。一个人所追求的目标越高远，他的责任感就越强烈，从而更能激发自身的积极性。正如古语所云："取法于上，仅得为中；取法于中，故为其下。"以大学生考研为例，如果将目标设定为考取一流大学的一流专业，并为之付出努力，即便最终未能如愿，结果也不会太差。同时，在设定目标时，需要注意以下几点：目标是清晰可以达到的；确立目标的优先级，并排出一个序列；确定达成较小的学习单元目标；定期对目标重新加以评估，不断自我反省激励。

（三）意：严格时间管理

时间即是生命，时间即是效率，时间即是资源。要培养自己的学习能力，就必须学会科学合理地管理时间。在进行时间管理时，应注意以下几点：避免毫无计划地行事，应为接下来的几个月乃至一年制订明确的规划；制订了计划和目标，就要避免犹豫不决，果断地采取行动；对于每一项任务，应尽量一次性完成，避免将其分解成多次完成；杜绝拖延，不应将今日之事留待明日；抵制逃避，不应以各种理由逃避学习；防止中断，应坚持不懈地执行学习计划，不放弃对目标的追求。

（四）行：改进学习方法

"SQ3R"读书法有助于提高大学生的学习能力。"SQ3R"表示纵览（survey），提问（question），阅读（read），背诵（recite），复习（review）五个连续的阶段。

1. 纵览

纵览就是对全书进行快速的浏览，弄清这本书的基本内容，对作者的基本观点有一个初步印象。一般来说，可以先阅读作者的序言（前言）或后记，了解作者写这本书的意图和目的。纵览往往可以了解到关键信息，启发自己的思路。

2. 提问

大学生在学习过程中，不仅要学会解决问题，更重要的是学会提出问题。在读书时，要透过书中表面字句去捕捉问题，敢于在无疑处生疑，提出自己的设想。有了问题，就会进一步去探索，从而提炼出新观点。

3. 阅读

阅读的目的是正确理解和深入掌握文章的精髓，对重点章节学深吃透，做到融会贯通，使其成为自己知识结构的牢固基础。因此，要养成思考的习惯，边读边想，必有所得。

4. 背诵

不是指逐句的复诵或默记,而是指在理解的基础上,集中精力把有关章节的中心思想和基本观点牢记在脑中,当然,不排除把某些重要的基本概念背诵出来。

5. 复习

想要长时间保留在记忆中的材料必须反复复习。注意每次复习,在内容上要有所开拓,有所发展。

知识积累

学习能力是拉开人和人之间差距的关键,这里分享10个提升学习能力的技巧。

1. 制订一个明确的学习计划,并将它分解成可管理的小目标。有计划地规划学习时间和内容,有效提高学习效率。

2. 创造一个专注的学习环境,避免干扰和嘈杂的声音。集中注意力,专心学习,提高学习效率。

3. 学会一些高效的学习技巧,如归纳总结、图表记录、给他人讲解等。找到最适合自己的学习方法,并灵活运用。

4. 尝试不同的学习方式和媒介,比如阅读、听讲座、观看视频、参与实践等。多样性有助于提高对知识的理解和记忆。

5. 通过练习和复习巩固所学知识。反复练习可以加深记忆和理解,并帮助形成更牢固的知识结构。

6. 在学习过程中积极提问和参与讨论,可以帮助加深对知识的理解,激发思考和交流。

7. 保持良好的身体健康对学习至关重要。保持充足的睡眠、健康的饮食和适当的运动,有助于提高大脑的活力和学习效率。

8. 与其他人共同学习可以增加互动和合作的机会,相互激励和互相纠正错误。学习伙伴可以是同学、同事或在线学习社区的成员。

9. 将学习与自己的兴趣和意义联系起来,能够增加学习的动力和投入度。找到学习的乐趣和目标,激发内在的动力。

10. 学习是一个持续的过程,不断追求知识和技能的提升。不要低估自己一个月的改变,也不要高估自己一年的努力。

《杭州市人民代表大会常务委员会关于促进全民阅读建设书香杭州的决定》

课堂讨论

有人说,未来的企业再也没有绝对的互联网公司,因为每个企业都是互联网公司。互联网给我们的生活带来巨大便利的同时,也使行业的发展速度远超从前。跨行业就业即将是我们每一个人在未来需要去面对的状况。如何应对这种变化,甚至如何引领这种变化，是我们这一代就业者需要持续思考的问题。

讨论：面对未来不确定性，大学生如何实现跨专业就业？

课后练习

一、实践训练

（一）召开"学习能力"相关主题班会

1. 实践活动设计及要求

（1）班会主题：高效学习，成就自我

（2）班会背景与目标

学会学习、做学习的主人，这是育人的最高境界，也是一个人最为核心的素养体现。核心素养的提出，很重要的一个原因就是知识更新太快、社会变化太快，当人们面临越来越多的未知和不确定性时，唯有热爱学习、不断学习、学会学习、终身学习才能更好地适应未来。通过主题班会，帮助学生认识"假努力"的本质，了解正确的学习方法；学会如何学习，并树立正确的学习观，乐于学习，能够通过学习成就自我；学会使用正确的学习方法，提高学习效率。

《教育部办公厅等五部门关于举办2024年全民终身学习活动周的通知》

（3）班会实施

① 导入：你是否在假装努力？

② 学习风格测试。

③ 情景剧：校园里的那些"假努力"现象。

④ 小组合作讨论：如何摆脱"假努力"。

⑤ 专业老师分享："SQ3R"读书法（纵览、提问、阅读、背诵、复习），培养良好的阅读意识和习惯。

⑥ 游戏互动：制作学习"便笺""书签"，养成良好的学习习惯，提升学习效率。

⑦ 教师总结。

⑧ 拓展训练。

（4）班会反思

2. 评价标准

项目	评价指标	评价内容
班会主题 （10分）	班会题目	新颖、生动，体现班会理念与内容
	班会目的	主题鲜明，具有时代性、思想性、专业性，突出班集体建设
班会内容 （20分）	班会素材	紧扣主题，丰富新颖，重点突出，针对性强。活动内容具体而不空洞，紧密联系学生实际，能用学生易于接受的事例说明问题，符合班集体建设的要求

续　表

项目	评价指标	评价内容
班会形式（15分）	学生主体性	学生参与面广，能够自主参与、自主体验班会活动
	形式多样性	班会活动设计多样，有班级特色，能展示独特的班风、学风、班级文化风采
班会过程（30分）	班会环节	紧扣主题，衔接自然，实效性强
	班会整体结构	结构合理，设计合理，运作完整
	班会点评	教师客观评价，全面剖析，升华思想
班会效果（20分）	班会氛围	班会过程气氛和谐、适宜、张弛有度，能调动全体学生参与活动的积极性
	班会整体效果	班会目标圆满达成，对学生有启发和激励，富有教育意义
班会特色（5分）	亮点	从立意、出发点、形式、活动流程、内容和互动等各方面进行创新，有亮点有特色

（二）组织"书香校园"班级读书活动

1. 实践活动设计及要求

结合"世界读书日""全民阅读活动"等主题要求，以班级为单位组织开展读书活动。倡导班级同学热爱阅读，培养终身学习的意识。

2. 评价标准

评价内容	评价标准
活动设计（20分）	主题突出、形式新颖、设计合理，具有教育意义
活动组织（20分）	活动开展有序，班级同学精神状态饱满，积极参与互动、讨论等
活动成效（20分）	班级同学在认知、情感、行为等方面有共鸣，达成共识
班级参与率（20分）	班级同学参与率高
宣传报道（20分）	活动产生一定的影响，相关宣传报道有较大的阅读量

（三）开展"思维导图"学习笔记大赛

1. 实践活动设计及要求

参赛学生选定一本课外书籍进行阅读并借助思维导图工具做好学习笔记。要求在A4纸上进行思维导图创作，创作形式不限，要求手绘。作品提交材料为：书籍目录页照片；思维导图作品照片。

2. 评价标准

评价内容	评价标准
完整性（20分）	思维导图要素完整，重点内容无缺失
逻辑性（30分）	逻辑线索完整合理，先后、从属等关系正确，重点突出、主次分明

续　表

评价内容	评价标准
美观性（20分）	色彩搭配合理、线条布局流畅、形状样式美观
创意性（30分）	能结合内容进行创意创作，呈现出独特风格

（四）举办"校友讲坛"——学习能力与职业发展

1. 实践活动设计及要求

邀请3～5名优秀校友开展关于"学习能力与职业发展"的访谈。通过话题设置、问题设计、游戏互动等环节，深入了解校友在职场中是如何通过不断学习获得提升的，在职业发展中走出精彩的人生道路。

2. 评价标准

校友讲坛满意度调查表

话题设置	非常满意	比较满意	不是很满意	不满意	非常不满意
问题设计	非常满意	比较满意	不是很满意	不满意	非常不满意
游戏互动	非常满意	比较满意	不是很满意	不满意	非常不满意
总体情况	非常满意	比较满意	不是很满意	不满意	非常不满意
本次讲坛对你理解专业学习与职业发展的关系是否有帮助	非常有帮助	有比较大的帮助	有一些帮助	没有帮助	毫无帮助

二、知识训练

（一）世界读书日是每年的几月几日？

（二）请列举出"SQ3R"读书法的实施步骤。

（三）学风建设内容有哪些？说说学风建设对于学习能力的培养作用。

活动性课程任务四 领导能力

GAOZHI XUESHENG
ZHIYE SUYANG

课程名称 领导能力系列活动

课程主题 领导能力开发与实践

主办部门 学工部、各学院党总支

学习目标

● **知识目标：** 了解领导能力的意义、性质及其在组织中的作用和重要性；理解领导能力的基本概念、不同理论模型及其适用性；掌握领导者在不同情境下的多重角色与职责要求。

● **能力目标：** 学会团队建设与管理；熟练并运用沟通和管理技巧，建立和维护积极的人际关系，培养大学生独立分析问题的能力，激发大学生的团队领导潜能，提高团队协作效率。

● **素质目标：** 树立正确的社会价值观；培育大学生的自我认知、创新精神与实践素养，提升大学生的领导能力潜质，激发社会责任感与使命感。

案例引入

案例一：

团队的协作　力量的源泉

在巴黎奥运会男子三人篮球小组赛中，中国队战胜世界排名第一的塞尔维亚队后，中国三人篮球男队球员朱渊博展示了自己的球鞋——上面排列着25名球员姓名的拼音首字母，以及两家俱乐部的名字，以此对他们在争取奥运参赛资格过程中的付出表达敬意。"因为有你们，我们才会在这里。"朱渊博表示。为了这张奥运"入场券"，队员们四处奔波、连续比赛，背靠甘于奉献、默默付出的集体，终于登上了巴黎奥运赛场。面对整体实力高于自己的对手，中国队顽强拼搏，勇于争胜。团结一心、彼此信任，成为这支球队的底色。

以刷新世界纪录的成绩夺得本届奥运会男子100米自由泳金牌后，中国队选手潘展乐在社交媒体发表感言："一个人的泳池，可以游得很快；一群人的泳池，可以游得更快。我不是一个人在战斗，背后是强大的中国队。"集体协作、团队意识，体现了奥林匹克精神的内涵。在巴黎奥运会的舞台上，中国体育代表团运动员将继续书写精彩故事，激励更多人为梦想砥砺前行。

案例二：

领导者的情商

根据心理学家戈尔曼的概括，领导者的情商包括四个方面。

一是自我意识能力，即了解自己情感的能力，包括情感的自我意识、准确的自我判断。

二是自我管理能力，即控制自己情感的能力，包括自我控制、适应能力、责任心、自信心等。

三是社会意识，即了解别人情感的能力，包括组织意识、服务导向和移情能力等，这里的移情能力是指理解他人立场和感受他人情感的能力。

四是关系管理，即影响别人情感的能力，包括想象力、影响力、沟通力、建立人际网络激励他人、催化变革、管理冲突、合作意识和团队精神等。

案例三：

审视一下你的领导经历

刘同学，作为学生会执行主席，以其对学生工作的满腔热忱，成为连接个人与团队的坚实桥梁。她几乎将全部精力倾注于学生组织之中，日复一日，不辞辛劳，在两点一线的生活中书写着奉献的篇章。在她的引领下，团队屡克难关，成功完成了众多意义非凡的任务。在访谈中，刘同学表示：一方面，她深感荣幸于团队成员对这份事业的共同热爱与高度认同，这份共鸣成为他们并肩作战的坚实基石；另一方面，她以身作则，每项任务的执行都力求完美，用实际行动树立起榜样力量，激励着周围每一个人。尤为值得一提的是，她坚信工作参与的力量，总是积极融入团队讨论，耐心倾听每一位成员的声音，确保每个人的意见都被珍视。活动落幕之际，她不忘感恩之心，向每一位辛勤付出的同学表达诚挚的谢意，用她的真诚与热情，不断传递着正能量，感染并激励着身边的每一个人。

李同学刚刚进入大学很迷茫，不知道自己的大学生活该如何规划，在同社团同学的鼓励下参加了礼仪大赛，参赛团队由6名成员组成，她自荐担任队长。在了解比赛要求后，她带领大家从参赛作品展示、动作编排、情景模拟等方面进行激烈讨论，并且通过小组会议，和每位队友确认比赛流程，交流各自的想法，讨论如何做好分工合作，保证比赛不出差错。确定团队目标后，李同学与队员们携手制定了翔实的OKR（目标与关键结果），这份计划如同航海图，指引着他们一步步向前。团队成员之间形成了强大的凝聚力，他们秉持着"今日事，今日毕"的原则，积极投入，面对挑战时更是团结一心，共克时艰。最终，通过6个人的团结合作，他们获得了校赛一等奖。他们表示团队成功的秘诀是树立目标、分工合作，认真完成每一件事情。

一、大学生领导能力培养的意义

自20世纪下半叶以来，时代变革促使社会各界对领导者的素养提出了新的要求。用人单位日益强调大学毕业生的适应、创新、沟通和合作等领导能力，同时学界对领导和领导现象的认知不断深化。这些因素促使高等学校重新审视自身的历史使命，将培养大学生的领导能力作为新的历史性课题。领导能力教育有助于大学生更快适应并应对未来的挑战，帮助他们承担社会责任，与团队成员协作实现目标与愿景。

（一）培养领导能力是全面发展的需求

领导能力涉及决策、沟通、协调、激励等多个方面，培养这些能力能够促使大学生在解决问题时更加全面和深入，提升自我认知与自我管理能力。同时，领导经验还能增强自信心和责任感，帮助大学生更好地规划人生目标，实现自我价值。

1. 提升个人素质

领导能力的培养首先要求大学生具备较高的道德品质和责任感。在追求领导角色的过程中，大学生要学会自律、诚信、尊重他人，并展现出良好的职业道德，从而在校园内赢得尊重和信任，为未来的职业生涯奠定坚实的基础。

2. 增强社交能力

领导需要在不同的群体和环境中进行有效沟通。因此，大学生在培养领导能力的过程中，需要不断地锻炼自己倾听、表达、协商和调解等社交技巧，从而更好地理解他人，建立广泛的人脉网络，为未来的合作与发展创造更多机会。

3. 提升团队协作能力

领导能力的核心在于带领团队实现共同目标。在这个过程中，大学生要学会如何分配任务、协调资源、激励团队成员，并处理团队内部的冲突。这能够提升大学生的团队协作能力，使其在复杂多变的环境中保持高效和稳定的工作状态。

4. 培养决策能力

作为领导者，大学生需要具备快速而准确的决策能力。在面对挑战和不确定性时，大学生要收集信息、分析利弊、权衡得失，并做出有利于团队和组织发展的决策，从容应对各种复杂情况。

5. 激发创新思维

领导往往是创新的推动者。在培养领导能力的过程中，大学生要积极探索新思路、新方法，勇于尝试和突破传统框架，为解决问题和推动发展提供更多可能性。

6. 促进职业规划

大学生要通过参与领导活动和实践，更加清晰地认识自己的兴趣、优势和价值观，从而制订更加明确和切实可行的职业规划，明确自己在未来职业生涯中的发展方向和目标。

7. 推动校园文化建设

大学生作为校园文化的主体，其领导能力直接影响到校园氛围的营造。具备领导才能的学生能够引领积极向上的校园文化潮流，促进不同背景、不同观念之间的交流与融合，增强校园凝聚力，营造和谐、包容的校园环境。

（二）大学生领导能力是社会发展的需要

领导能力是社会发展不可或缺的驱动力，它不仅是个人职业成长的基石，也是推动组织发展、促进团队合作、应对挑战与解决问题、提升社会责任感与影响力，以及适应未来社会变化的关键要素。在社会各领域中，优秀的领导者通过发挥战略规划、组织协调、有效沟通、创新思维和问题解决等能力，引领组织不断前行，同时关注社会问题，积极履行社会责任，提升组织的品牌影响力和社会声誉。因此，培养和发展领导能力，对于个人成长、组织进步，以及社会的繁荣和可持续发展都具有重要意义。

二、大学生领导能力的内涵

（一）核心定义与本质

领导能力是指能够激发组织成员的信心、赢得他们的支持并最终实现组织目标的能力；它本质上是一个影响他人的社会过程，是动员团队成员为共同愿景努力奋斗的艺术。

（二）人格魅力与能力基础

人格魅力是领导能力的重要基础，这种由信仰、气质、品德、才智等汇聚而成的感召力，其不断完善的过程正是成为领导者的过程；大学生领导能力的开发与实践主要包含技术能力、人际交往能力、决策能力、理解能力、绩效提升能力等。

（三）组织建设与人力资本发展

领导者必须开展提升人力资本的系列社交活动以保持组织竞争力，其中组织的创新力是人力资本的核心；领导者的关键使命在于不断创造和完善优秀文化与组织架构，以实现人力资本的增值。

（四）坚定信念与目标愿景管理

领导者必须具备坚定的信念，这对目标达成、愿景实现和团队韧性具有不可估量的价值；愿景通常由成员共同创造，目的在于激励成员不断努力。领导者要设定目标并指引方向，且目标必须是团队成员共同关切、切身相关并能引起共鸣的，方能有效促发行动。

（五）建立信任与营造氛围

建立和维持信任是领导能力的核心要素，领导者创建的组织必须具备正能量，使成员信任领导者，其中可靠度、专业能力、亲近度和动机是建立信任的关键；同时，领导者需运用乐观精神解决问题，保持积极态度，营造轻松愉快的工作氛围，维持团队理想状态。

（六）行动导向与赋能他人

领导者聚焦于能够创造价值的行动，其能力关键在于有效赋能他人、高效释放潜能，确保每个人都有成功机会；这种将愿景目标转化为现实的能力要求领导者积极行动、追求成效，而赋能团队的过程本身也是赢得成员信任与尊重的过程。

三、大学生领导能力的具体内容

大学生领导能力的诠释场景之一是大学生能够清晰阐述愿景。即界定组织发展目标，此目标须为全员共识，凝聚团队力量，统一思想行动。团队成功的基石在于共享愿景（使命）与明确目标。领导效能的关键在于领导与追随者间的信任。信任缺失则执行力减弱。价值观契合、风格相投、相互支持是信任的具体展现。领导者应让追随者认同团队愿景与个人目标高度一致，工作即成长，实现自我价值。领导者应激发成员内在成长动力，而非单纯命令，通过引领与指导提升个人影响力，促使成员自愿追随并高效完成任务。所有成功的团队一定有一个团队成员共同认可的愿景（使命）和一个明确的团队目标。

（一）共创愿景

愿景是对未来状态的描述，是联结领导者和追随者的纽带，是领导能力作用的核心。共创愿景是指团队成员共同制定目标和未来方向。大学生领导者在团队中共启愿景是非常重要的，它不仅能够激发成员的积极性和创造力，也能够提升团队凝聚力并促进团队发展。

1. 明确目标与使命

使命是组织存在的理由，是指导一切行动的核心原则。领导者需要对当前的环境、组织状况、团队能力等进行全面审视，了解自身的优势和不足，从而基于现状分析，明确组织的使命和存在的根本目的，设定清晰、具体、可衡量，既具有挑战性又可实现的目标，激励团队成员共同努力。

2. 提炼愿景核心

了解行业动态、市场需求、竞争对手状况等，把握未来发展趋势。基于市场研究和自身能力，预见未来可能的机遇和挑战，为愿景的设定提供依据。将使命、目标和未来趋势相结合，提炼出愿景的核心主题。这个主题应该简洁明了，能够直击人心。围绕核心主题，详细阐述愿景的具体内容。包括团队希望达到的状态、对社会的贡献、对团队成员的期许等。

3. 激发共鸣与认同

通过有效的沟通方式，将愿景传达给团队成员和团队内外相关方，确保他们理解愿景的内涵和意义。通过分享愿景背后的故事、价值观和愿景实现后的美好图景，激发团队成员的共鸣与认同。鼓励团队成员和团队内外相关方提供反馈意见，根据反馈调整和完善愿景内容。

4. 凸显价值

大学生领导者带给组织的独特价值是多元的，他们既是学生工作的执行者，也是部门内外、上下沟通的桥梁，同时还承担着引领方向、凝聚团队、建章立制、模范示范、培养团队等职责。要能将愿景分解为一系列可操作的里程碑和阶段性目标，为愿景的实现提供清晰的路径。

5. 引领方向

随着社会的快速发展和高等教育改革的不断推进，我国高校学生事务管理也发生了些新变化。大学生领导者也是组织创新发展的探索者，要能够主动思考学生组织的定位和价值重构，思考学生未来发展的成长模式和竞争能力，思考如何带领组织走向卓越。要能够带领成员明确未来的工作方向，使成员找准自己在组织的定位。

（二）团队合作

大学生作为未来的领导者，团队合作能力是其至关重要的一种素质。

1. 组建团队

首先，优秀的大学生领导者能够清晰地定义团队的目标和愿景，确保每个成员都理解并认同这些目标。其次，要具备敏锐的洞察力，能够识别出具有不同技能和专长的成员，从而构建出一个多元化、互补性强的团队。最后，在组建过程中，要注重团队成员之间的融合，通过组织团队建设活动、破冰游戏等方式，增进成员间的相互了解和信任。

2. 管理团队

大学生领导者要能够协调和管理团队中的工作，明确每个团队成员的角色和职责，确保任务分配合理，避免工作重叠或遗漏。确保团队成员的合作有序进行，达到共同的目标。在团队合作中，要能够全面把握各个工作环节的情况，并且及时调整和改进团队的工作方式和流程。

3. 有效沟通

大学生领导者要熟练掌握有效的沟通技巧，在团队合作中促进互动和交流。能够准确、清晰地传达自己的想法和指令，确保团队成员对指令理解无误。积极倾听团队成员的意见和建议，理解他们的需求和关切，营造开放、包容的沟通氛围。在沟通过程中，能够协调不同意见和立场，整合各方资源，推动团队达成共识并向前发展。在沟通中保持冷静和理性，有效管理自己的情绪，避免因个人情绪影响团队决策和氛围。

4. 建立信任

信任是领导能力的基石，能够联结领导与成员，润滑组织运作。信任表现为互信行动，基于准确预判。信息交换与价值认同能促进信任建立。构建信任需要一个过程,是卓越领导的必经之路。优秀大学生领导者要在团队中施展领导才华,激发成员热情与潜能,建立信任共赴成功。

5. 以身作则

大学生领导者要能高效完成团队任务并以身作则,树立榜样,严于律己,践行团队规范,以行动赢得信任;指导团队,发挥所长助成员解困,共历挑战促成长,强化信任纽带。要勇于接受挑战,自我激励,专注成长,为达目标不懈努力,面对难题善寻对策。

(三)有效沟通

高效沟通是卓越表现的重要组成部分。大学生领导者要熟练掌握各种沟通技巧,才能更好地领导和管理团队。

1. 善于倾听

能够认真倾听团队成员的想法和意见,并且尊每个人的观点。通过倾听更好地理解团队成员的需求和期望,进而做出更明智的决策。

2. 清晰表达

能够以易懂的方式传递信息,清晰地表达自己的想法和意见,避免使用过于复杂或专业化的术语。能够运用讨论和辩论的技巧,鼓励团队成员就某个议题进行深入交流,最后达成共识。

3. 提供反馈

能够以积极的方式表达对团队成员的评价,帮助成员认识自己的优点和不足之处,并为其提供改进的建议。通过反馈机制帮助团队成员深入了解自己的工作表现,不断完善自己的技能、提升自己的能力。

(四)引领前行

大学生领导者要精于日常管理,强调共同目标、建立信任、促进合作,明确成员所求,带领团队完成任务。

1. 促进合作

促进合作需要明确共同目标与愿景,建立信任关系,通过以身作则、指导与支持发挥领导作用,优化分工、制度和评估机制,同时持续学习成长,总结经验教训,以推动合作顺利进行并实现成功。

2. 高效沟通

要清楚沟通的目标,注意沟通意图,善用沟通技巧,完成沟通闭环。要运用内在能力和外部资源向受众(个人团体、组织、社团)有目的地传递信息,并与受众积极联系、克服障碍、交流信息，进而指引激励别人。

3. 榜样示范

大学生领导者要清晰自己在团队中的标杆作用，能够以身作则，塑造组织文化。要在实践中不断明晰和强化社会主义核心价值观，成为知行合一的榜样。

4. 从失败中学习

大学生领导者要具备敏锐的洞察力，能够尽早发现可能导致失败的因素，从而采取预防措施，防患于未然。应营造一个开放、包容的氛围，鼓励团队成员勇于报告失败和错误。面对失败要勇于站出来，主动承担责任，引领团队共同面对问题，寻求解决方案。要带领团队成员深入分析原因，总结经验教训。

5. 有效激励

有效激励包含激励成员成长、引发情感共鸣、授权赋能、鼓舞人心和关怀他人等。大学生领导者要擅长实现信息的准确传递与有效沟通，增强成员对团队的归属感；要擅长引发情感共鸣，建立起与成员之间的深厚情感联系；要善于鼓舞团队士气，激励成员成长，增强团队的凝聚力和向心力。

（五）创新思维

创新是推动组织发展的重要动力。大学生领导者要具备敏锐洞察力，能够迅速捕捉到环境中的微妙变化，能够准确把握组织的发展方向，及时识别潜在的机遇和威胁，并第一时间做出反应。要善于与成员共同分析环境变化，深入挖掘潜在需求，抓住机遇、应对挑战，从而提出针对性的解决方案和创新策略。通过举办创意工作坊、邀请行业专家讲座等方式，为团队成员提供更多接触新思想、新知识的机会，激发创新灵感，不断推动创新与发展。

四、大学生领导能力的实践路径

培养大学生的领导能力，是高校的核心使命之一。这一目标的实现，不仅依赖于学术知识的传授，更在于对个人价值观的塑造、梦想的激发，以及对自我、他人与变化的深刻理解。

（一）课堂学习

课堂学习是培养大学生领导能力的主渠道，提供系统知识与理论根基。学生应主动选修"大学生领导力开发"、"卓越领导力"等主题课程，系统掌握核心技能。同时，跨学科学习至关重要，重点涵盖管理学、心理学、公共管理、社会学、历史学等领域。不同学科贡献独特视角，管理学重组织协调与决策，心理学析个体动机与团队动力，公共管理聚焦公益与治理，社会学解群体互动，历史学鉴经验谋长远，融合学习能显著拓宽领导视野。此外，第二课堂是重要延伸。积极参与主题讲座、专题培训及优秀实践者交流活动，是将理论运用于实践感知、拓展视野和锻炼实际能力的必要补充。课堂内外结合，合力奠定领导力基础。

（二）合作学习

合作学习是指学生为了完成共同的任务，进行有明确责任分工的互助性学习。合作学习鼓励学生为集体的利益和个人的利益而一起工作，在完成共同任务的过程中实现自己的理想。

大学生在参与课程学习、小组任务和项目实践等合作的过程中，要在五个方面加强学习。一是制定目标，小组的每个成员都有共同的目标，每个成员都需要努力完成分配给自己的任务，做出应有的贡献。二是个体责任，每个成员都需要独立承担责任和解决问题，避免在团队中"搭便车"。三是人际交往，在小组任务中尽量清晰表达自己的观点，做到有效沟通，及时解决冲突等。四是尽量当面交流，当面交流需要整合所有成员的信息，需要集体头脑风暴，共同提升任务完成质量。五是团队整合，为改善小组的合作质量而对合作过程进行系统反思，每次讨论之后能够依据团队目标改进合作方式，能够为促进团队更顺利的合作做出努力。

（三）社会实践

大学生社会实践是引导学生走出校门、接触社会、了解国情，将理论与实践深度融合、提高学生领导能力的有效途径。社会实践主要是指大学生开展校外实习、社会调研等活动，比如义务劳动、社会调查活动、科技创新活动、参观体验活动等。提升大学生领导能力的社会实践可以聚焦以下内容。一是参与社区治理。围绕乡村振兴、城市建设、精神文明创建、环境治理、生态保护、公共安全、困难救助等基层城乡社区治理中的重点难点问题，思考如何提供支持、开展服务。二是聚焦理论宣讲。以党的二十大精神，习近平总书记对青年学生的寄语、给青年学生的回信，《论党的青年工作》和《习近平与大学生朋友们》等为主要内容精心设计开展有内涵、接地气、聚人气的宣传教育活动，开展面对面、小范围、互动式宣讲。三是普及法治知识。围绕国家法律规范、反诈防骗、反邪教等内容，向社区群众进行宣讲教育。四是开展课后服务。围绕思想引领、兴趣培养、素质拓展、心理健康等内容，以志愿服务为基本形式，向社区群众进行宣传教育。五是组织社会调查。结合学生专业背景、研究课题兴趣爱好和基层需要，访民情、察社情、知国情，有针对性地开展社会调查，形成调研成果。六是开展文化活动。围绕党的创新理论、政策法律、精神文明创建等内容，以书法、绘画、歌曲舞蹈、话剧等多种形式，面向基层群众开展公益性文化宣传活动。

（四）体验式学习

体验式学习是指通过实践和体验来获取知识或认识事物，使学习者完全地参与学习过程，使学习者真正成为课堂和项目实践的主角。体验式学习让大学生通过实践将感知抽象为理论，运用理论指导实践并修正行为、升华理论。体验式学习是提升大学生领导能力十分有效的方式。大学生在参与体验式学习的过程中主动参与知识的建构，亲自参与并进行角色扮演，产生一定的心理感受，通过做事情（具体经历、实践）或者思考事情（抽象概念、认知、理论），以及反思（反思性观察）或者应用（主动实践）来获得有效学习。

（五）社团活动

社团活动不仅是学生们丰富课余生活、发展个人兴趣的重要平台，更是锻炼和提升领导能力的绝佳机会。肯塔基卫斯理学院的"领导KWC计划"就是一个典型的例子。该计划不仅注重理论知识的传授，更强调实践经验的积累。为了让学生能够将所学转化为实际行动，计划要求学员必须在一个或多个校园组织中积极服务至少三年，并在此期间担任至少一年的领导职位。高校要将社团活动纳入领导能力教育计划之中，通过实践的方式，让学生在真实情境中学习和应用领导技能。

（六）反思学习

孔子的弟子曾参曾说"吾日三省吾身"。提升领导能力的过程是不断反思改进的过程。任何学习，如果没有反思过程，就失去了价值，那些发生过的事情也就失去了意义。大学生学习的反思过程包含行动前反思、行动中反思和行动后反思，具体表现在对学习目标的反思、对学习过程的反思和对学习结果的反思。因此在具体实践中，大学生可以制订学习目标、学习计划，在学习过程中提升学习能力、养成行为习惯和塑造价值观，在学习结束后对学习效果进行评估，为领导能力学习提供策略。

（七）国际交流

多元文化给大学生的学习带来了新的机遇和挑战，因此培养具有国际视野的大学生卓越领导者也是高校培养一流人才的应有之义。要清晰地认识中华文化，理解所接触的多元文化，能够在多元文化中确立自己的位置，和其他文化取长补短，建立共同认可的共处原则。大学生要尝试参与跨文化知识和技能学习，增强跨文化交流技能，培养国际思维。

知识积累

大学生领导者角色准备：

请根据你在多大程度上同意以下每一个阐述，确定你认为最恰当的选择：1＝非常不同意；2＝不同意；3＝中立；4＝同意；5＝非常同意。

1. 让大家依靠我来出主意和提建议是很愉快的事。
2. 确切地说，是我在激励其他人。
3. 向其他人提出一些有关他们工作的问题是一种很好的实践。
4. 对我来说，赞扬他人是非常自然的事。
5. 即使在情绪不佳时，我也喜欢为他人喝彩。
6. 我所在团队的成就重于我的个人荣耀。
7. 许多人效仿我的行为。
8. 对我来说，团队精神很重要。
9. 我很乐意辅导团队其他成员。
10. 意识到他人的成就对我来说十分重要。
11. 我很乐意招待组织的访问者，即使这会妨碍我现在的工作。
12. 对我来说，在其他场合代表我的团队是很有乐趣的事。
13. 团队成员的问题也就是我的问题。
14. 解决冲突是我乐于从事的一项工作。
15. 我会同组织的其他部门合作，即使我不赞同该部门成员的立场。
16. 在工作中，我经常提出很多想法。
17. 只要有机会，我就喜欢与人交涉谈判。
18. 在我发言时，团队成员总会倾听。
19. 在生活中，人们经常请我担任活动的负责人。
20. 我总是一个有说服力的人。
21. 我很乐意想象我的团队有光明的未来
22. 有些人告诉我，我有顾全大局的能力。
23. 我乐于倾听别人对工作的倾诉。
24. 在工作场合，和大多数人相比，我的朋友和追随者更多一些。
25. 我喜欢与来自不同学院（组织）的人共事。

计分和解释：把选择的数字加起来计算总分。

得分的解释如下：

90～100 分：对于扮演领导者角色高度准备就绪。

60～89 分：对于扮演领导者角色中度准备就绪。

40～59 分：对于扮演领导者角色缺乏一定准备。

39 分及以下：对于扮演领导者角色准备很少。

课堂讨论

季康子向孔子请教

鲁国有三位卿大夫：孟孙氏、叔孙氏、季孙氏。季氏一家，权力尤其大。公元前 492 年季康子继承父业，十几岁就已经当上了鲁国的正卿。这时候孔子正在担任国家顾问，于是有了季康子向孔子请教如何从事政治的故事。孔子所语处处体现了"以身作则"的执政理念。这个故事详见《论语·颜渊篇》。

季康子请教孔子从事政治的做法。孔子回答说："政的意思就是正，您带头走上正道的话，谁敢不走上正道呢？"

季康子因为盗贼太多而烦恼，向孔子请教对付的办法。孔子回答说："如果您自己不贪求财货，就是有奖励他们也不会去偷窃。"

季康子再次向孔子请教政治的做法，但这次问得更加详细了："如果杀掉为非作歹的人，亲近修德行善的人，这样做如何？"孔子回答说："您负责政治，何必要杀人。您有心为善，百姓就会跟着为善了。政治领袖的言行表现，像风一样；一般百姓的言行表现就像草一样。风吹在草上，草一定跟着倒下。"

孔子对学生没有任何隐藏，把自己的一贯作风都展现在学生面前，所以学生可以看到他如何待人接物，如何学习与生活，如何处理与国君、同僚、朋友以及学生的关系，这就是孔子的言行合一。正所谓"上有所好，下必从焉"。翻开史书，到处皆是这样的例子：春秋时期的晋文公好旧衣，晋国臣民皆朴素；楚灵王好细腰，楚国宫中多饿死之人；魏文侯重承诺守信用，百姓无不遵纪守法。

谈谈领导者对团队的影响有哪些。

课后练习

一、实践训练

（一）学生干部能力素质大赛

1. 实践活动设计及要求

（1）活动主题：砺能笃行·领航青春

（2）背景与目标

当前高校学生干部队伍建设面临双重挑战。一是学生干部群体存在角色认知偏差、能力结构失衡、持续发展断层等问题。二是新时代对学生干部提出更高要求，须兼具政治素养、创新思维、服务意识。

本次大赛以"能力锻造+价值引领"为核心，以"赛训结合"方式提升学生干部综合素质，搭建学生干部展示、反思、进阶的立体化平台。

大赛以"思想引领筑基、核心能力锻造、服务价值升华"为主线，通过政治素养考核、实务场景应对、跨部门协作挑战、AI 运用等模块，提升学生干部的综合素质，增强学生干部对新时代 AI 工具的运用能力，加强学生干部的政治素养，提升演讲能力、逻辑能力。

（3）实施流程

各级学生组织根据实际情况自行组织参赛队伍。选择"AI 赋能"赛道的每支队伍不得超过 4 人；选择"命题演讲"赛道的每支队伍只能 1 人参加；选择"智趣争锋"赛道的队伍不得超过 3 人。

"AI 赋能"：进行现场策划案展示及答辩。根据主题自选情景，进行策划案展示。主要考察学生干部对 AI 工具的运用及问题阐述，每支队伍展示不超过 5 分钟。

"命题演讲"：进行现场演讲及答辩。根据自选主题情景，进行演讲和 PPT 展示，主要考察学生干部的演讲、组织能力。每支队伍演讲不超过 5 分钟。

"智趣争锋"：进行现场知识抢答。每道题目将以小程序自动抽题方式进行比拼，主要考察学生干部的政治素养。

2. 评价标准

"AI 赋能"：

项目	评价指标	评价内容
主题契合度（25分）	AI 工具应用深度	合理运用 AI 工具（如 AIGC/大数据分析）解决学生工作中的实际问题，提质增效
内容质量（40分）	策划逻辑完整性、创新性	方案包含背景分析、目标设定、执行路径、成效评估等完整模块
	可行性分析	预算控制合理（学生组织可承担）、资源对接路径清晰
技术表现（25分）	AI 工具使用熟练度	录屏显示能熟练操作 AI 工具
	技术伦理合规性	遵守 AI 使用规范，规避技术滥用风险
规范性（10分）	格式标准性	策划案符合标准格式，视频清晰展示撰写过程

"命题演讲"：

项目	评价指标	评价内容
主题契合度（20分）	成长故事真实性、价值启发性	演讲内容源于真实任职经历，反映学生干部身份的特殊性，提炼普适性成长经验

续 表

项目	评价指标	评价内容
内容深度（35分）	情感共鸣度	通过细节描写引发听众共情
	观点鲜明性	提出独到见解
演讲表现（30分）	语言感染力	语音语调富有变化，重点语句有强调处理
	肢体表现力	手势、眼神与演讲内容自然配合，无僵硬背诵感
	时间控制力	严格控制在5分钟内，结尾有总结升华
PPT设计（15分）	视觉辅助有效性	图文比例协调，关键词突出
	原创美观度	模板设计体现学生干部特色

"智趣争锋"：

项目	评价指标	评价内容
知识储备（40分）	党史准确度	初赛笔试答题正确率≥90%，决赛现场回答无史实错误
	团务熟悉度	准确表述"三会两制一课"等基础团务知识
思维应用（30分）	理论联系实际能力	决赛案例分析中，能结合党团史知识解决现实问题
	价值判断力	面对情景模拟，立场坚定且处理方式符合社会主义核心价值观
团队协作（20分）	分工合理性	必答题由不同成员主答，抢答题有明确分工策略
	配合默契度	风险题讨论时高效有序，能快速整合多元观点
现场表现（10分）	精神风貌	着装统一，回答时语言流畅、态度自信

（二）学生领导能力提升沙龙

1. 实践活动设计及要求

（1）活动主题：发现你的领导力

（2）背景与目标

在校园集体生活中，无论是小组作业、社团活动还是班级事务，都需要有人主动协调沟通、化解矛盾或激励同伴。许多学生因缺乏领导力，面对团队协作难题时习惯沉默或依赖他人。事实上，领导力并非学生干部的专属能力，而是每个人通过日常小事都能培养的能力，它体现在主动承担责任、倾听他人需求、凝聚团队共识等具体行为上。

通过开展领导力提升沙龙活动，可以有效帮助学生突破自我设限，掌握基础协作技能，对优化校园团队生态、提升学生综合素质具有重要意义。

（3）活动实施

阶段	环节设计	时间	具体要求	所需材料
破冰启动	超能力匹配测试	15分钟	根据卡片描述（如"沟通侠""点子王"）选择最符合自己的特质。同特质组队，设计团队口号	能力卡片、彩色贴纸
情景实战	校园任务闯三关	60分钟	关卡1：拖延克星。小组作业只剩3天，2人未完成任务。用"我发现……或许可以……"句式推动进度；关卡2：矛盾调解员。食堂插队引发争吵，如何化解冲突；关卡3：冷场救火队。班会发言后无人响应，3招活跃气氛	情景任务卡、计时器
技能充电	急救工具包	30分钟	表达公式："观察+感受+建议"三步法夸赞模板："你做得好的细节+我的感受"	技能手册、情景案例视频

2. 评价标准

项目	评价指标	评价内容
认知改变（20分）	领导力概念理解	能准确阐述"领导力=影响力"的核心观点，举例说明非职务领导行为
	自我角色定位	通过贝尔宾测试/情景模拟，识别个人在团队中的优势角色
情景实战（30分）	沟通有效性	在冲突调解中运用"观察+感受+建议"公式，语言无攻击性
	解决方案可行性	针对拖延、冷场等案例提出的方案具有可操作性
	团队协作度	主动邀请沉默者发言，整合多方意见形成共识方案
技能应用（25分）	工具掌握度	正确使用3个指定工具（如决策平衡轮/激励话术模板）
	创新性发挥	在标准化工具基础上提出个性化改进
行动转化（25分）	目标具体性	《21天计划》包含可量化指标
	执行持续性	每周提交打卡记录

二、知识训练

（一）作为没有学生会职务的学生，如何通过非职权影响力推动班级事务的进行？列举三种策略并举例说明。

（二）面对"活动场地被临时占用"的突发情况，思考如何运用六项思考帽模型快速决策这一问题。

（三）班级秋游分组时，A同学指责B同学"总是拖后腿"，B愤而退出活动。如果你是班委成员，你打算如何处理这一事件？

附录 1　竞赛活动课程标准

思政微课活动课程标准

一、课程基本情况

课程名称：思政微课活动

适用专业：所有专业

学分：1学分

二、课程性质和定位

（一）课程类型

职业基本素养课程

（二）课程主要内容

"思政微课活动"以习近平总书记关于教育的重要论述为根本遵循，紧密围绕立德树人根本任务，参照《学生职业基本素养评价学分制度实施办法》组织实施。以培养堪当民族复兴重任的时代新人为导向，以学校"责任担当、大爱奉献、顽强拼搏"三大精神为内核，以专业人才培养方案为依据，面向所有专业在校学生开设。

本课程采用"理论奠基、实践深化、竞赛提质"的递进式教学模式，将马克思主义基本原理、习近平新时代中国特色社会主义思想、形势与政策等核心理论融入项目化实践。通过"岗课赛"融通育人机制，依托数字化教学手段打造沉浸式学习场景，重点培养学生运用党的创新理论分析解决实际问题的能力，强化学生政治理论素养，引导学生坚定理想信念，提高学生思想政治教育工作成效。

（三）课程定位和功能

本课程是建立在公民素养课程（"毛泽东思想和中国特色社会主义理论体系概论""习近平新时代中国特色社会主义思想概论""思想道德与法治""形势与政策""口语交流与沟通"等）基础上的能力素养提升课程。公民素养课程重在学生基础政治理论、能力和素养的初步养成，本课程作为拔高提升课程，旨在进一步提升学生政治判断力、政治领悟力、政治执行力，进一步强化学生运用理论知识指导专业学习、综合实践、实习就业等个人成长诸方面的素养和能力，为培养德智体美劳全面发展的社会主义建设者和接班人提供坚实思想保障。

三、课程目标

（一）知识目标

1. 系统掌握马克思主义基本原理及其中国化时代化理论成果，深刻领会习近平新时代中国特色社会主义思想的核心要义，特别是习近平总书记对浙江工作"八八战略"等重要指示精神；

2. 准确把握党的百年奋斗重大成就和历史经验，深入理解新时代新征程中国共产党的使命任务；

3. 全面认识中国特色社会主义制度的历史逻辑、理论逻辑和实践逻辑，重点把握浙江建设"重要窗口"的示范性成果；

4. 精准掌握社会主义核心价值观与中华优秀传统文化的内在关联。

（二）能力目标

1. 形成运用党的创新理论分析解决实际问题的能力，重点培养理论联系实践的创新能力；

2. 构建马克思主义世界观方法论指导下的辩证思维能力，提升运用新思想解码社会现象的政治判断力；

3. 强化全媒体时代的理论宣讲能力，掌握用青年话语讲好中国故事、浙江故事的传播技巧；

4. 培育团队协作中的政治引领能力，形成在专业实践中贯彻"国之大者"的行动自觉。

（三）素质目标

1. 厚植家国情怀与职业理想相统一的综合素养，强化"强国有我"的使命担当；

2. 塑造符合新时代要求的工匠精神；

3. 提升基于文化自信的审美创造力，形成传承红色基因、弘扬优秀传统文化的自觉意识；

4. 筑牢法治思维与道德自律相融合的行为准则，践行"我在窗口写青春"的实践要求。

（四）思政目标

1. 铸牢对马克思主义的信仰之基，坚定拥护"两个确立"、坚决做到"两个维护"；

2. 深化对中国特色社会主义道路、理论、制度、文化的全方位认同，增强做中国人的志气、骨气、底气；

3. 培育扎根中国大地办教育的政治自觉，强化服务共同富裕示范区建设的行动力；

4. 树牢"红色根脉"守护者的责任意识，传承"红船精神""浙江精神"的基因密码。

四、课程载体与内容

（一）活动目的

1. 聚焦"为党育人、为国育才"根本使命，深入贯彻党的二十大精神，全面落实《关于加强和改进新形势下高校思想政治工作的意见》。通过构建"理论铸魂—实践强基—竞赛赋能"育人链条，引导广大青年大学生积极践行社会主义核心价值观，推动学生成长为德智体美劳全面发展的社会主义建设者和接班人。

2. 深化"岗课赛"融通育人机制，打造"全员参与、全程贯通、全域覆盖"的思政教育新范式。初赛以二级学院为单位组织，面向全体学生开展教学，强调教学的全面性，注重过程性考核；复赛以文本评审、专家评审为主，以多维度的教学评价来检验教学效果；决赛通过优秀学生现场展示，以先进典型示范引领学生深化课程知识、提升技能素养，最终推动形成"学理论—强信念—重实践—促发展"的良性循环。

（二）活动组织

1. 主办单位：校团委
2. 承办单位：各学院团总支

（三）活动对象

全体在校学生

（四）活动时间

每年 2 月至 4 月

（五）活动类别

参赛选手根据大赛拟定的三大主题分类准备参赛作品，并在所选类别中自主选择切入点开展寻访调研，以充实课程内容。

1. 红色教育类：传承红色精神，继承和发扬伟大建党精神、红船精神、延安精神等革命精神，讲述党史、党领导中国青年运动的光辉历程，讲述英雄人物、英雄事迹，弘扬中华优秀传统文化。

2. 发展成就类：全面贯彻落实党的二十大和二十届二中全会精神，全方位展现浙江全面加强"三支队伍"建设、深入实施"八八战略"、在奋进中国式现代化新征程上勇当先行者谱写新篇章的生动实践，展示浙江在奋力打造"重要窗口"、高质量发展建设共同富裕示范区的进程中所取得的丰富成果，展现党的十八大以来的历史性成就、历史性变革。

3. 青春奉献类：展示广大青年在新时代新征程中奋勇争先建功立业的青春风采，寻访扎根基层一线、积极投身志愿服务的优秀人物和典型事迹，展现美丽健康的校园生活，展现"浙里青廉"崇廉向廉的良好氛围，讲述身边优秀同学的动人故事和创业创新的奋斗故事。

（六）活动流程

第一阶段：初赛（2 月下旬）

初赛由各学院根据实际情况自行组织，选拔推荐 3 名优秀参赛选手参加校级复赛。

第二阶段：复赛（3 月中旬）

采用专家评委线上评审参赛视频、微课教案的形式。复赛要求各学院组织拍摄相关参赛视频和照片，具体要求如下：

1. 参赛视频：作品要求高清 1 920×1 080 横屏拍摄，MP4 视频格式，图像、声音清晰，不抖动、无噪音，长度 6 分钟。

2. 微课教案：字数要求 2 000 字以内，需结合微课教案制作 PPT，PPT、影音等电子材料整体大小不超过 200 M，其中 PPT 大小不超过 100 M。

3. 作品提交：参赛视频及微课教案按照学院＋姓名＋赛道（红色教育、发展成就、青春奉献）命名发送至指定邮箱。

4. 评审电脑相关软件参数为：win10 操作系统，wps2019，视频、音频播放器为 Windows Media Player，PPT 页面比例 16∶9，影音文件采用 MP4、MP3 格式。

第三阶段：决赛（3月下旬）

决赛通过现场比赛的方式进行，每位参赛选手进行 6 分钟微课展示。

五、考核与奖项设置

（一）考核方式

采用终结性的评价方法，通过初赛、复赛、决赛层层选拔。

（二）成绩评定

1. 初赛由各学院自行组织、评定成绩，并根据初选结果选拔、推荐校赛参赛选手。
2. 复赛成绩构成：参赛视频占 70%，微课教案占 30%，并依据复赛成绩选取前 9 名参赛选手进入决赛。
3. 决赛由专家评委根据参赛选手的微课展示情况进行评定。具体评分标准如下：

"思政微课活动"决赛评分标准

序号	评分项	评分标准	分值
1	选题与设计	参赛作品要紧扣大赛拟定主题，书写奋力谱写中国式现代化浙江新篇章的生动实践，展示广大青年在新时代新征程中奋勇争先建功立业的风采。作品要求原创，展现思政微课直观性、互动性和生动性。	40
2	内容与质量	参赛作品需要科学、准确、完整，符合思政教育的目标和要求。突出教学重点，逻辑结构清晰、条理分明。	40
3	语言表达与仪表仪态	语言表达、仪表仪态等方面得体、专业，展现出良好的教学素养和独特的教学风采。	10
4	效果与反馈	是否达到预期的教学目标，学生的反馈和评价。	10
总分			100

（三）奖项设置

评选出一、二、三等奖若干，各赛道第一名推荐参加省赛。

六、其他说明

（一）编写：课程负责人
（二）初审：课程负责单位（部门）相关负责人
（三）审核：学工部

经典诵读活动课程标准

一、课程基本情况

课程名称：经典诵读活动

适用专业：所有专业

学分：1学分

二、课程性质和定位

（一）课程类型

职业基本素养课程

（二）课程主要内容

"经典诵读活动"以习近平文化思想为根本遵循，全面落实《中华经典诵读工程实施方案》，围绕立德树人根本任务及学校《学生职业基本素养评价学分制度实施办法》组织实施。以学校"责任担当、大爱奉献、顽强拼搏"三大精神为指引，以学生全面成长为导向，以专业人才培养方案为依据，构建"经典涵养—实践养成—文化润心"三维育人体系，面向所有专业在校学生开设。

本课程以学生为主体，深化"岗课赛"融通育人机制，以技能比赛为主要教学方法，分为初赛和决赛两个阶段，主要通过经典朗读与讲解、备稿演讲等方式，提升学生中华优秀传统文化素养，锻炼提升文字写作、口语表达、职业语言运用等技能。

（三）课程定位和功能

本课程是建立在公民素养课程"沟通与应用文写作""人文艺术赏析"基础上的能力素养提升课程，旨在进一步巩固运用前期公民素养课程所奠定的基础理论、语言逻辑训练和审美培育，助推学生专业课程的学习与训练。本课程重在培养学生文化认同、口语表达与语言文字运用的综合能力，帮助学生满足专业岗位课程、综合实训课程及实习就业对复合型能力素养的需求。

三、课程目标

（一）知识目标

1. 系统掌握中华经典诗文的历史流变与当代价值；
2. 把握语言艺术传播规律，掌握融媒体时代声音美学、文本叙事的基础理论；
3. 通晓传统文化创造性转化的创新路径，理解经典诵读与职业素养发展的内在关联。

（二）能力目标

1. 掌握中华优秀经典诗文的鉴赏能力、文本分析解读能力；
2. 掌握朗诵技巧，具备较好的书面写作能力、口语表达能力；
3. 锻炼较强的逻辑思维能力、辩证推理能力。

（三）素质目标

1. 厚植中华文化底蕴，培育兼具历史纵深与时代精神的审美素养；
2. 具备较好文字表达素养和语言表达素养；
3. 涵养"精益求精、守正创新"的职业精神，践行新时代工匠伦理。

（四）思政目标

1. 铸牢文化自信根基，深化对中华文明连续性的理论认同与实践自觉；
2. 强化文化传承使命担当，培育讲好中国故事、传播中国智慧的全球视野；
3. 树立"两个结合"实践意识，提升运用传统文化智慧解决现实问题的创新能力，增强对未来职业的人文关怀。

四、课程载体与内容

（一）活动目的

1. 深入学习贯彻习近平文化思想，构建"经典诵读+思政教育"融合育人模式，引导广大青年大学生积极践行社会主义核心价值观，提升大学生思想道德水平和文明素养，促进学生全面发展。

2. 课程教学以赛促学、以赛促教、以赛促训。其中，初赛以校团委为单位，面向全体学生组织，强调教学的全面性，注重过程性考核；决赛通过优秀学生个人、团体的示范性展示，帮助学生更好地理解和掌握课程知识和技能。

（二）活动组织

1. 主办单位：校团委
2. 承办单位：各学院团总支、社团管理中心

（三）活动对象

全体在校学生

（四）活动时间

每年3月至4月

（五）活动流程

第一阶段：初赛（3月下旬）

初赛由学校组织，采用专家网络评审的形式，要求各学院有意向参加的同学提交报名表及参赛视频。个人组竞赛内容为中华经典朗读与讲解、备稿演讲两个部分，综合组和留学生组为自备题库。具体要求如下：

参赛视频

（1）视频制作要求（个人组）

① 各参赛选手均需拍摄2段参赛视频，内容包含中华经典朗读与讲解、备稿演讲。

② 中华经典朗读与讲解篇目的范围为《诵读竞赛（初赛）朗读题库》中的作品。要求选手选取古代与近现当代的作品各1篇，先朗读再讲解，朗读与讲解的作品必须一致。每篇作品朗读与讲解的时间限定在6分钟以内。

③ 备稿演讲题目的范围为《诵读竞赛（初赛）备稿演讲题库》中的话题。要求选手选取其中一个话题，自拟题目，进行备稿演讲。备稿演讲时间控制在 3 分钟左右（2 分 30 秒—3 分 30 秒）。

④ 拍摄画面稳定，清晰度高。突出主题要求，符合整体视频拍摄要求。

（2）视频制作要求（综合组、留学生组）

① 诵读的内容为我国古代、近现代和当代有社会影响力和典范价值的，体现中华优秀文化的经典诗词、文章和优秀图书内容节选。当代作品应已正式出版或由主流媒体公开发布或发表。诵读文本主体前后可根据需要增加总计不超过 200 字的过渡语。改编、网络以及自创文本不在征集之列。

② 参赛作品要求为当年新录制创作的视频，横屏拍摄，格式为 MP4，长度为 3—6 分钟，大小不超过 700 MB，图像、声音清晰，不抖动、无噪音。视频作品必须同期录音，不得后期配音。

③ 作品可借助音乐、服装、吟诵等手段融合展现诵读内容。每人只能参与 1 个作品。

④ 拍摄画面稳定，清晰度高。突出主题要求，符合整体视频拍摄要求，人物、场景突出。

（3）视频形式要求

① 开头：××学院"××"组"××"选手。

② 视频必须为 MP4 格式。

第二阶段：决赛（4 月中旬）

决赛采用专家现场评审的形式，要求参赛选手现场展示，个人组内容为中华经典朗读与讲解、即兴演讲，综合组、留学生组内容分别为自备经典诗词作品、文章和优秀图书内容节选。

五、考核与奖项设置

（一）考核方式

采用终结性的评价方法，通过初赛、决赛选拔。

（二）成绩评定

1. 初赛成绩构成：专家线上评审占 100%，依据初赛成绩选取前 12 位进入决赛。
2. 决赛由专家评委根据参赛队伍的现场展示情况进行评定。具体评分标准如下：

"经典诵读活动"（个人组）决赛评分标准

序号	评分项	评分标准	分值
1	朗读	语音标准，发音清晰；语调自然，表达流畅；情感真挚，音量合理。文章基调把握得当；精神饱满，体态大方；体和谐自然。	40
2	讲解	结构严谨，条理清晰，内容充实；紧扣文意，观点新颖，说服力强。语音标准，用语规范，表达流畅；节奏合理，姿态自然，重点突出。	20
3	演讲	观点明确，内容切题；论据贴切，分析到位，联系实际，有感而发；结构完整，条理清晰。语音标准，用语规范，节奏合理，表达流畅；表现力强，有感染力；思维敏捷，应变力强。仪态大方，动作适度；表情自然，情声协调。话语自然，表现力强；举止得体，整体和谐。	40
		总分	100

"经典诵读活动"（综合组、留学生组）决赛评分标准

序号	评分项	评分标准	分值
1	语言表达	发音清晰，语音标准，音量适中；语言流畅，语调自然，语速得当；情感真挚，情声协调，表达准确。	60
2	形式效果	衣着得体，表演到位，仪态大方；形式活泼，富有创意，效果良好；精神饱满，声音和谐，表情自然。	30
3	时间控制	符合要求。朗诵时间不足3分钟或超过6分钟，酌情扣分：缺时或超时30秒及以下，扣0.5分；缺时或超时30秒—60秒，扣1分；缺时或超时60秒—90秒，扣2分；缺时或超时90秒及以上，扣3分。	10
		总分	100

（三）奖项设置

决赛根据参赛选手的10%、20%、30%比例设置一、二、三等奖。

六、其他说明

（一）编写：课程负责人

（二）初审：课程负责单位（部门）相关负责人

（三）审核：学工部

职业礼仪活动课程标准

一、课程基本情况

课程名称：职业礼仪活动

适用专业：所有专业

学分：1学分

二、课程性质和定位

（一）课程类型

职业基本素养课程

（二）课程主要内容

"职业礼仪活动"围绕立德树人根本任务及学校《学生职业基本素养评价学分制度实施办法》组织实施，以学校"责任担当、大爱奉献、顽强拼搏"三大精神为指引，以培育具有中国精神、国际视野、行业规范的新时代职业人才为导向，以专业人才培养方案为依据，以实践运用能力提升为总体设计思路，面向所有专业在校学生开设。

本课程通过"礼仪认知重构、职业场景模拟、价值理念升华"的递进式培养路径，推动岗、课、赛融通，以技能比赛作为主要教学方法，分为初赛、复赛和决赛三个阶段，主要通过礼仪形象、礼仪动作和礼仪情景剧展示，实现传统礼仪文化传承、现代职业规范习得、行业特定要求对接、思政价值引领的有机统一。

（三）课程定位和功能

本课程是建立在公民素养课程"职业形象与礼仪""沟通与写作""职业发展与就业指导"基础上的能力素养提升课程，旨在进一步巩固运用前期公民素养课程所奠定的职业礼仪知识、能力和素养等理论基础，支撑学生专业课程的学习与训练。本课程重在培养学生的职业礼仪综合应用能力，为后续各专业岗位课程、综合实训课程的开展，以及实习就业奠定素养基础。

三、课程目标

（一）知识目标

1. 认知职业礼仪的历史沿革与当代价值；
2. 解析职业素养内涵及其在组织发展中的作用；
3. 系统掌握社交礼仪、职场礼仪、通讯礼仪（含电话/邮件）、商务宴请礼仪、职业着装规范等核心知识模块，领悟中华优秀传统礼仪文化的哲学基础与实践智慧。

（二）能力目标

1. 能根据行业特点进行职业形象设计与动态维护，精准实施跨文化商务场景中的标准化礼仪流程；
2. 熟练完成商务接待、会议组织、涉外交往等场景的规范化操作，创新性转化传统礼仪元素于现代职业场景。

（三）素质目标

1. 培育审慎、专业、追求卓越的工匠精神；
2. 建立契合社会主义核心价值观的职业伦理认知；
3. 增强传统礼仪文化认同与文化自信，培养兼具国际视野与文化主体意识的复合型人才。

（四）思政目标

1. 帮助学生树立正确的世界观、人生观和价值观；
2. 培养学生礼仪文化意识，增强学生对传统礼仪文化的认同感；
3. 培养学生的工作责任感和社会责任感，建立可持续发展理念下的职业道德规范。

四、课程结构与内容

（一）活动目的

深入学习贯彻党的二十大精神，以习近平新时代中国特色社会主义思想为指引，教育引导青年大学生积极践行社会主义核心价值观，提升大学生思想道德水平和职业文明素养，着力培育具有中华礼仪文化底蕴和现代职业文明素养的新时代青年。

（二）活动组织

1. 主办单位：校团委
2. 承办单位：各学院团总支、社团管理中心

（三）活动对象

全体在校学生

（四）活动时间

每年 10 月至 11 月

（五）活动流程

第一阶段：初赛（10 月下旬）

初赛由各学院根据实际情况自行组织。校赛要求各学院推荐 2 支礼仪队参赛，每支队伍上报人数不超过 10 人，且男生不少于 3 人，要求上报选手能体现青年大学生的青春风貌。

第二阶段：复赛（11 月上旬）

采用专家线上评审及网络投票相结合的形式。复赛要求各学院组织拍摄相关参赛视频和照片，具体要求如下：

1. 参赛视频

各参赛团队均需拍摄一段 3 分钟的参赛视频，内容包含礼仪展示、才艺展示，具体形式可由各参赛团队自行讨论决定。

（1）视频制作要求

① 礼仪展示：各参赛队伍可自行选择某一方面的礼仪知识进行专业展示，可结合专业，内容自选，形式不限；

② 才艺展示：各参赛队伍展示文艺特长，内容自定，形式不限，需团队展示；

③ 拍摄画面稳定，清晰度高；

④ 突出主题要求，符合整体视频拍摄要求。视频层次清晰，主要人物突出。

（2）视频形式要求

① 开头：××学院"××"礼仪队；

② 视频时间控制在 3 分钟；

③ 视频必须为 MP4 格式。

2. 团队照片

团队集体照片 2—5 张，配 100 字以内参赛文字，照片要求如下：

① 聚焦精准，照片清晰；

② 主题突出，背景简洁；

③ 构图清晰，整体统一；

④ 人物单一，情景简洁。

3. 投票环节

投票环节依托校团委微信公众号进行。平台将展示各参赛团队的视频、图片及相关文字材料。

第三阶段：决赛（11月下旬）

决赛采用礼仪展示、礼仪知识问答、情景模拟等形式进行。

1. "礼·遇"：参赛队伍亮相展示。每队 2 名代表，组成 16 人队伍亮相；

2. "礼·秀"：礼仪动作展示。各参赛队伍进行礼仪展示，主要考察队伍仪容、仪表、仪态及选手内外兼修的综合素养，每支队伍时间不超过 3 分钟；

3. "礼·韵"：礼仪情景展示，根据自选情景，进行礼仪服务展示，主要考察参赛队伍的礼仪功底、文明用语等，每支队伍时间不超过 3 分钟。

五、考核与奖项设置

（一）考核方式

采用终结性的评价方法，通过初赛、复赛、决赛层层考核。

（二）成绩评定

1. 初赛由各学院自行组织、评定成绩，并根据初选结果选拔、组建校赛参赛队伍；

2. 复赛成绩构成：投票结果占 30%，专家线上评审占 70%，并依据复赛成绩选取前 8 支队伍进入决赛；

3. 决赛由专家评委根据参赛队伍的现场展示情况进行评定。具体评分标准如下：

"职业礼仪活动"决赛评分标准

序号	评分项	评分标准	分值
1	仪容仪表	1. 着装：整洁、端庄、得体、协调、美观（10分） 2. 妆容：自然大方、恰到好处（10分） 3. 精神状态：微笑，精神饱满、神采奕奕，有亲和力（10分）	30
2	展示	1. 走姿：步态协调、稳健，眼平视，肩放松（10分） 2. 站姿：挺胸收腹，双眼平视，下颌微收（10分） 3. 坐姿：入座合理，动作到位，脚位合理（10分） 4. 用语：语音标准，声音洪亮，吐字清晰，语言流畅，礼貌礼节到位（10分）	40
3	主题	1. 展示和情景剧主题符合专业群礼仪要求（20分） 2. 有专业群职业礼仪特色（10分）	30
		总分	100

（三）奖项设置

决赛根据参赛队伍的 10%、20%、30% 比例设置一、二、三等奖。

六、其他说明

（一）编写：课程负责人

（二）初审：课程负责单位（部门）相关负责人

（三）审核：学工部

数字技能活动课程标准

一、课程基本情况

课程名称：数字技能大赛

适用专业：所有专业

学分：1学分

二、课程性质和定位

（一）课程类型

职业基本素养课程

（二）课程主要内容

"数字技能大赛"围绕立德树人根本任务及学校《学生职业基本素养评价学分制度实施办法》组织实施，以学校"责任担当、大爱奉献、顽强拼搏"三大精神为指引，以专业人才培养方案为依据，以实践运用能力提升为总体设计思路，构建"数字素养筑基—创新能力进阶—产业需求对接"三维育人体系，面向所有专业在校学生开设。

本课程以学生为主体，课、赛、研融通，以技能比赛为主要教学方法，大赛分为初赛、复赛和决赛三个阶段，主要通过办公软件应用、多媒体技术运用和数字作品设计展示，形成覆盖数字技术应用全生命周期的能力评估体系，着力培养具备数字思维、创新实践能力和产业适配度的新时代数字化人才。

（三）课程定位和功能

本课程是建立在公民素养课程"数字技能基础"基础上的能力素养提升课程，以《职业教育数字化转型行动计划（2023—2025）》为战略导向，进一步巩固运用前期公民素养课程所奠定的基础理论和基本技能支撑，深化、拓展学生的数字化素养和计算机基础运用能力，助推学生专业课程的学习与训练。本课程重在培养学生的"数字思维＋技术应用＋创新转化"的模块化能力矩阵，为后续专业岗位课程、综合实训课程的开展，以及实习就业奠定素养基础。

三、课程目标

（一）知识目标

1. 了解数字化改革以及云计算、大数据等新兴技术的基本概念；
2. 掌握计算机硬件与软件应用的基础理论知识，了解数据分析、防范常见网络安全威胁的方法。

（二）能力目标

1. 能够熟练操作计算机及常用软件；
2. 能够高效地收集、整理、分析并呈现数据信息；
3. 能够运用数字工具高效解决实际问题。

（三）素质目标

1. 培养合理合法运用数字资源的良好素养；
2. 培育学生依托数字技术形成的专业、严谨、规范、精益求精的工匠精神；
3. 提高学生的审美素养和职业基本素养。

（四）思政目标

1. 帮助学生树立正确的世界观、人生观和价值观；
2. 强化学生的数据保护责任意识，以及作为数字公民的社会责任感；
3. 拓展学生开放包容的国际视野，增强学生的民族自信心。

四、课程结构与内容

（一）活动目的

本课程立足数字中国战略部署，深度融合党的二十大精神与新时代工匠精神培育要求，通过"思政铸魂＋数字筑基＋创新赋能"三维驱动模式，激发广大学子对数字技术的兴趣，提升其数字应用与创新能力，构建"以赛促学、产学互哺"的数字化人才培养新生态，着力培养具备数据思维、技术创新能力和数字责任意识的应用型人才。

（二）活动组织

1. 主办单位：校团委
2. 承办单位：各学院团总支、社团管理中心

（三）活动对象

全体在校学生

（四）活动时间

每年 5 月至 6 月

（五）活动设置

1. 专业组（A：AI 绘画　B：UI 设计）

A：AI 绘画

主题：古韵今风，风流人物还看今朝 | AI 绘画大赛

中华文化源远流长，拥有丰富的艺术传统和独特的审美观念。近年来，人工智能的快速发展为艺术创作带来了新的可能。本次大赛以中国风为主题进行 AI 绘画创作比赛，激发学生的艺术创造力和创新思维，提高学生的综合素质和实践能力，探索人工智能与中国传统文化的结合点，展示人工智能在艺术创作上的独特魅力。

作品要求：

作品需符合 AI 绘画要求，突出古诗词韵味，能够体现出中国文化元素（如山水、花鸟、人物、诗、词等）。

作品要求：画幅比例 16：9，图像风格不限，分辨率 300 dpi，绘画方法仅限电脑设计创作或者 AI 创作。所有参赛作品必须保证为自我原创，未发表、未商用、未有

卫生健康知识与救护技能活动课程标准

一、课程基本情况

课程名称：卫生健康知识与救护技能大赛

适用专业：所有专业

学分：1 学分

二、课程性质和定位

（一）课程类型

职业基本素养课程

（二）课程主要内容

"卫生健康知识与救护技能大赛"围绕立德树人根本任务及学校《学生职业基本素养评价学分制度实施办法》组织实施，以学校"责任担当、大爱奉献、顽强拼搏"三大精神为指引，以专业人才培养方案为依据，构建"知识—技能—素养"三维能力提升框架，面向全体在校生开展，重点强化职业健康管理、应急救护等实践应用能力培养，形成"以赛促学、以赛促教、赛教融合"的开放式育人模式。

本课程以学生为主体，采用"岗课赛一体化"教学路径，实施"理论筑基＋技能强训"双轨并行策略，以技能比赛作为主要教学方法，分为初赛和决赛两个阶段，主要通过网络知识竞赛和现场应急救护技能竞赛，检验学生对健康与亚健康、行为与健康、常见传染性疾病防治、生殖健康、艾滋病防控、心肺复苏、创伤救护等相关知识转化能力与规范化操作水平，构建"学—练—赛—评"闭环式教学体系。

（三）课程定位和功能

本课程是建立在公民素养课程"心理与生命健康教育"基础上的能力素养提升课程，通过构建"认知深化—技能强化—素养内化"的三阶递进培育体系，进一步巩固运用前期公民素养课程所奠定的基础理论和基本技能支撑，深化、拓展学生的基础理论知识与技能。本课程重在培养学生对健康知识和应急救护技能的综合应用能力，对后续专业岗位课程、综合实践课程的开展，以及实习就业奠定素养基础。

三、课程目标

（一）知识目标

1. 了解健康和亚健康的含义、影响健康的因素、不健康行为对机体健康的影响；
2. 了解常见传染性疾病的症状和预防；
3. 了解青春期常见健康问题的预防，性传播疾病的症状和预防。

（二）能力目标

1. 养成良好的行为习惯和卫生习惯，具备正确预防传染性疾病的基本能力；
2. 精进急救技术标准化操作水平，能够熟练开展心肺复苏等；
3. 能够运用创伤救护四项技术正确开展应急救护。

（三）素质目标

1. 养成积极健康向上的个人习惯和主动防病治病意识；
2. 培养沉着冷静、乐于助人的个人品质；
3. 增强团队协助、团队互助意识。

（四）思政目标

1. 恪守"人道、公正、中立"的红十字原则，培育"健康中国"战略的基层践行意识；
2. 养成助人为乐、勇担责任、奉献社会的良好品德。

其他途径应用,且同一作品不可重复参赛。团队参赛不超过三人。

初赛:

采用作品征集方式,进入决赛的作品采用"网络投票＋专家评审"的方式评选,其中专家评审占比 60%,网络投票占比 40%。

决赛:

采用现场展示＋现场答辩相结合的形式,由专家委员会评选出一、二、三等奖和优秀奖。具体评分标准如下:

"数字技能活动—AI 绘画"决赛评分标准

序号	评分项	评分标准	分值
1	主题表现	1. 作品是否能准确表达"古韵今风,风流人物还看今朝"主题(15 分) 2. 是否能在绘画中融入人工智能元素,展现对 AI 科技在传统文化上的应用想象(15 分)	30
2	创意与创新	1. 作品的创意程度和独特性,是否有新颖的构思和设计(15 分) 2. 是否能巧妙地结合 AI 和绘画,展现独具一格的艺术表现形式(10 分)	25
3	艺术表现	作品是否能够给观众带来强烈的视觉冲击和艺术享受(25 分)	25
4	故事性和情感表达	是否能通过绘画讲述一个具有感染力的故事,引发观众共鸣。作品是否能传递出积极向上的情感和价值观(15 分)	15
5	完整性和规范性	作品的构图是否完整,视觉效果是否统一、协调。是否按照要求提交作品,包含所有必要信息(5 分)	5
		总分	100

参赛方式:

参赛各学院根据参赛类别和要求进行作品制作,作品文件需要以"作品名称＋学院＋作者姓名＋联系方式"命名,与报名表、汇总表打包发送至"数字技能大赛组委会"收稿邮箱。如有实物模型需在规定时间内送至团委办公室。

B:UI 设计

主题:蜕变

《庄子》:蜉蝣之辈,与天地同寿而不知其所终,其名为虫;《易经》:天行健,君子以自强不息;孔子曰:吾日三省吾身。

可见,蜕变需要通过不断的反思和奋斗而最终达到质的改变。蜕,源于内部的不可逆性,变,源于外部的必然变化。于内,蜕变,重在蜕,意在打破,不破不立。于外，蜕变，重在变，意在变化，变中求变。寒来暑往，斗转星移，拥抱变化，在应变中求蜕变；拥抱创新，在探索中求蜕变；拥抱可能，在不可能中求蜕变。正是时代之必然，设计之应然。蝶之破茧，亦如重生，冥鱼化鹏，亦如鱼跃。变则通，通则久，固步自封，则滞于人。

以"蜕变"为题，自由主题类别UI设计。

设计要求：

表现形式不限，APP、小程序、H5、网页设计等与UI设计相关的作品均可参赛。参赛作品需完整体现设计作品的设计说明、交互逻辑等信息。封面：800×600 px，支持jpg/gif/png格式。作品：1 800（宽）×2 400（高），单文件最大尺寸：2 560（宽）×9 999（高），支持jpg/png/gif格式，小于15 M。

设计说明：

1. 概述项目背景，设计/改版原因，受众群体，产品定位；
2. 阐述设计理念，设计方向，设计目标，需求分析；
3. 提供产品流程或者交互原型方案；
4. 展示设计作品的完整界面和设计细节；
5. 对设计项目进行总结，简述后续迭代计划（如有）。

团队参赛不超过三人。

初赛：

采用作品征集方式，进入决赛的作品采用"网络投票＋专家评审"的方式评选，其中专家评审占比60%，网络投票占比40%。

决赛：

采用现场展示＋现场答辩相结合的形式，由专家委员会评选出一、二、三等奖和优秀奖。具体评分标准如下：

"数字技能活动—UI设计"决赛评分标准

序号	评分项	评分标准	分值
1	专业性	1. 作品是否能准确表达"蜕变"主题（15分） 2. 遵守UI行业规范，符合当前市场和企事业需求，设计创意及设计理念要符合行业发展趋势与经济产业现状，设计贴合时代发展（15分）	30
2	艺术性	1. 作品的创意程度和独特性，是否有新颖的构思和设计（15分） 2. 具有一定的设计美学理念，作品要具有一定的艺术感染力和表现力，要充分表现专业软件技术的灵活性和创作力（25分）	40

续 表

序号	评分项	评分标准	分值
3	创新性	充分发挥自我创新力,在创作主题内涵、设计思维理念、软件技术融合、艺术表现手法等方面创新设计,作品能够具有一定的艺术创新研究价值(25分)	25
4	完整性和规范性	作品的构图是否完整,视觉效果是否统一、协调。是否按照要求提交作品,包含所有必要信息(5分)	5
	总分		100

参赛方式:

参赛各学院根据参赛类别和要求进行作品制作,作品文件需要以"作品名称+学院+作者姓名+联系方式"命名,与报名表、汇总表打包发送至"数字技能大赛组委会"收稿邮箱。如有实物模型需在规定时间内送至团委办公室。

2. 非专业组(A:电子简历 B:PPT 设计)

A:电子简历

为深入学习贯彻党的二十大精神,全面落实党中央、国务院对高校毕业生就业创业工作的决策部署,提高学生就业能力,开展电子简历设计大赛,引导学生通过活动参与意向岗位选择、求职简历制作等环节,提升学生求职实操能力。

大赛以贴近实战为原则,遴选标准按照知名公司人力资源部的"15秒筛选实务",主要依据参赛作品所体现的学习经历、特长专长、发展潜力等要素与求职意向匹配度作为主要衡量标准。大赛主题:破"简"而出,奋"历"前行。

提交作品:《简历》1份(页数一页),统一生成 PDF 格式提交,不符合格式要求视为无效作品。

官方语言:中文

原创要求:参赛作品应为学生本人撰写、设计或制作,不得抄袭。

实战性要求:作品应在显著位置明确求职意向、行业、岗位(如无行业岗位,则不能进入决赛现场展示)。

内容要求:简历应符合个人实际情况,要突出个人学习专业、实习实践及特长专长,应与目标职位及专业贴合。

提交照片:《简历》中可不插入照片,如插入照片应为本人近照。

隐私保护:参赛作品不应包含个人隐私,如有违反,后果自负。个人隐私包括但不限于身份证号、银行账号/密码等。《简历》所应有信息如电话/地址等涉及隐私应用"*"或"×"代替。

获奖证明、行业认证与未来学习计划:不可虚构,如有虚构则一票否决。参赛选手可根据求职岗位要求,列出1—2项(含2项)未来学习期间计划考取的各类认证名称并明确标识出"未获得"（明确标明"未获得"者，不认定为虚构）。

初赛：

各学院采用作品征集方式，发送至"数字技能大赛组委会"收稿邮箱。各学院组织评阅，推选2名学生参加决赛。

决赛：

参赛选手根据抽签顺序依次上台对个人简历进行讲解（限时4分钟），评委提问（2分钟），由专家委员会评选出一、二、三等奖和优秀奖。具体评分标准如下：

"数字技能活动—电子简历"决赛评分标准

序号	评分项	评分标准	分值
1	版面设计	1. 内容简洁有序，模块清晰（10分） 2. 文字大小适中和版面设计相匹配，重点字体表示明显（10分）	20
2	现场展示	1. 作品的创意程度和独特性，是否有新颖的构思和设计（10分） 2. 内容表述完整真实、逻辑清晰、表达刘畅（25分）	35
3	简历基本内容	1. 基本信息与求职个人基本信息相关（5分） 2. 有明确求职意向（5分） 3. 校外经历：有主次之分，明确关键事件与取得的成果，注意使用与职业相关的专业表达（15分） 4. 校内经历：简洁明快，清晰自然，明确关键事件与取得的成果（10分） 5. 个人技能针对性强（5分）	40
4	完整性和规范性	作品的构图是否完整，视觉效果是否统一、协调以及是否按照要求提交作品，包含所有必要信息（5分）	5
		总分	100

参赛方式：

作品文件需要以"作品名称+学院+作者姓名+联系方式"命名，与报名表、汇总表打包发送至"数字技能大赛组委会"收稿邮箱。

B：PPT设计

为进一步提高学生的计算机基本软件操作水平，增强学生的创新意识及动手能力，举办本活动。

参赛作品要求：

工具要求：制作PPT，并在提交作品时附上制作页面截图

主题要求：主题不限

数量要求：PPT页数至少为4页

尺寸要求：作品比例为16∶9

内容要求：必须包含封面、目录、内容、结尾 4 种页面形式

设计要求：有美感、设计感、实用性强

诚信要求：必须原创作品，一经发现抄袭、盗用等现象，立即取消参赛资格

初赛：

各学院采用作品征集方式，发送至"数字技能大赛组委会"收稿邮箱。各学院组织评阅，推选 1 组学生参加决赛（团队不超过 3 人）。

决赛：

参赛选手根据抽签顺序依次上台对个人作品进行讲解（限时 4 分钟），评委提问（2 分钟），由专家委员会评选出一、二、三等奖和优秀奖。具体评分标准如下：

"数字技能活动—PPT 设计"决赛评分标准

序号	评分项	评分标准	分值
1	内容	1. 内容简洁有序，模块清晰（5 分） 2. 信息丰富，内容充实，能够充分展示作者对主题的理解及深入研究，避免空洞（10 分） 3. 逻辑清晰，避免内容跳跃、错乱情况（5 分）	20
2	现场展示	1. 作品的创意程度和独特性，是否有新颖的构思和设计（10 分） 2. 内容表述完整真实、逻辑清晰、表达刘畅（25 分）	35
3	基本内容	1. 设计美观大方、排版整洁（5 分） 2. 图片精美高清，符合主题（5 分） 3. 表述准确，字体规范，大小适中，避免出现错别字、语法错误等情况（15 分）	20
4	创新性	1. 富有创意，能够突出主题，避免抄袭（10 分） 2. 技术应用到位，制作精良（10 分）	20
5	完整性和规范性	作品的构图是否完整，视觉效果是否统一、协调以及是否按照要求提交作品，包含所有必要信息（5 分）	5
		总分	100

参赛方式：

作品文件需要以"作品名称＋学院＋作者姓名＋联系方式"命名，与报名表、汇总表打包发送至"数字技能大赛组委会"收稿邮箱。

（六）活动流程

第一阶段：初赛（5 月下旬）

初赛由各学院根据实际情况自行组织。校赛要求各学院推荐各类别最多 2 支参赛队，且每支队伍上报人数不超过 3 人。要求上报作品积极向上，不得抄袭。

网络投票赛项，投票环节依托校团委微信公众号进行。平台将展示各参赛团队的作品及相关文字材料。

第二阶段：决赛（6月上旬）

决赛采用现场作品展示、提问答辩形式。

1. "数说梦想"：电子简历赛项通过现场展示及答辩，主要考察选手简历匹配度及综合素养，每位学生时间不超过6分钟。

2. "数造未来"：PPT赛项通过现场展示及答辩，主要考察选手数字技能水平及数字素养，每支队伍时间不超过6分钟；

3. "数绘未来"：AI绘画赛项通过现场展示及答辩，主要考察参赛队伍的AI技术水平、作品阐述能力等，每支队伍时间不超过5分钟；

4. "数界重塑"：UI设计赛项通过现场展示及答辩，主要考察参赛队伍对UI设计在界面布局、交互逻辑、视觉传达等方面的能力与巧思等，每支队伍时间不超过5分钟。

五、考核与奖项设置

（一）考核方式

采用终结性的评价方法，通过初赛、决赛进行。

（二）成绩评定

1. 初赛由各学院自行组织、评定成绩，并根据初选结果选拔、组建校赛参赛队伍。

2. 决赛由专家评委根据参赛队伍的现场展示情况进行评定。具体评分标准见各赛项评分标准。

（三）奖项设置

决赛根据参赛队伍的10%、20%、30%比例设置一、二、三等奖。

六、其他说明

（一）编写：课程负责人

（二）初审：课程负责单位（部门）相关负责人

（三）审核：学工部

四、课程载体与内容

（一）活动目的

1. 锚定《"健康中国2030"规划纲要》战略要求，以新时代卫生与健康工作方针为指引，构建"价值引领—知识传授—能力培养"三维育人体系。通过课程思政元素深度融入急救场景化教学，实现社会主义核心价值观具象化践行，培育具有"生命至上、专业精进、责任担当"特质的新时代健康卫士。

2. 本课程构建"教—学—训—评"四维联动机制，打造分层递进式育人模型。其中，初赛面向全体学生开展教学，强调教学的全面性；决赛以专家评审和学生评价为主，通过优秀学生团队的示范性展示，以多维度的教学评价来检验教学效果，帮助学生更好地理解和掌握课程知识与技能。

（二）活动组织

1. 主办单位：校红十字会
2. 承办单位：校医疗保健中心、校团委

（三）活动对象

全体在校学生

（四）活动时间

每年5月

（五）活动流程

第一阶段：初赛（5月中旬）

以网络知识竞赛的形式进行，要求全体大一学生参加。考核内容包括《"健康中国"2030规划纲要》；结核病、艾滋病、病毒性肝炎、禽流感、登革热等传染病防治；中国公民素养66条；青少年健康教育核心信息；现场救护等健康相关知识。建立试题库，每位参赛者可点击参赛网址或微信识别二维码参赛。竞赛题目由系统从试题库中随机组合生成，包括判断题、单选题和多选题等。在30分钟内完成答题，总分100分。每位参赛者只能参加一次答题。

第二阶段：决赛（5月下旬）

每班选送六名同学（担架2人＋心肺复苏2人＋包扎1人＋伤员1人）组成参赛队参加决赛。比赛内容包括：

1. 应急救护四项技能：头部外伤帽式包扎、手背外伤8字包扎、前臂骨折固定、担架制作和运送伤员五个环节，要求4分钟内完成，总分40分；四项技能竞赛设起点裁判2人和终点裁判2人，起点和终点裁判分别记分，各取2位裁判的平均值作为最终成绩。

2. 心肺复苏：竞赛设救护员1名、目击者1名，配合完成心肺复苏和AED操作，满分20分。每组配备2位裁判（1名老师，1名同学），2位裁判分别计分，然后取平均值。计分标准根据心肺复苏评分标准的细则评定。

"卫生健康知识与救护技能活动—现场心肺复苏术"评分标准

序号	评分项	评分标准	分值
1	判断环境、意识及呼救	1. 完成上下左右四点巡视判断环境动作，并大声口述判断结果："发现有人倒地，现场环境安全，我已做好自我防护！"（1分） 2. 完成意识判断动作，并大声口述判断结果："患者无意识"（0.5分） 3. 挥手做求救动作并大声呼救"来人呐，救命啊！"（0.5分） 4. 指定人员帮忙拨打"120"急救电话和取AED（1分）	3
2	判断呼吸	1. 用5—10秒时间完成判断呼吸动作（1分） 2. 大声口述判断结果：患者无呼吸（1分）	2
3	心脏按压的部位、姿势、频率、深度	1. 按压部位：胸部正中两乳头连线中点（1分） 2. 手掌根贴胸部，双臂绷直垂直往下、双手重叠、十指交扣指尖翘起，放松时手掌根部不离开胸壁（1分） 3. 按压过程中始终观察患者的面色（1分） 4. 按压频率：100—120次／分 30次胸外按压 按压深度：胸骨下陷5—6 cm（1分）	4
4	清除口腔异物、开放气道	1. 用鱼钩法完成口腔异物清除动作（1分） 2. 用"仰头举颏法"完成气道开放动作，一次做到位，没有重复动作（1分）	2
5	口对口人工吹气	连续正确完成人工呼吸两次（3分）	3
6	复苏结果与人文关怀	1. 大声口述复苏结果："现场心肺复苏成功。"（1分） 2. 完成人文关怀动作（1分）	2
7	正确启动急救系统	正确完成120急救电话的拨打（4分）	4
总分			20

五、考核与奖项设置

（一）考核方式

采用终结性的评价方法。

（二）成绩评定

健康知识网络竞赛（线上答题形式）占比 40%，卫生知识救护技能比赛（现场实操形式）占比 60%。

（三）奖项设置

团体优胜奖：根据各学院参赛班级的平均分值，评出一等奖 1 名、二等奖 2 名、三等奖 2 名；

优胜班级奖：根据各参赛班级的总分值（班级评比）评出优胜班级奖 12 名。

六、其他说明

（一）编写：课程负责人

（二）初审：课程负责单位（部门）相关负责人

（三）审核：学工部

附录 2　主题班会活动课程标准

班会一：救护技能教育

"救在身边，守护生命"主题班会

一、班会主题

救在身边，守护生命

二、班会内容

为深入贯彻《健康中国行动（2019—2030年）》及《教育部等五部门关于全面加强和改进新时代学校卫生与健康教育工作的意见》，积极响应教育部《开展全国学校急救教育试点工作》的号召，本课程旨在通过救护技能教育培训，切实增强学生的安全意识和应急与自救互救能力，解决当前大学生群体在急救知识与技能方面存在的安全意识薄弱、应急与自救互救意识不强，动手操作能力欠缺等问题。

基于此，拟在第二学期设计开展以增强学生对生命的尊重与珍视，提升其应对突发事件时的自救与互救能力为主要内容的"救在身边，守护生命"主题班会，通过对急救知识的学习，观看专业人员的实际操作，加强学生对急救工作的正确认识，学会急救专业技能和知识，提升学生对生命的敬畏感和主动施与援手的社会责任感。

三、目标成效

本次"救在身边，守护生命"主题班会，旨在全面提升学生对生命健康的认知与尊重。通过系统性学习心肺复苏术、止血包扎等基础救护技能，切实增强学生的救护意识和紧急情况下的应对能力。班会活动围绕认识、能力、情感三大目标进行，使学生深入理解应急救护的基本知识，掌握医疗器械使用方法及关键救护技能，同时培养学生的团队协作精神和应对紧急事件的心理素质。通过参与此次班会，帮助学生确立正确的急救理念，增强安全意识和风险预防能力，激发对生命的敬畏之情和积极施救的社会责任感，为学生的全面发展奠定坚实基础。

实现上述目标，本次班会需要把握好以下重点和难点。

1. 重点：提升学生的救护意识，引导学生认识急救技能对于挽救生命的重要性，激发学生认真学习急救实用知识，踊跃参与日常急救技能培训；通过实践操作环节，增强学生的动手实践能力及应急响应速度，学会并熟练掌握救护技能。

2. 难点：一方面，学生对急救的重要性认识不够，自愿参加学习急救的普及率较低；另一方面，难以确保班会的理论知识培训能够深入学生内心，达到预期效果。如何使复杂的急救理论知识变得生动有趣，让学生愿意学、学得会，并能在实际生活中灵活运用，是本次班会需要解决的关键问题。

四、主要形式

本次班会在形式展开上，主要通过以下途径：

1. 真实案例情景剧：以校园内真实急救事件为蓝本，编排情景剧微剧本并进行现场演绎。通过生动的情节和形象的表演，让学生初步认识到急救知识的重要性和学习急救技能的必要性。真实案例的再现将帮助学生形成对救护技能的初步认知框架，并激发起学习急救知识的浓厚兴趣。

2. "理实一体化"教学：邀请"红十字"医护人员亲临现场，通过"理论讲解＋实操演示"的方式，深入浅出地传授心肺复苏、止血包扎等核心救护技能。学生不仅能听到专业的理论解析，还能近距离观察并亲自实践正确的操作手法，确保学习过程直观且有效。

3. 分组实操演练：将学生分为若干小组，每组配备一套完整的急救器材。在模拟的真实场景下，如心搏骤停、意外受伤等紧急情况，学生轮流进行实操练习。通过反复操作，加深对理论知识的理解，并将其转化为实践能力。

4. 趣味救护挑战赛：创新设计一系列趣味横生的救护技能挑战赛，如"最快心肺复苏挑战赛"和"精准包扎接力赛"等。通过比赛的形式检验学生的学习成果，增加学习的趣味性，激发学生的参与热情，进一步巩固救护技能。

5. 分享与总结提升：班会尾声，邀请学生上台分享自己的学习心得与体会，并鼓励他们畅谈收获与感悟。辅导员根据学生的表现进行总结点评，指出亮点与不足，并提出改进建议。通过师生间的互动交流，共同提升救护技能教育的效果，让生命安全教育深入人心。

五、实施过程

1. 开篇导入

本次主题班会聚焦于校园内近期发生的真实急救事件，精心编排成一系列短小精悍的情景剧"生命之光·急救瞬间再现"。通过真实情境的生动演绎，充分激发学生对救护技能学习的热情，为接下来的课程学习奠定坚实的情感与认知基础。通过这种导入方式，学生们不仅沉浸在视觉与情感的双重震撼中，更直观且深刻地理解了救护技能的重要性。引导学生们认识到，掌握专业的救护知识不仅关乎个人安全，更是成为他人生命守护者的关键，极大地激发了学生对救护技能学习的浓厚兴趣。

2. 主题聚焦

引用习近平总书记对生命健康教育工作的重要指示精神，强调生命健康对于每个人的重要性，以及掌握急救技能在关键时刻能够挽救生命的重大意义，让每一位学生都能成为自己和他人生命的守护者。通过学生的真实案例情景剧展示，引导学生深入思考急救技能的重要性和实用性，并感受到在紧急情况下，掌握急救技能所能带来的安全感和自信心。结合真实案例，通过专业讲解、视频展示、互动问答等多种形式，深入剖析急救技能的重要性、学习急救技能的必要性，以及如何在日常生活中应用急救技能。

3. 教学方法

运用"理实交融·分组实战"教学法，旨在通过专业医护人员的现场指导与学生的分组实操演练，将心肺复苏、止血包扎等核心救护技能的学习推向新的高度。

（1）理实交融，知识与实践无缝对接：邀请经验丰富的专业医护人员亲临课堂，讲授最前沿的救护理论知识，并通过生动直观的实操演示，将复杂的救护技能化繁为简。在"理论讲解＋实操演示"的模式下，学生们不仅能聆听到专业且易于理解的理论解析，还能近距离观察并亲自实践操作手法，确保学习过程既深刻又直观。

（2）分组实战，模拟场景下的技能锤炼：设计分组实操演练环节，每组均配备一套完整的急救器材，确保每位学生都能亲自动手操作。在精心设计的模拟真实场景下，如心搏骤停等紧急情况，学生们轮流上阵，进行实操练习。通过反复操作与同伴间的相互指导，加深学生对救护技能的理解，并在实战中锤炼应对突发状况的能力。

4. 成果深化

精心设计多项趣味横生的救护技能挑战赛，如"最快心肺复苏挑战赛"，要求学生在模拟的紧急情况下迅速而准确地完成心肺复苏操作；"精准包扎接力赛"，以寓教于乐的方式检验并巩固学生的学习成果。这些活动不仅能激发学生的参与热情与竞争意识，还增强了学生的集体荣誉感和团队精神，推动学生的救护技能提升到新的高度，为学生的全面发展提供坚实保障。

5. 总结点拨

在实操练习结束后，先由学生分享此次班会课程学习的收获与体会，辅导员作为"智慧导航员"，在每位学生的分享后，精准捕捉闪光点，给予正面肯定与鼓励，同时指出存在的盲点与提升空间，引导学生自我反思与成长。随后，辅导员围绕"预期目标是否达到？好的方面有哪些？不足之处在哪里？"进行归纳与点拨。最后，辅导员强调掌握救护技能的重要性，鼓励学生将所学技能运用到实际生活中去，为保障自己和他人的生命健康安全贡献力量。

6. 动态反馈

本部分采用"课后践行·典范引领"与"数字传承·共享安全"两大策略，为班会的实施提供后续保障。课后践行·典范引领：班会结束后，辅导员布置一项特别任务——"光荣事迹捕手"，鼓励学生们成为生活的观察者，记录下身边那些勇于施救、传递正能量的应急救护先进人物事迹，并通过宣传传播。同时，引导学生积极备战《卫生健康知识与救护技能大赛》，通过系统培训与实战演练，提升学生的安全意识，让学生在实践中深化理解，将应急救护知识内化于心、外化于行，共同编织一张坚不可摧的校园安全防护网。鼓励学生考取红十字救护员证书，为成为更专业的生命守护者迈出坚实步伐。数字传承·共享安全：主题班会结束后，采用数字化手段，编辑班会的精彩瞬间，收录学生的心得体会与成长故事，通过班级微信公众号等社交平台广泛传播，共同构建一个线上线下相融合的安全教育生态。

六、评价提升

1. 评价方式

通过学生问卷调查及教师听评课两种方式综合评价。

2. 评价标准

项目	评价指标	评价内容
课程主题 （10分）	主题明确性	课程主题明确，能体现课程目标与内容
	主题相关性	课程主题符合专业和学生个人发展需要，符合学生职业基本素养培养需要
课程内容 （30分）	内容丰富性	课程内容丰富，能满足学生的多元需求
	重难点分析	课程重难点突出、定位准确、分析较为透彻
	内容创新性	课程内容具有一定创新性，能提出新观点或新方法，能激发学生的学习兴趣和创造力

续 表

项目	评价指标	评价内容
课程形式 （10分）	形式多样性	能采用多种活动形式，有师生互动设计，以适应不同学生的学习需求
	技术手段运用	能恰当运用多媒体等现代技术手段辅助课程教学，提高教学效果
实施过程设计 （35分）	环节完整性	课程实施过程包括导入、教学、练习、总结等各环节，且各环节过渡自然流畅
	时间安排	课程时间分配合理，能确保每个环节学生都有足够的时间深入探讨和学习
	评估与反馈	设计有效的评估方法和手段，能及时收集学生情况
目标成效 （15分）	目标达成度	课程达到既定的教学目标
	评价方法	目标成效评价方法清晰、具体、可衡量

班会二：挫折应对教育 "何惧逆境，向阳而生"主题班会

一、班会主题

何惧逆境，向阳而生

二、班会内容

习近平总书记指出"青年的人生之路很长，前进途中，有平川也有高山，有缓流也有险滩，有丽日也有风雨，有喜悦也有哀伤。心中有阳光，脚下有力量，为了理想能坚持、不懈怠，才能创造无愧于时代的人生。"在实际工作中发现，当代青年大学生所受到的挫折主要有以下几个方面：一是学业挫折，包括考试失利、课业完成度等。二是生活挫折，包括经济、社交、求职等方面。三是亲密关系中的挫折，主要体现在与父母、恋人等主体的关系中。

在此背景下，结合大学生的心理特征，拟在第三学期设计开展以塑造学生坚韧品格，提升解决问题的能力，并增强环境适应能力为主要内容的主题班会。通过班会各环节的学习，使同学们对"挫折"有更清晰的认识，既不将其神话，也不惧怕，从而树立起积极向上、坚韧乐观的青年形象。

三、目标成效

当前，大学生生活物质水平虽显著提升，但其身心韧性仍显不足，呈现出一定的"脆皮化"现象。为此，召开"何惧逆境，向阳而生"主题班会，旨在引导同学们深刻理解"何为挫折"、

"如何正确认识挫折"、"怎样有效应对逆境"以及"逆境中应保持何种心境",切实提升抗压韧性、增强解压能力、掌握应对技巧,为大学生心理穿上坚实"防弹衣",最终塑造活力、积极、向上、奋进的当代大学生群像。

实现上述目标,本次班会需要把握好以下重点和难点。

1. 重点:从"心灵漂流瓶"出发,结合同学们的实际困境经历导入,展开"左手夹弹珠"活动。通过这些环节,帮助每一位同学体会到每个人在其一生中都会面临挫折、困境与逆境,领悟到挫折的不可避免性。同时,引导同学们明白坚持与努力的意义,树立战胜挫折与困境的决心。

2. 难点:由于不同的家庭背景、性格以及人生阅历的差异,每位同学对于同一事物的认知和判断准则各不相同。一次班会的案例及个人经历的分析,难以完全覆盖每位同学个体的"差异化评价准则"。

四、主要形式

本次班会在形式展开上,主要通过以下途径:

1. 起始——以"心灵漂流瓶"的形式为导入,激发学生的思考积极性,调动同学们的兴趣,初步了解面对逆境与挫折时的应对方法。

2. 探途——通过对"心灵漂流瓶"的分析,邀请班级同学分享自身案例。通过鲜活的案例和现身说法的形式,让学生形成对"身边的挫折"的直观认识。

3. 纵深——设置互动游戏环节"左手夹弹珠",让学生用非惯用手完成挑战游戏。通过挑战过程中的不断失败和尝试,模拟生活中遇到的困难,并感受完成挑战后的成就感与幸福感。借此阐明有关挫折的知识,以及解决和应对挫折的方法,加深学生对"挫折"的认知。

4. 赘叙——"心灵漂流瓶"再回顾。引导学生在经历完互动环节后,反思自己在"心灵漂流瓶"上所写的内容,并在摘选后进行收集"装瓶"封存。

5. 终章——以"三省吾身"再出发。通过互动提问的方式,邀请学生分享班会的体验与收获,并结合装瓶的"心灵漂流瓶",探讨是否学到了处理当前"挫折"的方式方法,以及未来遇到挫折与逆境时,自己将如何面对。最后由辅导员老师进行点评、总结,并对学生提出展望和期许。

五、实施过程

1. 开篇导入

起始——"漂流瓶"浮动:以作为引,促思为始。立足于心理"脆皮大学生"遇事即"躺平"的现状,通过在班会时发放"心灵漂流瓶",引导学生进行自我内省,并将自身最近的困境、挫折进行记录，推动学生进入思考的状态。

班会采用"以思促学"模式导入，通过自我审视与思考，迅速汇聚学生的注意力，激发对"挫折"的兴趣与疑惑，营造带着疑问求解、怀揣困惑探索的学习氛围。

2. 主题聚焦

探途——挖掘"漂流瓶"：以思为基，以例为证。通过实证性案例为导入，结合习近平总书记对青年人的期许，以及"穷且益坚，不坠青云之志""不经一番寒彻骨，怎得梅花扑鼻香"等古今诗句，加之同学们亲身经历的分享，形成多层次、全方位的主题氛围，引发学生对"挫折"的深入思考。

传递——"自我像"漫谈：借例而述，践行探究。由主持人对"心灵漂流瓶"进行抓阄，邀请幸运儿分享自身遇到的挫折，分析原因、即时心境反应、后续处理过程和反思。分享完毕后，由该同学将"漂流瓶"传递给下一位幸运儿，依次进行，共优选四名幸运儿。通过这种方式，引导学生对挫折有更加清晰的认知。

同时，通过班级同学的案例分享，也让未曾遇到相关"挫折"的同学汲取经验，树立"关关难过关关过"的意识，为班会的下一环节打下基础。

3. 教学方法

随着青年大学生群体价值认知与阶段特征的变迁，教学方法与措施也需与时俱进。本次班会主要依托以下教学方法：

（1）实际案例分析：在"漂流瓶"之"自画像"漫谈环节，基于班级同学的实际案例与现身说法，以事实为佐证，通过分析身边的案例，明晰对挫折的界定以及应对心境与实际措施。

（2）互动法：以班级同学为主体，通过"左手弹珠赛"，构建"行+思"的多层次互动，营造学思结合、手脑并用的课堂氛围。借此深化学生对班会主旨的认知，实现知识"入耳、入脑、入心"。

（3）讨论法：以探讨厘清思路，以沟通凝聚共识。依托"漂流瓶"环节，在同学们完成分享和互动游戏的基础上，话越说越清，理越辩越明。通过引导深度讨论，深化班会成效，营造学风开放、人人参与的扁平化课堂氛围，有效激发和利用同学们的探索与表达热情。

4. 成果深化

纵深——"挫"试"弹珠赛"：践而汇心，理源探流。通过"漂流瓶"活动的反思和同学们的亲身经历，引导学生建立对"挫折"的初步理解。在此基础上，开展夹弹珠比赛，让学生在不断尝试直至成功的过程中，深刻体验"挫折感"。随后，通过技巧传授和实践，让学生感受成功的"满足感"，从而认识到"挫折并不可怕"，并学会通过恰当的方法和勤奋来克服困难，找到解决问题的巧妙方式。

在互动游戏环节，学生们通过真实的"挫折感"体验，对本次"何惧逆境，向阳而生"主题班会的核心理念有了更深刻的体会，增强了自信心。同时，通过寓教于乐的方式，确保班级所有成员积极参与，提升了对班会的认同感和参与感。

互动环节结束后，邀请部分同学分享在游戏环节中经历多次失败后的心理变化及最终成功时的感受。通过班级同学的共同探讨，进一步讲解如何面对挫折和逆境、如何应对和处理问题、保持何种心态，帮助同学们实现知识与行动的统一，促进思考与实践的结合。

5. 总结点拨

赘叙——三省"吾心·身"：在互动环节的基础上，重新发放"心灵漂流瓶"，引导大家思考：班会前提出的问题是否已找到解决方式或心态是否有所改变，并将已解决的"挫折"在"脑海中"做清除计划。

最后，辅导员围绕"预期目标是否达到？好的方面有哪些？不足之处在哪里？"进行归纳与点拨。通过本次班会，学生对"挫折"形成了全方位的认知，掌握了应对"挫折"的方法，学会了面对"挫折"应保持的心态。在"漂流瓶传递"和"夹弹珠赛"环节中，学生参与热情高涨，积极分享所思所想，进一步增进了班会效果，调动了整体氛围。作为辅导员，需针对学生在不同发展阶段的特征和可能遇到的挫折，进行深入分析，做到切身、及时地引导，引导学生善于思考、多方考量、学会排解，从"脆皮"大学生塑造为"钢铁"大学生。通过本次主题班会，将挫折教育的维度与深度进一步延展，真正实现根植学生的成长全过程。

6. 动态反馈

主题班会结束后，通过班级微信群、钉钉等数字化平台及相关匿名反馈程序，及时收集学生的咨询留言和变化反馈，并针对每位同学的问题给予个性化意见。同时，以一周、一个月、三个月为周期，实时追踪"心灵漂流瓶"中的"愿望清单"达成状态。此外，设立班级电子树洞，让学生在未来的学习生活中遇到问题时，能以匿名方式倾诉，及时获得反馈，帮助学生有效解决"困境"。将挫折教育融入心理健康教育，构建长效育人机制。

六、评价提升

1. 评价方式

通过学生问卷调查及教师听评课两种方式综合评价。

2. 评价标准

项目	评价指标	评价内容
课程主题 （10分）	主题明确性	课程主题明确，能体现课程目标与内容
	主题相关性	课程主题符合专业和学生个人发展需要，符合学生职业基本素养培养需要
课程内容 （30分）	内容丰富性	课程内容丰富，能满足学生的多元需求
	重难点分析	课程重难点突出、定位准确、分析较为透彻
	内容创新性	课程内容具有一定创新性，能提出新观点或新方法，能激发学生的学习兴趣和创造力
课程形式 （10分）	形式多样性	能采用多种活动形式，有师生互动设计，以适应不同学生的学习需求
	技术手段运用	能恰当运用多媒体等现代技术手段辅助课程教学，提高教学效果
实施过程设计 （35分）	环节完整性	课程实施过程包括导入、教学、练习、总结等各环节，且各环节过渡自然流畅
	时间安排	课程时间分配合理，能确保每个环节学生都有足够的时间深入探讨和学习
	评估与反馈	设计有效的评估方法和手段，能及时收集学生情况
目标成效 （15分）	目标达成度	课程达到既定的教学目标
	评价方法	目标成效评价方法清晰、具体、可衡量

班会三：行为规范教育

"习以为常，学以致远"主题班会

一、班会主题

习以为常，学以致远

二、班会内容

在新时代背景下，高校的教育目标是培养德智体美劳全面发展的社会主义合格建设者和可靠接班人。其中，行为习惯的养成是德育教育的重要组成部分。通过"习以为常，学以致远"——行为习惯养成主题班会，旨在培养学生的自律能力，增强学习主动性，促进师生共同成长，营造良好的校园文化氛围。

当前，大一新生初入大学校园，常面临一系列行为习惯上的难题，如生活作息不规律影响身心健康，学习方法难以适应大学自主学习的要求等。基于此，结合大学生的心理特征，拟在新生入学的第一学期设计开展以行为习惯养成为主要内容的主题班会。通过一系列活动和讨论，帮助刚入校的大学生养成良好的生活与学习习惯，促进学生快速适应大学生活，推动学生全面发展。

三、目标成效

本次主题班会旨在引导大一新生尽快融入大学生活，培养优良的生活与学习习惯，营造积极向上的班级学习氛围，为学生的全面发展打下基础。具体目标包括：一是明晰规范与认知，帮助学生了解校纪校规，深刻理解良好行为习惯对个人成长与成才的必要性与重要性。二是提升自我管理能力，引导学生自觉遵守

"十要十不要"行为准则，初步形成自我管理的意识和能力。三是规划未来与发展，引导学生探索自我成长路径，明确学习目标和发展方向，激发对专业的兴趣与热爱，为未来的职业发展奠定基础。

实现上述目标，本次班会需要把握好以下重点和难点。

1. 重点：以校园中的不文明行为为切入点，引导学生识别常见"不文明"现象，反思自身行为，并深刻认识良好学习习惯对学业成绩与未来发展的重要作用。

2. 难点：一方面，是习惯养成的持久性，良好行为习惯的养成需要长期坚持，学生可能短期内有所改变，但难以固化为稳定的日常行为；另一方面，影响因素的多元性，习惯养成受多重因素影响，需要加强师生互动，及时了解学生对课堂、校园生活的反馈与期望，并据此优化班级管理策略。

四、主要形式

本次班会在形式展开上，主要通过以下途径：

1. 情景剧导入。通过学生表演的情景剧，将校园当前存在的不文明行为呈现出来，引发学生思考"我是否也有过类似行为？""这些行为会产生怎样的影响？"等问题。

2. 正负清单列举。列举情景剧中出现的各种行为习惯的"正负面清单"（详见附表），引导学生对照清单，自省是否达到正面清单要求，自查是否存在负面清单中的问题。

3. 朋辈力量影响。邀请优秀校友分享专业成长经验，树立榜样。通过真实案例现身说法，引导学生理解行为习惯对个人成长和班级氛围的影响。

4. 总结点评提升。根据学生分享的体会与收获，辅导员进行总结点评，强调校纪校规与校园行为规范准则，师生共同努力营造良好的学风。

五、实施过程

1. 开篇导入

大一新生刚刚入学，对新生活充满期待。本次班会组织学生对身边的同学进行访谈，找出最具代表性的10种不文明行为习惯，并将其融入情景剧表演中。通过情景剧的呈现，引发学生思考："我是否也有过这样的行为？""这些行为会产生怎样的影响？"等问题。

2. 主题聚焦

详细阐述良好行为习惯的具体表现，如端正仪表、时间管理、勤俭节约、加强锻炼等，强调这些习惯对个人成长、学业成绩和未来职业发展的重要性。通过正负面清单的对比和真实案例分享，让班会主题更明确、更集中，让身边事教育身边人，进一步激发学生的共鸣和认同。

3. 教学方法

带领学生通过访谈的方式，自行找出最具代表性的10种不文明行为习惯，并将其融入情景剧表演中。这不仅增强了学生对不文明行为的印象，也提升了他们在班会中的参与感。同时，组织学生通过线上小程序填写正负清单举例，运用新媒体技术让学生填写的结果实时呈现于大屏幕，通过对比深化对良好行为习惯的认知。

4. 成果深化

对学生而言，单纯强调养成良好行为习惯的重要性是远远不够的。班会的最终目标是将理论与实践相结合，让学生做到知行合一。邀请优秀校友以"朋辈"的角度分享经验，告诉大一新生在大学生活中哪些不文明行为习惯最难"戒"，以及他们成功克服这些习惯的方法。

5. 总结点拨

辅导员围绕"如何养成良好行为习惯"进行归纳和点拨。辅导员要做好学生步入大学校园后的"人生导师"和健康生活的知心朋友。通过主题班会，切实将行为习惯养成教育和学风建设工作纳入日常管理工作中，全方位了解学生心中所想、现实所需，帮助学生适应大学生活，明确校园规定，并自觉履行"十要十不要"等规章制度。

6. 动态反馈

主题班会结束后，组织班长、生活委员、寝室长等班委建立"行为规范巡逻队"，负责监督和检查。每周将数据公示在班级群内，促进班内同学互相监督、共同进步。同时，根据数据持续改进和优化行为习惯养成教育的方式。

六、评价提升

1. 评价方式

通过学生问卷调查及教师听评课两种方式综合评价。

2. 评价标准

项目	评价指标	评价内容
课程主题 （10分）	主题明确性	课程主题明确，能体现课程目标与内容
	主题相关性	课程主题符合专业和学生个人发展需要，符合学生职业基本素养培养需要
课程内容 （30分）	内容丰富性	课程内容丰富，能满足学生的多元需求
	重难点分析	课程重难点突出、定位准确、分析较为透彻
	内容创新性	课程内容具有一定创新性，能提出新观点或新方法，能激发学生的学习兴趣和创造力
课程形式 （10分）	形式多样性	能采用多种活动形式，有师生互动设计，以适应不同学生的学习需求
	技术手段运用	能恰当运用多媒体等现代技术手段辅助课程教学，提高教学效果

续 表

项目	评价指标	评价内容
实施过程设计 （35分）	环节完整性	课程实施过程包括导入、教学、练习、总结等各环节，且各环节过渡自然流畅
	时间安排	课程时间分配合理，能确保每个环节学生都有足够的时间深入探讨和学习
	评估与反馈	设计有效的评估方法和手段，能及时收集学生情况
目标成效 （15分）	目标达成度	课程达到既定的教学目标
	评价方法	目标成效评价方法清晰、具体、可衡量

附表　大学生行为习惯正负清单

序号	正面清单	是	否
1	爱国爱校，自强不息		
2	诚实守信，勤奋学习		
3	遵纪守法，自省自律		
4	明礼修身，关心集体		
5	仪容整洁，交往文明		
6	尊敬师长，友爱同学		
7	讲究卫生，文明吃住		
8	爱护公物，节约水电		
9	文明上网，抵制黄赌		
10	强身健体，安全防范		

序号	负面清单	是	否
1	损害学校声誉的言行		
2	无故迟到、早退、旷课		
3	公共场合喧哗、插队、抢占座位等干扰秩序行为		
4	违反交通规则		
5	仪容仪表不符合校园文明规范		
6	携带食物进教学区		
7	破坏环境卫生		
8	违反校园禁则		
9	课堂违纪行为		
10	学术不端行为		

班会四：青春使命教育

"青春有为，责任在肩"主题班会

一、班会主题

青春有为，责任在肩

二、班会内容

"一代人有一代人的长征，一代人有一代人的担当"。习近平总书记在纪念五四运动100周年大会上的重要讲话中强调，新时代中国青年要珍惜这个时代、担负时代使命，在担当中历练，在尽责中成长。这既是对青年的殷切期望，更是明确的时代要求。

基于此，拟在学生入学的第二学期开展担当与使命主题班会。班会将以故事分享、情景演绎、歌曲合唱等活动为载体，有机融入"责任担当"、"大爱奉献"、"顽强拼搏"三种精神，紧密联系学生的日常学习生活实际，旨在激发青年学生的使命意识与责任感，强化其作为国家未来建设者"勇担使命、砥砺前行"的主人翁精神，助力青年一代走好新时代的长征路。

三、目标成效

本次主题班会旨在深入学习贯彻习近平总书记对青年的殷切嘱托，引导广大青年学生坚定不移听党话、跟党走，争做有理想、敢担当、能吃苦、肯奋斗的新时代好青年，以实际行动在国家发展进程中贡献青春力量。

实现这一目标，本次班会需要把握好以下重点和难点。

1. 重点：强化社会责任感，引导学生深刻认识自身肩负的时代责任；树立远大志向与正确价值观，帮助学生规划人生目标，确立积极向上、服务社会的价值观；培养积极人生态度，激励学生以昂扬的斗志迎接未来学习生活中的挑战。

2. 难点：提升参与度与吸引力，在确保思想教育深度的同时，需精心设计新颖、互动性强的环节，有效激发学生的参与热情；促进知行合一，如何将"使命担当"的理念有效转化为学生具体的、可操作的日常学习和行动指南，实现理论与实践的紧密结合。

四、主要形式

本次班会在形式展开上，主要通过以下途径：

1. 以讲述一个青年远赴边疆支教的故事为开场，辅以影音素材，营造沉浸式氛围，引发学生对人生选择、成长挑战与责任担当的初步思考。

2. 通过开展学生角色扮演体验活动，演绎真实发生在校园或学生身边的典型场景，深度融入并诠释"责任担当""大爱奉献""顽强拼搏"三种精神内核，将抽象的"使命担当"转化为具体可感的行动，有效搭建从认知到实践的桥梁，使主题与每位同学的学习生活紧密联结。

3. 学生合唱歌曲《有我》(校园版)，以歌寄情。将部分歌词改编成更贴近学生的生活，通过合唱让每位同学参与其中，增强班级凝聚力与协作精神，展示积极向上的班级风貌。同时，借助与班会主题高度契合的歌词旋律，深化情感共鸣，让教育内容更易入脑入心。

4. 总结环节，学生填写"青春奋斗卡"，分享自己本次班会的体会与收获以及未来的成长目标。辅导员进行总结点评，并将奋斗卡制作成班级文化墙。

五、实施过程

1. 开篇导入

班会以讲述身边一个毅然奔赴边疆支教的大学生故事作为开始，通过影音媒体的氛围渲染，快速将学生拉入动人情境。用青年坚定梦想并付诸行动的案例，引发学生对"使命担当"的思考。导入过程通过讲述故事的方式，让学生听得进去，激发探索兴趣，使学生对青年肩上的责任形成初步认知，引导学生尽快融入课堂。

2. 主题聚焦

引用习近平总书记在纪念"五四运动"100周年大会上的讲话点题：在中华民族伟大复兴的关键时期，广大青年要树立坚定的理想信念，勇担时代重任，练就过硬本领，奏响更为激昂的青春乐章。设置现场互动环节，引导学生自主发言，分享对"使命担当"的认识及具象化诠释。通过主题聚焦与个人分享，让班会主题更明确、更集中，以身边同龄人的事迹影响他人，进一步激发学生的共鸣。

3. 教学方法

对学生而言，单纯的精神学习与案例分享是远远不够的。要把理论与实践相结合，做到知行合一。采用情景剧演绎的教学方法，组织学生演绎每个学子都会遇到的上课、献血、竞赛等情景，体现"责任担当""大爱奉献""顽强拼搏"三大精神。通过真实的学生日常场景展示，让学生了解日常行为如无偿献血、赛场竞技等，都是青年践行"使命担当"的具体体现。在角色扮演互动教学环节中，提高学生参与度，增强教学的互动性，帮助学生更好地理解新时代对青年的要求，理解青年奋斗的意义。

4. 成果深化

以全班同学合唱歌曲《有我》（校园版）作为本次班会的高潮。集体性环节让每个人的情怀在歌声中释放，同时让学生体会到歌词"我的样子就是中国的模样，当火炬去化作那道光"的深刻含义。通过感染力极强的合唱环节，深化学生对班会主题的理解，用奋斗展现青春力量，同时为本次主题班会前部分教学效果做反馈性展示，为后部分总结互动做情绪承接，达到承前启后的效果。

5. 总结点拨

在合唱环节后，先由学生填写事先准备好的"青春奋斗卡"，让其中几位分享自己的奋斗目标及此次班会的学习收获体会。然后由辅导员围绕"预期目标是否达到？好的方面有哪些？不足之处在哪里？"进行主题班会的归纳、点拨。通过主题班会，切实让学生有所思、有所得，让学生从"我知道肩负起民族复兴的时代重任"转变为"我立志肩负起民族复兴的时代重任"，从小事做起，立志为中华民族伟大复兴贡献力量。

6. 动态反馈

班会结束后，辅导员将收集的"青春奋斗卡"制作成班级文化墙，提醒学生牢记梦想，坚定朝着自己设计的目标努力奋斗。同时，建立有效的动态反馈机制，搭建"新时代青年"奋斗事迹分享平台，常态化跟踪提醒学生严于律己、不懈奋斗，在担当中历练，在尽责中成长，努力成为可堪大用、能担重任的栋梁之材。

六、评价提升

1. 评价方式

通过学生问卷调查及教师听评课两种方式综合评价。

2. 评价标准

项目	评价指标	评价内容
课程主题 （10分）	主题明确性	课程主题明确，能体现课程目标与内容
	主题相关性	课程主题符合专业和学生个人发展需要，符合学生职业基本素养培养需要
课程内容 （30分）	内容丰富性	课程内容丰富，能满足学生的多元需求
	重难点分析	课程重难点突出、定位准确、分析较为透彻
	内容创新性	课程内容具有一定创新性，能提出新观点或新方法，能激发学生的学习兴趣和创造力
课程形式 （10分）	形式多样性	能采用多种活动形式，有师生互动设计，以适应不同学生的学习需求
	技术手段运用	能恰当运用多媒体等现代技术手段辅助课程教学，提高教学效果
实施过程设计 （35分）	环节完整性	课程实施过程包括导入、教学、练习、总结等各环节，且各环节过渡自然流畅
	时间安排	课程时间分配合理，能确保每个环节学生都有足够的时间深入探讨和学习
	评估与反馈	设计有效的评估方法和手段，能及时收集学生情况
目标成效 （15分）	目标达成度	课程达到既定的教学目标
	评价方法	目标成效评价方法清晰、具体、可衡量

班会五：毕业离校教育

"四心并举，文明离校"主题班会

一、班会主题

四心并举，文明离校

二、班会内容

离校是大学生从校园走向社会的最后一个环节。在毕业季的实际工作中发现，毕业生离校前夕，可能会因放松过度、情绪波动，出现酗酒滋事、悲伤难抑等情况，破坏校园和谐氛围。此外，毕业生在离校时可能忽视对师长、同学及后勤工作人员的感恩与告别，导致人际关系的疏远；也可能留下大量旧书旧物、未处理的寝室卫生等问题，给后续工作带来不便。离校后，毕业生还可能面临社会上的各种挑战，如缺乏坚韧的决心和自律意识等，影响个人的发展。

基于此，结合大学生的心理特征，拟在第六学期设计开展以"四心并举，文明离校"为主题的班会。通过"留一份安'心'、存一份爱'心'、留一份暖'心'、存一份决'心'"四大板块，帮助毕业生应对离校时面临的问题，更好地适应社会生活，激发其责任感与使命感，为大学生活画上圆满句号，努力成为有担当、有情怀的新时代青年。

三、目标成效

近年来，高校普遍重视毕业生离校教育，用心上好毕业生走向社会前的最后一堂思政课。如何在其中温暖地引导毕业生树立正确的价值观和人生观，增强社会责任感，成为高校教育工作者的重要任务。通过召开"四心并举，文明离校"主题班会，帮助毕业生树立感恩之心、责任之心、进取之心和文明之心，使他们在离校之际能够以更加成熟、理智和积极的态度告别校园，迎接未来的挑战。

实现这一目标，本次班会需要把握好以下重点和难点。

1. 重点：着重培养毕业生的感恩意识、社会责任感、进取精神及文明素养，引导学生展现出积极向上的风貌，优雅告别校园，自信步入社会。

2. 难点：如何确保每位毕业生都能切实遵守文明离校的各项要求，深刻激发毕业生的情感共鸣，使社会责任感等真正内化于心、外化于行。

四、主要形式

本次班会在形式展开上，主要通过以下途径：

1. 以毕业教育视频作为开始，讲述对于安全毕业事项的提醒，让踏实安心成为毕业季的主打色，让和谐美丽成为校园的主旋律。

2. 准备一面照片墙，给学生十五分钟时间奔向心中所想，向老师道一句感恩，向同学道一句珍重，向曾经帮助过自己的图书馆、后勤、宿管等部门的工作人员说一声感谢，拍一张友爱的毕业证，汇聚成毕业存"心"墙。

3. 举办通过捐赠旧书旧物换取毕业"留声卡"的活动，通过"留声卡"学生可以分享求职经验，赠言学弟学妹，感恩授业老师等，让温暖在彼此间流淌。

4. 最后是总结环节，由学生分享体会与收获，辅导员进行总结点评，开展廉洁教育，鼓励学生诚信做人，从主动清缴学费，妥善归还所借图书等小事做起，高效有序地完成毕业手续办理，鼓励学生带着积极的力量，勇敢启航。

五、实施过程

1. 开篇导入

以播放《毕业教育》视频为开始，内容涵盖校园安全注意事项、离校手续办理流程、行李打包与托运须知等，提醒毕业生在离校前确保个人安全，顺利完成各项离校手续，同时保持宿舍及公共区域的整洁，为学弟学妹们留下一个良好的学习和生活环境。辅导员发言引导学生守好纪律底线，把握释放尺度，点明留一份安"心"的出发点。班会导入过程通过新媒体的方式，激发学生的参与热情与共鸣，使得毕业生能够更加深刻地认识到文明离校的重要性，引导学生守好纪律底线，把握情感释放的尺度，确保毕业季的和谐与美好。

2. 主题聚焦

班长引导学生前往事先准备好的照片墙区域，每位学生提前利用自由活动时间，向老师、同学及后勤工作人员表达感激之情，并拍摄一张充满友爱的照片。所有同学将照片粘贴在照片墙上，形成一道亮丽的风景线。这一环节不仅加深了师生之间的情感联系，也让毕业生在离校前留下了一份珍贵的记忆，深化存一份爱"心"的小主题。

3. 教学方法

组织一场捐赠旧书旧物换取毕业"留声卡"的活动。毕业生可以将自己不再需要的旧书、旧物捐赠给学校或需要的学生，以此换取一张"留声卡"。在"留声卡"上，学生可以写下自己的求职经验、对学弟学妹的赠言、对授业老师的感恩之情等，然后将"留声卡"投放在指定的收集箱中，点明留一份暖"心"的目的。活动结束后，将收集到的"留声卡"进行整理，并以适当方式进行展示，让这份温暖与祝福传递给更多的人。这一环节不仅促进了资源的循环利用，也让毕业生在离校前能够将自己的经验和祝福传递给后来者，传递正能量。

4. 成果深化

邀请学生代表分享自己在大学期间的成长经历、求职过程中的感悟以及对未来的展望。通过学生代表的发言，毕业生们能够感受到彼此的成长与变化，也更加坚定了自己未来的方向和目标，深化存一份决"心"的目的。

5. 总结提升

辅导员进行总结点评，对毕业生在大学期间的努力和成就表示肯定，并鼓励他们带着积极的力量勇敢启航。同时，开展链接教育，提醒毕业生要诚信做人，从主动清缴学费、妥善归还所借图书等小事做起，高效有序地完成毕业手续办理。

6. 动态反馈

在班会结束后，发放问卷评估本次"四心并举，文明离校"主题班会的效果，收集学生的意见和建议。

六、评价提升

1. 评价方式

通过学生问卷调查及教师听评课两种方式综合评价。

2. 评价标准

项目	评价指标	评价内容
课程主题 （10分）	主题明确性	课程主题明确，能体现课程目标与内容
	主题相关性	课程主题符合专业和学生个人发展需要，符合学生职业基本素养培养需要
课程内容 （30分）	内容丰富性	课程内容丰富，能满足学生的多元需求
	重难点分析	课程重难点突出、定位准确、分析较为透彻
	内容创新性	课程内容具有一定创新性，能提出新观点或新方法，能激发学生的学习兴趣和创造力
课程形式 （10分）	形式多样性	能采用多种活动形式，有师生互动设计，以适应不同学生的学习需求
	技术手段运用	能恰当运用多媒体等现代技术手段辅助课程教学，提高教学效果
实施过程设计 （35分）	环节完整性	课程实施过程包括导入、教学、练习、总结等各环节，且各环节过渡自然流畅
	时间安排	课程时间分配合理，能确保每个环节学生都有足够的时间深入探讨和学习
	评估与反馈	设计有效的评估方法和手段，能及时收集学生情况
目标成效 （15分）	目标达成度	课程达到既定的教学目标
	评价方法	目标成效评价方法清晰、具体、可衡量

主要参考文献

［1］杨九诠．学生发展核心素养三十人谈［M］．上海：华东师范大学出版社，2017．

［2］阿伯特．职业系统［M］．李荣山，译．北京：商务印书馆，2016．

［3］王敏．高职学生职业核心素养培养体系研究［M］．武汉：武汉大学出版社，2021．

［4］谢鑫．高职学生职业核心素养与专业技能一体化培育的新模式探索［J］．中国职业技术教育，2022（1）：80-85．

［5］萧早荣．职业发展视域下高职学生核心素养的培养要求及路径［J］．教育与职业，2021（16）：73-78．

［6］桑雷，马蕾．高职学生职业核心素养培养体系优化的四维径路［J］．黑龙江高教研究，2020（11）：108-112．

［7］杨利静．高职学生职业素养培养途径刍议［J］．学校党建与思想教育，2019（8）：79-81．

［8］王靖．德技并修：新时代工匠精神与高职学生职业素养融通路径［J］．职教论坛，2019（11）：149-152．

［9］杨晓莉，陈颢．高职教育资源配置问题及优化策略［J］．教育与职业，2020（3）：42-46．

［10］王敏．专业教学标准视域下高职学生职业核心素样模型构建及培育路径——基于对347个高等职业学校专业教学样本的分析［J］．职业技术教育，2021（11）：58-62．

郑重声明

高等教育出版社依法对本书享有专有出版权。任何未经许可的复制、销售行为均违反《中华人民共和国著作权法》,其行为人将承担相应的民事责任和行政责任;构成犯罪的,将被依法追究刑事责任。为了维护市场秩序,保护读者的合法权益,避免读者误用盗版书造成不良后果,我社将配合行政执法部门和司法机关对违法犯罪的单位和个人进行严厉打击。社会各界人士如发现上述侵权行为,希望及时举报,我社将奖励举报有功人员。

反盗版举报电话　（010）58581999　58582371
反盗版举报邮箱　dd@hep.com.cn
通信地址　北京市西城区德外大街 4 号　高等教育出版社知识产权与法律事务部
邮政编码　100120

教学资源服务指南

感谢您使用本书。为方便教学，我社为教师提供资源下载、样书申请等服务，如贵校已选用本书，您只要关注微信公众号"高职素质教育教学研究"，或加入下列教师交流QQ群即可免费获得相关服务。

"高职素质教育教学研究"公众号

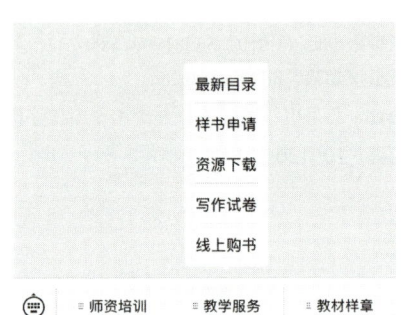

资源下载：点击"**教学服务**"—"**资源下载**"，或直接在浏览器中输入网址（http://101.35.126.6/），注册登录后可搜索下载相关资源。（建议用电脑浏览器操作）

样书申请：点击"**教学服务**"—"**样书申请**"，填写相关信息即可申请样书。

样章下载：点击"**教材样章**"，可下载在供教材的前言、目录和样章。

师资培训：点击"**师资培训**"，获取最新直播信息、直播回放和往期师资培训视频。

联系方式

职业素养和创新创业教师交流QQ群：310075759

联系电话：（021）56961310　电子邮箱：3076198581@qq.com